KB212786

自我得佛來
所経諸劫数
無量百千萬
億載阿僧祇

내가 저절로 성불해 옴이

自我得佛來

내가 저절로 성불해 옴이

글 법화당 혜성

운주사

자아득불래 自我得佛來

자아득불래自我得佛來는 팔만 사천 법문法門의 부모이다.

팔만 사천 법문이 자아득불래에 드는 문이다.

만수만행萬修萬行이 자아득불래를 깨치기 위한 행이다.

자아득불래는 중생 성불의 시작이요, 속성취불신速成就佛身은
중생 성불의 끝이다.

자아득불래는 제불께서 대각하신 골수요, 시방제불의
무상법無上法이요 구경의 진리다.

자아득불래는 중생 성불의 직도直道이다.

자아득불래는 시방제불의 생명이요 혼이다.

자아득불래는 십법계十法界의 사연이요 저마다 자신의 일이다.

자아득불래는 시방제불의 인행과덕因行果德의 공덕의 결정체이다.

자아득불래는 제불諸佛께서 출생하시는 모태요 종자이다.

자아득불래는 제불정각諸佛正覺의 극리極理요 구경이로다.

자아득불래는 제불의 명명을 잇는 혈맥血脈이로다.

자아득불래는 여래비밀如來秘密 신통지력神通之力이니라.

자아득불래는 누군가에게는 공덕장엄이 될 것이고

자아득불래는 누군가에게는 자성을 깨닫는 기회가 될 것이고

자아득불래는 누군가에게는 본래 부처를 회복하는 때가 될 것이고

자아득불래는 누군가에게는 생사의 닻줄을 끊는 날카로운 칼이 될
　　　　것이고

자아득불래는 누군가에게는 성불의 첫 단초가 될 것이다.

불일佛日은 서산에 지고 묘법妙法이란 거룩하고 불가사의한 법을
세상에 남겨놓으셨도다. 부처님께서 세상에 상재常在함이라. 중생
들이 묘법에 의지함에 의해 불성을 회복하는 길이 활짝 열었도다.
만약 출가 사문이 묘법을 만나지 못한다면 어디에 의지하여 불도
를 이룰 것인가.

묘법妙法을 받아지닌 자

자부慈父의 전 법재全法財와 자비광명과 인행과덕因行果德의 공덕
을 받아 지님이요,

부처님의 일대 성교聖教을 받아지님이요,

부처님의 자재신통력自在神通力을 부려 씀이요,

부처님의 비요지장秘要之藏을 받아 지녀 간직함이요,

부처님의 깊고 깊은 불사佛事를 행함이니라.

묘법의 뜻이 이러하니,

만약 불자가 묘법을 배반한다면 시방세계에 머리 둘 곳이 없으리라.

법화사문法華沙門 혜성은 묘법妙法에 신명身命을 걸고 나름대로 정
진해 왔습니다.

묘법을 난신난해지법難信難解之法이라 합니다.
삼십여 년을 묘법을 수행해 오면서 일어난 이해와 깨달음을 이 책
에 일부라도 담았기에 후학들에게 수행에 등불이 되었으면 하고
오기를 부려봅니다.

묘법연화경력으로
모든 부처님께서 아뇩다라삼먁삼보리를 얻으시고
모든 부처님께서 여기에서 법륜을 굴리시며
모든 부처님께서 여기에서 열반에 드시느니라.
모든 부처님의 출현에서부터 열반에 드시는
일대사一大事가 모두 묘법에 속함이니라.
이 경을 받아지닌 자 부처님의 진실한 아들이니라.
약왕보살은 자신의 몸을 불태워 부처님께
헌신 공양하고 또 어느 때는 양팔을 태워
부처님 사리탑에 공양을 함이라.
이와 같이 혜성사문도 천천히 몸을 태워 법화경에
공양함이니 머지않아 이 몸이 타서 다할 것이니,
아불애신명我不愛身命 단석무상도但惜無上道하리라.

나무묘법연화경 나무묘법연화경 나무묘법연화경

법화사문 혜성 합장

自我得佛來

自
我
得
佛
來

넷째 마당 · **법화경은 제불출세본회설 319**

다섯째 마당 · **법화경의 이해 333**

여섯째 마당 · **법화경 신앙 355**

• 첫째 마당 •

법화경 적문 본문 사구게

법화경 수행으로 안심입명安心立命하라

출입생사出入生死 무포외상無怖畏想
생사에 나고 들지라도 겁나고 두려운 생각이 없으리라.
안심입명安心立命, 생사의 도리를 깨달아 몸을 천명天命에 맡기고
두려워하지 않음을 안심입명이라 한다.

사람마다 살아가는 방식이 다르고 운명이 다르지만 누구나 꼭 같은 일이 있으니, 때가 되면 죽는다는 일이다. 죽음이 언제 오느냐는 사람마다 다르나 때가 되면 죽음이 온다는 것은 절대적으로 확실하다. 범부에서부터 성인에 이르기까지 받은 몸을 버려야 함은 꼭 같다. 생자필멸生者必滅이다.

죽음에 대한 공포를 모든 생명 가진 것은 모두 가지고 있으나, 부처님의 가르치심으로 그 죽음의 공포에서 벗어날 수 있고, 생사의 강을 건널 수 있다. 늙은이나 젊은이나 정해져 있는 임종臨終에 있어서 공포에서 벗어나고자 함은 어떻게 살았느냐에 따라 그 성격이 달라진다. 죽음 앞에서 안심입명安心立命의 경지에 든다면 이는 세상을 제대로 살았다는 증거이다. 법화경의 수행공덕은 무엇보다

먼저 생사의 고통을 극복하고 해탈의 경지에 이르는 일이다.

미도자영도未度者令度 미해자영해未解者令解
미안자영안未安者令安 미열반자영득열반未涅槃者令得涅槃
제도되지 못한 자로 하여금 제도되게 하고,
이해하지 못한 자로 하여금 이해하게 하며,
편안하지 못한 자로 하여금 편안하게 하고,
열반하지 못한 자로 하여금 열반을 얻게 하느니라.
_『묘법연화경』「약초유품」

부처님께서는 일체중생으로 하여금 제도되게 하고, 진리에 대하여 이해하지 못한 자로 하여금 이해하게 하고, 편안하지 못한 자로 하여금 편안하게 하고, 열반을 얻지 못한 자로 하여금 열반을 얻게 하신다는 말씀이다.

생사의 고통과 죽음의 공포에서 벗어나 모든 것에서 해탈을 얻게 함이 곧 불법이다. 법화경은 일체중생의 성불 대도이며, 사람이 사람답게 사는 법이니, 방대한 인문학人文學이다. 사람이 사람답게 살고자 한다면 자신의 참모습(實相)을 깨닫지 않고서는 불가능하다. 세상 모든 것의 참모습을 깨달아 증득하고 행할 때 비로소 사람이 사람답게 살 수 있다.

차경즉위此經則爲 염부제인閻浮提人 병지양약炳之良藥

약인유병若人有炳 득문시경得聞是經

병즉소멸炳卽消滅 불로불사不老不死

이 경은 곧 염부제 사람의 병에 양약이 되느니라.

만약 사람이 병이 있어 이 경을 얻어들으면

병이 곧 소멸하여 늙지도 않고 죽지도 않느니라.

_『묘법연화경』「약왕보살본사품」

늙지도 않고 죽지도 않는 길이 있기에 세존께서는 늙지도 않고 죽지도 않는다고 설하신 것이다. 다만 사람들이 그 길을 가지 않을 뿐이다. 이 경은 중생이 늙고 병들고 죽는 바다를 건너게 하여 해탈케 한다. 이런 도리를 알지 못하고 이해하지 못하고 있다. 불로불사不老不死의 도리를 이미 중생들이 갖추고 있으나, 알지 못하고 생사의 고해에 빠져 있다.

생사가 없는 도리를 알고자 한다면, 먼저 본유생사本有生死와 무유생사無有生死를 믿고 이해하고 깨달아야 한다. 본유생사란 본래부터 있었던 생사를 두고 한 말씀이다. 생사가 금생에 처음으로 비롯된 일이 아니라 무량 백천만억 아승지 겁 이전부터 이어져 오고 있는 생사란 뜻이다. 본유생사는 색법色法이다. 바로 우리들 육신이다. 이 육신이 나고 죽음은 과거생부터 있었던 생사이기에 금생이 처음이 아니고 끝도 아니다.

본유생사와 상반되는 말이 곧 무유생사無有生死이다. 무유생사란 생사가 있을 수 없다는 말씀이다. 무유생사는 심법心法이다. 저마다 자성은 이미 생사가 있을 수 없다는 것이다. 나고 죽는 도리는 이 육신의 도리이고, 생사가 있을 수 없는 도리는 곧 우리의 자성이다. 그래서 심법이라 한다. 육신이 천만 번 죽어도 자성은 애당초부터 생사가 없다. 생사와 나오고 들어감이 있을 수 없다는 부처님의 금언金言이시다.

본유생사와 무유생사가 불이不二이다. 바로 색심불이色心不二이기 때문이다. 죽는 것 가운데 죽지 않는 것이 있고, 죽지 않는 것 가운데 죽는 것이 있다. 이러하므로 생사즉열반生死卽涅槃이라 한다. 온갖 모든 있다는 것이 무상無常하며 전변轉變하고 있다.

생사와 열반

생사와 열반은 어떻게 다를까? 생사와 열반 모두 몸을 버림은 다르지 않다. 그러나 생사는 자신의 몸을 버리고 다시 윤회에 빠져드는 것이요, 열반은 진리의 법신체法身體에 계합함이다.

범부는 생사에 속박 당하여 자신의 뜻과는 상관없이 나고 죽는 것이니, 자신이 지은 업에 의하여 몸을 받게 된다. 소위 육도윤회六道輪廻의 바퀴돌이에 빠지게 된다.

열반은 생사에 묶이지 않고 나고 죽음에 걸리지 않으며, 자신의 뜻에 따라 몸을 받음이 자재하니 이를 수의수생隨意受生이라 한다.

제유능수지諸有能受持 묘법화경자妙法華經者
사어청정토捨於淸淨土 민중고생차愍衆故生此
당지여시인當知如是人 자재소욕생自在所欲生
능히 묘법연화경을 받아지니는 모든 이는
중생을 불쌍히 여기는 까닭에 청정한 국토를 버리고 여기에 났느니라.
마땅히 알지니, 이런 사람은 나고자 하는 곳에 자재함이니라.
_『묘법연화경』「법사품」

법화행자는 자신의 원에 따라 몸을 받음이 자재하다는 경전의 말씀이다. 이를 수의수생隨意受生이라 한다.

생사의 속박에서 벗어나자면 극대승인 법화경을 견고한 믿음으로 수행할 때 가능한 일이다. 비록 법화경을 받아지닌다 해도 탐착심을 버리지 못한다면 생사에 묶이게 된다.

열반도 부처님께서 얻으신 열반과 아라한이 얻은 열반이 같지 않다. 부처님의 제자인 사리불을 비롯한 모든 아라한들이 자신들도 부처님과 같은 열반을 얻었다고 생각하고 대승에 드는 일에 뜻이 없었다.

부처님으로부터 법화경의 제법실상諸法實相의 법을 듣고는, 자신들이 얻은 열반은 진정한 열반이 아니고 겨우 생사를 여읜 것임을 깨닫게 된다.

이승二乘 삼승三乘이 얻은 열반은 진정한 열반이 아니고, 오직 일불승一佛乘으로써 열반을 얻을 수 있는 것이다.

부처님께서 비록 이승 삼승을 설하셔도 이는 중생들을 제도하기 위한 방편일 뿐이다.

생사를 벗어났다고 해서 진정한 열반을 얻은 것이 아니라, 제법실상의 진리를 깨달아 불도를 이룸으로 인해서 얻어진 열반이 진정한 열반인 것이다.

이러한 뜻을 화성유품에서 선설宣說하고 계신다.

"비유하면, 오백 유순이나 되는 험난하고 나쁜 길에 인적은 끊어져 겁나고 두려운 곳을, 혹은 어떤 많은 대중이 이 길을 지나 진귀한 보물이 있는 곳에 이르고자 하였느니라. 한 인도하는 스승이 있었는데, 총명한 지혜로 밝게 통달하여 험난한 길의 통하고 막힌 모양을 잘 알아서 여러 사람들을 거느리고 이 험난한 길을 통과하고자 하였느니라.

진귀한 보물을 구하러 가던 대중들이 중간에 지쳐서 되돌아가려 하기에 길을 인도하는 스승은 삼백 유순을 지나 한 성을 화작하여 놓고 대중들을 쉬게 하여 편안함을 얻게 하고는 대중들에게 말하기를, '이 성은 내가 화작한 것이다. 이제 휴식을 취했으니, 보물이 있는 곳으로 나아가자. '보물은 가까운 곳에 있노라' 함과 같으니라.

모든 비구여, 여래도 또한 이와 같아서 이제 너희들을 위하여 크게 인도하는 스승이 되나니, 모든 나고 죽음과 번뇌의 악한 길이 험난하고 멀고도 멀지마는 응당 가야 하고 응당 건너야 할 것임을 아느니라. 만약 중생이 다만 일불승—佛乘만 듣는다면, 곧 부처님을 뵈오려고 하지 않고 친근하려고도 하지 않고 오로지 이런 생각을 하되, '불도는 멀고 멀어서 오래도록 부지런히 고행을 닦아야만 가히 성취할 수 있으리라.' 하리라. 부처님은 이 마음이 겁약하고 용렬함을 아시고, 방편력으로써 길 중도에서 쉬게 하기 위한 까닭으로 두 가지 열반을 설하시나니, 만약 중생이 두 지위에 머무르면 여래는 그때 곧 그들을 위하여 설하느니라.

너희들은 할 바를 아직 다하지 못하였노라. 너희가 머문 지위는 부처님의 지혜에 가까우나, 마땅히 관찰하고 셈하여 헤아릴지니라. 얻은 바의 열반은 진실한 것이 아니니라. 다만 이것은 여래가 방편의 힘으로 일불승을 분별하여 삼승으로 설한 것이니라.”
_『묘법연화경』「화성유품」

이승 삼승이 얻은 열반은 진실한 열반이 아니라고 분명히 밝히신
대목이다. 오직 일불승으로 진정한 열반을 얻게 된다는 말씀이다.
여기에서 보물이 있는 곳이란 곧 열반성이요, 화작한 성이란 이승
삼승이 잠시 쉬게 하는 방편인 것이다.

여래지시如來知是 일상일미지법一相一味之法
소위所爲 해탈상解脫相 이상離相 멸상滅相
구경열반究竟涅槃 상적멸상常寂滅相 종귀어공終歸於空
여래는 이 한 모양과 한 맛의 법을 하나니,
이른바 해탈의 모양 여의는 모양 멸하는 모양이며
궁극의 열반인 항상 적멸의 모양이니, 마침내 공으로 돌아가느니라.
_『묘법연화경』「약초유품」

부처님께서 얻으신 진정한 열반의 말씀이다.

선지식善知識은 큰 인연이다

불법佛法을 닦고 배우는 데 선지식은 큰 인연이다. 선지식이란 부처님의 가르치심을 바르게 닦아 이를 사람들에게 부처님 뜻과 같이 전하는 사람이다. 선지식의 덕상을 『무량의경』에서 이르시기를, "너희들은 마땅히 이 경에 응당 깊이 공경하는 마음을 일으키고 법과 같이 수행하여 널리 일체를 교화하되 마음에 정성을 다하여 유포할지니라.

항상 마땅하고 은근히 밤낮으로 수호하여 널리 중생으로 하여 각각 법의 이익을 얻게 할지니라.

너희들은 진실로 대자대비가 되리니, 신통의 원력을 세워서 이 경을 수호하되, 의심과 막힘이 없게 하며 마땅히 오는 세상에서 반드시 널리 염부제閻浮提에서 행하여 일체중생으로 하여금 보고 듣고 읽고 외우며 베껴쓰고 공양을 하도록 할지니라."

선지식은 대승경을 법과 같이 수행하고 여설수행如說修行 광선유포廣宣流布함이 근본이 되어야 한다는 말씀이다.

일체중생을 제도 해탈케 하고자 하는 마음이 없다면 선지식이 될 수 없다.

"부처님께서 칭찬하여 말씀하시되 착하고 착하도다. 모든 선남자여, 너희들은 지금 부처님의 참된 아들이니 대자대비로 능히 깊은 괴로움을 뽑아 고액에서 구원하는 자이며, 일체중생의 좋은 복밭이며, 널리 일체를 위하여 크고도 좋은 도사導師가 되었으니 일체 중생이 크게 의지할 곳이며, 일체중생의 큰 시주이니 항상 법의 이익으로써 널리 일체에게 베풀지니라."

_『무량의경』

아무리 거룩한 법일지라도 유통하는 선지식의 역할이 없다면 법이 널리 퍼지지 못할 것이며 또 세상에 오래 머물지 못할 것이다. 그러므로 부처님께서 착하고 착하도다 하고 칭찬하심이요, 진실한 부처님의 아들이라 하신 것이다. 선지식은 인천人天의 복밭福田이라 하시고, 일체중생의 큰 시주(大施主)라 하신 것이다.

"선남자 선여인이 선근을 심은 까닭으로 세세생생 선지식을 얻나니, 그 선지식이 능히 불사를 지어 이롭고 기쁜 것을 가르쳐 보이고 아뇩다라삼먁삼보리에 들게 하느니라. 대왕이여, 마땅히 알지니라. 선지식이란 바로 큰 인연이니, 이른바 교화하고 인도하여 부처님을 뵈옵게 하고 아뇩다라삼먁삼보리심을 일으키게 하느니라."

_『묘법연화경』「묘장엄왕본사품」

지난 생이나 금생에 선근을 심은 까닭으로 선지식을 얻고, 그 선지식으로 인하여 모든 고통에서 벗어나고, 생사의 강을 건너게 되고,

마침내 불도에 들게 된다는 부처님 말씀이시다. 때문에 선지식은 바로 큰 인연이니라.

선지식의 교화를 받아 부처님을 뵈옵게 되고 아뇩다라삼먁삼보리심을 일으키게 된다는 말씀이다.

"지난 옛적 한량없는 겁 전에 어느 나라 국왕이 사방으로 법을 구하되 누가 능히 나를 위하여 대승을 설할 것인가. 내가 마땅히 종신토록 받들어 모시고 심부름하리라 하였느니라. 이때 어떤 선인仙人이 와서 왕에게 말씀하기를, 나에게 대승이 있으니 이름이 「묘법연화경」이라. 만약 나를 어기지 아니하면 마땅히 선설하여 주리이다.

왕은 선인의 말을 듣고 뛰고 뛸 듯이 기뻐하며, 곧 선인을 따라가서 모시고 공급하되 과실도 따고 물도 긷고 땔나무도 하고 음식도 만들며 몸으로 앉는 자리가 되었지만은 몸과 마음에 게으름이 없었노라. 그때부터 받들어 섬기기를 일천 년을 지냈으나 법을 위하는 고로 정성스럽게 부지런히 모시어 부족함이 없게 하였노라."

_『묘법연화경』「제바달다품」

어느 나라의 국왕이 바로 오늘날 석가세존이시다.

대승법을 얻기 위하여 국왕의 자리도 버리고 선지식을 받들어 모시기를 천 년을 지냈으나 소홀하거나 게으름이 없었다는 말씀이다.

시방제불께서는 법을 위하여 임금자리를 버리셨지, 임금자리를 위하여 법을 버린 분은 단 한 분도 없다.

불도를 이루는 길에는 선지식보다 더 나은 것은 없고, 3년을 배우는 것보다 3년 동안 스승을 찾는 일이 더 낫다.

아난이 부처님께 여쭙기를, "세존이시여, 선지식은 수행의 절반인 것 같습니다." 하니 부처님께서 이르시기를, "아난아, 그렇지 않다. 선지식은 수행의 전부이니라." 하셨다.
선지식의 인연이 얼마나 중요한 일인지 지적하신 말씀이다. 때문에 선지식은 큰 인연이니라. 부득이 선지식의 인연을 만나지 못했을 경우에는 오로지 극대승인 묘법연화경에 귀명례歸命禮해야 하느니라.

법화경 적문 사구게

각 경전마다 그 경의 뜻을 함장하고 있는 대표적인 게송이 있는데, 법화경에도 경의 뜻을 함축하는 게송이 있다. 법화경 사구게는 적문迹門과 본문本門의 게송이 각각 있다.

우선 적문의 뜻을 함축하고 있는 대표적인 게송을 살펴보자.

제법종본래諸法從本來 상자적멸상常自寂滅相
불자행도이佛子行道已 내세득작불來世得作佛
모든 법은 본래부처 오면서 항상 스스로 적멸의 형상이니,
불자가 이런 도를 수행하면 오는 세상에 성불하리라.

법화경 사구게로서 능히 자성을 깨달아 불도를 이룰 수 있는 아주 요긴하고 중요한 법장이다.
우선 제법종본래諸法從本來, 여기서 제법諸法이란 세상에 있는 모든 것이 소위 제법이다. 삼라만상이 제법에 속한다. 그러나 제법은 저마다 마음을 벗어난 것이 아니다. 따라서 제법이 곧 마음이다. 마음 밖에 한 법도 없다. 세상에 있는 온갖 모든 것이 결과적으로 우

리들 마음이다.

종본래從本來는 본래부터 오면서, 중간에 갑자기 생긴 것도 아니고 또 사라질 것도 아니라 항상 스스로 적멸상이라는 뜻이다.

저마다 마음의 참모습(實相)을 깨닫게 하는 긴요한 법이다. 이를 제법실상이라 하니 마음의 참모습이다. 실상이란 어떤 모습 있는 것과 색이 아니기에 이름하여 실상이라 한 것이다.

마음이란 어떤 형상이 있거나 향기가 있거나 또 색이 아니다. 마음의 참모습은 그냥 그대로 적멸상寂滅相이다. 적멸이란 공하다는 생각마저 공한 상태요, 말로써 표현할 수 없기에 일체어언도단一切語言道斷이요, 마음으로 헤아려 알 길이 아니기에 심행처멸心行處滅이라 한다. 저마다 마음은 항상 저절로 적멸상이라 한다. 저마다 마음은 항상 저절로 적멸상이라 함은 마음의 참모습은 본래부터 오면서 항상 스스로 열반상涅槃相이라는 말이다.

이를 여래如來·법신法身·여여如如·진여眞如·여래장如來藏·제일의제第一義諦라 하지만, 법화경의 제법실상諸法實相의 다른 이름이다. 일체 만법이 있다 해도 이는 실상법으로 드는 문이다.

불자행도이佛子行道已 내세득작불來世得作佛
불자가 이런 도를 수행하면 오는 세상에 성불하리라.

마음의 참모습을 깨달아 수행하면 오는 세상에서 불도를 이룬다는 게송이다. 바로 상자적멸상常自寂滅相이라, 우리들 마음이 항상 스스로 열반의 모습이다. 우리의 마음이 곧 자성이요, 자성이 곧 부처라는 뜻이다(自性卽是佛). 부처님이라고 더함이 있고 범부라고 덜함이 있는 것이 아니라 동일한 법성이다.

부처님께서 이르시기를,

"성문이나 혹은 보살들이 내가 설한 바 법을 한 게송이라도 들음에 이를지라도 성불함에 의심이 없느니라. 만약 이 법을 듣는 자 모두 이미 성불하였노라. 만약 법을 듣는 자 있어 성불 못함이 한 사람도 없느니라."

마음의 본바탕은 항상 저절로 적멸상이니라.

법화경은 제법실상諸法實相의 법을 설하시어 중생 성불의 문을 활짝 열어놓으셨다.

법화경은 심고유원深固幽遠한 법이라, 모든 부처님께서 뒤끝에야 이 법을 설하시어 세상에 내어놓으시니 모든 부처님께서 세상에 출현하신 근본이요, 구경의 진리이다.

법화경 사구게 해설은 저마다 마음을 깨달아 자성을 회복하여 열반성에 드는 요긴한 법장이니라. 이 글을 읽는 모든 불자들이여, 여래는 마음을 떠나지 않느니라. 마음 밖에는 부처가 없느니라. 밖에서 찾지 말라.

진종일 부처와 함께 하고 있느니라.

법화경 본문 사구게

자아득불래自我得佛來 소경제겁수所經諸劫數
무량백천만無量百千萬 억재아승지億載阿僧祇
내가 스스로 성불한 이래 지나온 바 모든 겁수는
한량없는 백천만억 아승지 겁이니라.

위의 게송이 곧 법화경 본문의 사구게이며, 또 팔만 사천 법문의
사구게가 된다.

석가세존께서 본래 부처님이신 본불을 드러내신 사구게는 불교의
뿌리이며, 구경의 진리이다. 만일 법화경 여래수량품이 없었다면
오탁악세의 중생들이 어디에 의지할 것이겠는가.

이 자아게는 모든 부처님의 상주불멸하시는 영원한 수명이며, 또
한 십법계의 수명이며, 또 우리들의 수명이요, 나 자신의 수명이다.
만약 여래수량품이 없다면, 불교는 부평초와 같이 근본 뿌리가 없
는 것이리라. 부처님께서 싯다르타 태자로 출가하시어 보리수 아
래에서 6년간 고행을 하고 대각하시니 이를 시성정각始成正覺이라
한다. 오늘날 불교는 시성정각에 착하고 구원성불久遠成佛을 이해
하지 못하고 있는 것이 현실이다.

부처님께서 대각하신 진리가 바로 구원본불久遠本佛 상주불멸常住不滅이다. 따라서 본문의 사구게인 자아득불래自我得佛來가 세존께서 대각하신 구경의 진리이니 구경각究竟覺이다.

적문迹門의 도리는 제법실상으로 중생 성불의 직도이다. 마치 아버지가 아들에게 농사짓는 법을 일러주는 것과 같다. 본문本門의 도리는 구원실성久遠實成 상주불멸常住不滅이다. 구원본불久遠本佛을 드러내시고 또 삼세를 통하여 세간에 상재常在함을 밝히시어 모든 중생이 또한 이와 같아 본래 성불을 은근히 이르시고 있다. 이는 아버지가 아들에게 농사짓는 법은 물론이고 가진 전 재산을 양여하는 것과 같다.

자아득불래自我得佛來가 십법계의 사연이요, 우리 모두의 사연이며, 내 자신의 일기장 속의 사연이다. 자성시불自性是佛이라. 자성이 그냥 그대로 부처이다. 따라서 부처님의 장구한 수명이 십법계의 수명이요, 내 자신의 수명이다. 모든 중생이 본래시불本來是佛임을 망각하고 삼세를 통하여 허망한 꿈을 꾸고 있는 것이다.

전도몽상顚倒夢想의 꿈을 깨고 본래 부처를 회복하라. 묘법의 양약을 먹고 중생의 독한 병이 나으면, 자신 가운데 본래시불本來是佛이 상재常在함을 깨닫게 되리라.

자아득불래自我得佛來 소경제겁수所經諸劫數하고 외울 때가 자기 부처를 깨닫는 때이니라.

인간의 몸은 받기 어려워 바다에 빠뜨린 바늘 찾기와 같다고 하니, 금생에 극대승인 묘법을 증득하지 못한다면 만겁에 어긋나리라.

또 자아게 끝 사구게를 살펴보자.

매자작시의每自作是意 이하령중생以何令衆生

득입무상혜得入無上慧 속성취불신速成就佛身

매양 스스로 이런 생각을 하되

어떻게 하여야 중생으로 하여금

위없는 지혜에 들어감을 얻게 하여

부처님 몸을 속히 이루게 할까 하노라.

속성취불신速成就佛身은 사생자부四生慈父이신 부처님께서 중생성
불을 간절히 바라시는 게송이다. 자아게 첫 게송인 자아득불래自
我得佛來와 마지막 게송인 속성취불신速成就佛身은 부처님의 혼魂이
요, 부처님의 정요精要이며, 부처님의 골수骨髓이다.

만약 중생이 성불할 수 없는데 부처님 몸을 속히 얻어 불도를 이루
라고 하셨다면 이는 부처님의 허물이요, 다시 중생이 성불할 수 있
는데 그 길을 가지 않는다면 이는 순전히 중생의 허물이다.

자부慈父께서는 어제도 오늘도 또 내일도 항상 중생 성불을 간절히
바라고 계신다는 것을 마음속 깊이 새겨야 한다.

만약 이제 출가 사문沙門이 부처님의 혼이 담긴 자아게를 놓친다면
시방세계에 머리 둘 곳이 없으리라.

모든 부처님께서 대각하신 진리가 여래수량품이요, 자아게 내용
그대로이니 시방삼세 모든 부처님의 구경각究竟覺이다. 따라서 팔
만 사천 법문이 모두 여기에 드는 문이요 계단이니라.

여래 성제지어誠諦之語인 여래비밀如來秘密 신통지력神通之力을 믿
고 증득하라.

묘법연화경 신행요체

이제 묘법연화경 수행의 요체를 밝히도록 하겠습니다.

불교의 사대 수행문이 있으니, 참선·염불·간경·주력입니다.

이 네 가지 수행 방법 중에서 자신에게 맞는 것으로 저마다 수행하고 있는데, 참선이 제일이다 혹은 염불이 제일 쉽다 혹은 경전 독송하라 혹은 주력(다라니)을 외워라 하고, 저마다 도량마다 외치고 있습니다.

참선·염불·간경·주력의 사대 수행문을 동시에 수행함이 "나무묘법연화경" 제목 봉창 수행입니다.

묘법연화경 수행의 요체가 제목 봉창이 되어야 합니다. "나무묘법연화경" 제목을 일심으로 부르면 선정과 삼매를 얻을 수 있으며 법화삼매法華三昧를 얻을 수 있으니, 참선수행으로 얻을 수 있는 선정과 삼매를 얻게 됩니다.

또 염불공덕을 그대로 얻을 수 있으니 묘법연화경 제목 가운데는 시방제불의 명호가 모두 함장되어 있기 때문입니다.

앞서 밝힌 대로 묘법연화경은 시방제불의 안목이요, 제불의 스승이요, 제불을 낳는 모태입니다. 이 경을 받아지닌 자는 부처님을 머리에 인 자요, 부처님을 뵈온 자이며, 부처님과 함께 있는 자입니다. 따라서 "나무묘법연화경" 제목 속에는 염불공덕이 함장되어 있으니, 염불수행이 동시에 일어납니다.

다시 간경은 경전을 독송하는 수행입니다. 팔만 사천 법문이 "나무묘법연화경" 제목 가운데 모두 녹아 있습니다. 부처님께서 설하시는 모든 경전을 찧고 체로 쳐서 중요한 요문을 법화경에서 함장하고 있으니, "나무묘법연화경" 제목을 봉창함은 모든 경전을 독송하는 공덕과 깨달음을 얻을 수 있습니다.

끝으로 주력(다라니)을 외우는 수행력도 "나무묘법연화경" 제목이 모두 함장하고 있습니다. 어떤 다라니도 "나무묘법연화경" 제목의 위신력을 넘을 수 없습니다. "나무묘법연화경" 제목은 다라니 중의 대다라니입니다. 일체중생을 불도에 들게 하는 다라니이며 중생성불의 대진언입니다.

"나무묘법연화경"은 부처님께서 설하신 팔만 사천 법문을 찧고 체로 쳐서 먹기 좋도록 환을 만들어 내려놓으신 대양약이요, 대다라니요, 성불의 진언이며, 부처님께서 비밀히 감추어 두셨던 중생성불의 밀어密語입니다.

이와같이 참선·염불·간경·주력의 사대 수행문을 동시에 행함이

"나무묘법연화경" 제목 봉창입니다.

"나무묘법연화경" 수행에 있어서 세 가지 원칙을 세워 수행해야 합니다. 첫째 대신심大信心, 둘째 대정진심大精進心, 셋째 대선정심 大禪定心입니다.

대신심이란 불법수행에는 믿음이 가장 중요합니다. 믿음이 없는 수행은 무슨 수행을 하든지 성취가 없으므로 "나무묘법연화경" 수 행에도 큰 신심을 갖고 수행해야 합니다.

대정진심이란 일정하게 일정한 시간에 지속적으로 수행해야 하며, 마음에 내키면 하고 싫으면 그만두고 하는 수행은 법을 성취하기 가 어렵습니다. 자신의 환경과 시간에 맞추어 어떤 일이 있어도 수 행함이 몸에 배이도록 해야 합니다.

대선정심이란 일심으로 제목을 봉창하므로 선정과 삼매를 얻을 수 있습니다. 일심으로 제목을 봉창하면 자신과 제목이 하나가 됨을 깨달을 수 있는데 이를 기법일체라고 합니다.

"나무묘법연화경" 제목을 일심으로 부르면 시방제불에 귀의함이 며, 또한 자신의 부처에 귀의함이 됩니다. 본문本門의 구원실성久遠 實成의 법이 됩니다. 시방법계에 한량없는 종교와 진리가 있다 해 도 법화경의 높고 깊은 진리를 넘어가는 진리가 있을 수 없다는 것 을 깊이 인식하고 깨달아야 합니다.

일념삼천一念三千

일념삼천一念三千이란 천태대사께서 내세운 교리인데, 한 생각 가운데 삼천제법을 갖추고 있다는 것입니다.
우리들의 한 순간의 마음에 우주만유가 갖추어져 있다는 것을 표현한 것이 일념삼천설인데, 범부의 순간적인 한 생각이 삼천제법을 갖추고 있다는 교리입니다.

이 법계는 십법계로 나누고 있습니다. 범부계 육도와 성인 사계가 있으니 지옥·아귀·축생·아수라·인간·천상은 범부 육계이고, 성문·연각·보살·부처는 성인 사계입니다. 범부육계는 미계迷界이니 미혹의 세계이며, 성인 사계는 깨달음이 있는 오계悟界입니다.

십여시란 제법실상을 극명하게 드러내는 말씀이니, 모든 존재의 구경究竟의 진실한 모습, 곧 절대적 진리에 이르는 말씀입니다. 이는 감히 말로써 언설할 수 없으나, 중생을 깨닫게 하는 방편으로 그것을 언어로 나타냄이 곧 십여시十如是입니다.

십여시를 살펴보면

여시상如是相, 겉으로 나타난 형상

여시성如是性, 상相이 있게 한 내재적인 본성

여시체如是體, 주체, 본체 내외의 본체

여시력如是力, 능력, 잠재하여 있는 가능성

여시작如是作, 역力이 밖으로 나타난 작용

여시인如是因, 어떤 것의 주된 원인

여시연如是緣, 간접적인 원인(조건)

여시과如是果, 인因에서 생긴 결과

여시보如是報, 과果에서 온 결과

여시본말구경등如是本末究竟等, 본本은 처음의 상相이며 말末은 보報를 가리키는 것이니, 결국 처음과 끝이 평등하다는 것을 보인 것으로 제법실상을 문자로써 나타냄이 됩니다.

제법諸法이라 함은 십법계를 써서 해석함이요, 법이 비록 무량하다 해도 십법계를 벗어나지 못하며 하나하나 세계 중에서 비록 많은 갈래가 있다 해도 십여시를 벗어나지 못합니다.

지옥계는 지옥계대로 상성相性과 본말本末을 갖추고 있습니다. 축생계는 축생계대로 상성과 본말을 갖추고 있어서 결여됨이 없는 것입니다. 따라서 하나하나 세계의 법계마다 십법계와 십여시를 갖추고 있는 것입니다.

십법계가 각각 십법계를 갖추고 있으니 백법계가 되며, 백법계가 각각 십여시를 갖추고 있으니 천여시가 되며, 어떤 세계이든 중생세간(마음) 국토세간(환경) 오음세간(정신과 물질)의 삼세간三世

聞이 되므로 삼천이 되는 것입니다. 삼천으로 표현되는 온갖 모든 세계는 우리의 일상적인 일념에 포함된다 해서 일념삼천이라 합니다.

즉 우리들의 평소 한 생각 속에는 언제나 삼천으로 표현된 온갖 존재가 포함되어 있는 것입니다. 그리하여 차별적인 삼천제법이 한 생각 속에 원융무애하게 구족되어 있으므로 일념삼천을 깨달으면 구경의 진리를 깨닫게 되는 것입니다.

여래는 두루 이해하심이 종횡으로 모두 미치지 않음이 없으시니, 마치 손바닥 위의 과일을 보는 것과 같고, 범부는 두 눈이 소경과 같고, 이승은 애꾸눈과 같으며, 보살은 밤에 사물을 보는 것과 같아 분명치 않기 때문에, 그들을 위하여 설할 수 없으시니, "그만두어라." 하시고 절언탄絶言歎을 쓰셨다고 『법화문구』에서 밝히고 있습니다.

개개인의 길흉화복과 국가의 흥망성쇠와 인류세계의 정예고락淨穢苦樂과 사성육범四聖六凡 등 우주만상은 한 생각의 그림자요 작용인 것이니, 이 도리를 일념삼천一念三千이라 합니다.

따라서 한 생각은 우주만유의 핵이고 본체이며, 비록 형상은 없으나 지수화풍공식地水火風空識의 육대六大가 다 그 속에서 나오는 것입니다. 세상에 있다는 모든 것이 한 생각의 작용이란 뜻입니다.

일념삼천에 대한 경전의 가장 바른 문증文證은 두 가지가 있으니, 방편품에서 제법실상의 뜻을 밝히신 십여시와 욕령중생欲令衆生 개불지견開佛知見의 사불지견四佛知見이며, 이는 범부의 이구일념삼천리구一念三千의 도리입니다.

여래수량품에서 연아실성불이래然我實成佛以來 무량무변無量無邊 백천만억百千萬億 나유타겁那由他劫으로 이는 석가세존께서 구원실성 당초 증득하신 사증일념삼천事證一念三千입니다.

중생의 이구일념삼천이란 이치상으로는 범부 중생들의 일념 가운데 불계를 함장하고 있다 해도 아직 증득하여 드러내지 못한 상태를 말합니다. 모든 범부가 일념삼천의 도리를 내포하고 있으나, 아직 깨달아 알지 못함을 말합니다.

사증일념삼천이란 부처님 세존께서 구원겁 전에 이미 깨달아 증득하심이 사실적이란 말씀입니다.

이러한 진리를 묘법연화경에서 밝히신 것입니다.

중생의 본래부터 구족하고 있는 이구일념삼천理具一念三千의 한 생각과 제불의 사증일념삼천事證一念三千이 합하여 하나가 된 불종자를 가리켜 본구무작삼신불本具無作三身佛이라 하니, 짓지 아니 해도 본래부터 법보화法報化 삼신불을 구족하고 있다는 뜻입니다.

우리들의 구박具縛 범부가 홀연히 교주이신 석가세존의 모든 공덕을 물려받은 것이 됩니다. 왜냐하면, "나무묘법연화경" 제목은 부처님의 모든 공덕이 하나도 빠짐없이 함장되어 있기 때문입니다. 부처님의 사증일념삼천의 도리가 제목 속에 녹아 있는 것입니다.

만유의 현상은 천차만별이지만 실상은 일여평등一如平等한 것이

며, 일여평등의 진여는 한 생각을 여의고 있는 것이 아니라, 한 생
각 그대로 십법계요 또한 백법계인 것입니다.

삼천제법은 법 자체가 본래 그렇게 존재하여 서로 갖추고 서로 원
융하여 일一과 다多가 걸림이 없는 것이니, 이를 본구무작삼신불本
具無作三身佛이라 합니다.

일승묘법一乘妙法이 다 나의 마음에 갖추어져 있으니, 한 생각 속에
삼천제법을 구족한 까닭이요, 또한 마음과 부처와 중생을 묘법연
화경이 다 포괄하고 있는 것입니다. 평상심 속에 삼라만상 온갖 모
든 것을 포함하고 있는 것입니다. 한 생각 속에 삼천제법을 갖추고
있으니, 이를 곧 일념삼천설一念三千說이라 합니다.

묘법연화경에 귀명례歸命禮하라

부처님의 자비慈悲의 당체가 바로 법화경이다. 일체중생 성불의 직도直道를 설하심보다 더한 자비가 또 별도로 있겠는가.

여래수량품의 자아게에 이르시길,

매자작시의每自作是意 이하령 중생以何令衆生

득입무상혜得入無上慧 속성취불신速成就佛身

매양 스스로 생각하기를, 어떻게 하면 중생으로 하여금

위없는 지혜를 얻게 하여 부처님 몸을 속히 이루게 할까 하노라.

부처님 세존께서는 이렇게 중생 성불을 매양 간절히 원하고 생각하신다는 게송이다. 이보다 더 큰 자비가 또 어디 있겠는가. 법화경의 진리가 곧 부처님의 자비요, 대지혜가 모두 담겨 있는 것이다.

법화경은 모든 부처님의 인행과덕因行果德의 공덕과 모든 바라밀波羅蜜의 공덕이 함장되어 있도다. 법화경 한 게송 한 구절을 듣고 한 생각 따라 기뻐한 자는 성불함이 밝은 낮과 같음이라.

『묘법연화경』「법사품」에서 이르시기를, "여래가 멸도한 뒤에 만약 어떤 사람이 묘법연화경의 한 게송이나 한 구절을 듣고 한 생각으로 따라 기뻐함에 이르는 자에게 내가 또 아뇩다라삼먁삼보리의 수기를 주리라." 하셨다.

법이 거룩하기에 받아지닌 자 또한 거룩함이라. 법화경은 모든 부처님의 스승이며 제불諸佛의 모태母胎이시다. 삼세제불께서는 이 경으로 말미암아 십호十號를 구족하셨도다.

금생에 이 묘법을 받아지닌 사람은 마치 돌을 주고 금덩어리를 바꾼 것과 같은 것이라. 삶이 아무리 힘들고 고달플지라도 이 묘법을 놓치지 않는다면 성공한 삶이 되리라. 백 년을 금으로 된 좌대에 앉아 부귀영화를 누린다 해도 이 몸을 버릴 때 아무 소용이 없으나, 법화경 한 게송 한 구절을 받아지닌 공덕으로 생사의 강을 건너게 되리라.

삼일수심천재보三日修心千載寶
백년탐물일조진百年貪物一朝塵
삼일 동안 닦은 마음은 천 년의 보배요,
백 년 동안 탐낸 재물은 하루아침의 티끌이니라.

법화경은 모든 중생을 고통에서 건져내고 생사의 강을 건너게 하고 마침내 불도에 들게 하느니라.
범부凡夫는 눈이 보는 색상色相에 몸과 마음을 팔고, 성인은 자심自

心을 챙기느니라. 범부는 색상에 이끌려 이 몸의 시종侍從이 되어 평생 몸의 심부름꾼이 되어 따르지만, 성인은 이 몸을 법기法器로 활용함이니라.

이 몸을 잘 다스리면 부처가 머무는 거룩한 도량이 되고, 잘못 다스리면 마군이 살고 있는 소굴이 되리라.

색상色相에 마음을 팔지 말라. 이 몸을 버릴 때 후회해도 때는 늦으리라.

묘법妙法의 실상문實相門에 들면 일초직입여래지一超直入如來地라.

묘법연화경의 실상문에 들면 찰나에 여래지에 들게 됨이라.

법화경만이 돈증보리頓證菩提 직지도량直至道場이니라.

법화행자는 오로지 묘법연화경에 귀명례歸命禮하라.

"나무묘법연화경" 제목을 놓치지 말라.

무일불성불無一不成佛이라, 성불 못함이 하나도 없으리라.

중도실상中道實相 구원실성久遠實成의 본각여래本覺如來의 성제지어誠諦之語를 불립문자不立文字라 하여 신용하지 않는다면 출가 사문이 머리 둘 곳이 없으리라.

사십여년四十餘年 미현진실未顯眞實의 방편법에 집착하고 여래의 무상도無上道인 법화경으로 옮기지 않는다면 어찌 자부慈父의 자식이라 하리오.

이 법을 받아지닌 자, 진실한 불자이니라.

세존의 금언金言을 배신하지 말라.

오로지 묘법연화경에 귀명례歸命禮하라.

"나무묘법연화경" 부를 때가 본래시불本來是佛을 회복하는 때이
니라.

· 둘째 마당 ·

법화경의 당체

법화경만이 갖추고 있는 특징

① 묘법妙法이라는 명칭

팔만 사천의 법문 가운데 묘법妙法의 명칭을 갖고 있음은 불가사의
한 법으로 사람의 감정이나 생각으로는 알 수 없는 경지이다.

눈이 있어도 보지 못하고, 귀가 있어도 듣지 못하며, 입이 있어도
말할 수 없는 경지이기에, 불가사의 묘법이라 한다.

묘妙란 부처님의 경계이라. 사람들의 생각과 언어와 눈으로 보는
경지를 넘고 있으므로 불가사의 묘妙라 하느니라.

법法이란 어느 누구의 조작이 없는 실상實相 그대로의 법이기에 법
이라 한다.

② 개현원교開顯圓敎

법화경만이 순일무잡純一無雜한 원교圓敎이다.

원교의 다른 이름은 원묘圓妙·원만圓滿·원족圓足·원돈圓頓이라.

원묘圓妙, 불가사의한 묘법은 사람의 감정과 생각으로 알 수 없는
경지이다.

원족圓足, 법계의 어느 것 하나 빠지지 않고 불도를 이룰 수 있는
덕을 구족하고 있다.

원만圓滿, 십법계十法界의 사리事理를 원만히 갖추었다.

원돈圓頓, 일색일향一色一香이 중도 아님이 없다.

범부 중생의 심상心相에 일념삼천一念三千을 다 갖추어 일념으로 묘법을 증득할 수 있다.

③ 제불출세본회설諸佛出世本懷說

법화경은 시방삼세 모든 부처님께서 세상에 출현하시는 근본이다. 부처님의 경계인 제법실상諸法實相을 밝혀서 일체중생으로 하여금 불도에 들게 함이다. 그 본의本意가 법화경에 와서야 모두 드러나니, 법화경이 제불출세본회설이 된다.

④ 일대사인연一大事因緣

모든 부처님 세존께서 오직 일대사인연으로 세상에 출현하시니, 소위 중생으로 하여금 부처님의 지견을 열어서(開) 청정함을 얻게 하시고자 세상에 출현하시고, 중생으로 하여금 부처님의 지견을 보게(示) 하시고자 세상에 출현하시며, 중생으로 하여금 부처님의 지견을 깨닫게(悟) 하시고자 세상에 출현하시며, 중생으로 하여금 부처님의 지견에 들게(入) 하시고자 세상에 출현하심이다.

부처님의 지견知見이란 중도실상中道實相의 도리다.

중생으로 하여금 불지견佛知見을 열어 보게 해서 깨닫게 하고 들어가게 하시고자 모든 부처님께서 세상에 출현하심이 곧 일대사인연一大事因緣 때문이다.

개시오입開示悟入의 사불지견四佛知見은 중도中道의 이치를 열어 보이고 깨달아 들어감을 말한다.

⑤ 개권현실開權顯實

권權은 곧 방편이니 전사시前四時 법문이 곧 권이다.

방편법을 열어 보임은 실상법을 드러내기 위함이다.

부처님께서 실상법을 처음부터 설하시고자 하나, 중생의 근기가 미치지 못하므로 방편으로 여러 가지 법을 설하심은 중생의 수준에 수순함이다. 사십여 년 권법權法을 설하시어 중생의 근기를 키우신 후에 무상도無上道인 법화경을 설하심을 개권현실開權顯實이라 한다.

⑥ 이승작불二乘作佛

이승二乘이란 성문·연각이다. 화엄경에서는 높은 산에 연꽃이 필수 없듯이 성문·연각은 성불할 수 없다 하셨다. 볶은 종자와 같은 성문·연각이 법화경에 와서 한결같이 성불 수기를 받게 되었다.

법화경에서는 이승二乘·방법자謗法者·일천제一闡提·공심자空心者 등 영원히 성불 못할 자들(永不成佛)에게 모두 성불의 문이 열리게 된다. 이러함이 진정 대승불교의 특이한 정신이다.

법계의 모든 중생이 법화경을 믿고 따르면 성불 못함이 하나도 없는 것이다.

이승작불은 유독 법화경에서만 수용하고 있다.

⑦ 일체중생一切衆生 개성불도皆成佛道

경에서 이르시기를,

"만약 이 법을 듣는 자 성불 못함이 하나도 없느니라.(無一不成佛)

개성불도皆成佛道의 법화경을 떠나 별도로 성불의 길을 찾지 말라.

부처님 세존께서 중생 성불을 보장하시니 어찌 의심이 있을소냐."

⑧ 광대원만교廣大圓滿敎

법화경은 넓고 깊으며 원만함이 위없는 경전이다. 다른 경전은 감
히 넘볼 수 없다.

바다가 온갖 물을 수용하고 받아들이듯이 법화경은 온갖 중생을
포용하고 융섭하여 불도에 들게 한다.

중생을 제도 해탈케 하지 못함이 한 사람에 이를지라도 이는 광대
원만교廣大圓滿敎라 할 수 없을 것이다.

빗방울이 바다에 떨어지면 바닷물이 되듯이 중생이 법화경을 믿고
받아 지니면 불도에 들게 됨에 의심이 없으리라.

⑨ 여래비밀如來秘密 신통지력神通之力

여래비밀如來秘密은 구체삼신具體三身이요

신통지력神通之力은 구용삼신具用三身이시다.

구체삼신은 구원겁에 성불하신 본불本佛님의 당체요, 구용삼신은
중생을 제도하기 위해 몸을 나투신 적불迹佛님의 당체이시다.

여래비밀이란, 부처님과 부처님만이 다하신 사연이요, 부처님 세

존께서 본래부터 성불하신 법을 아직 세상에 밝히시지 않음이요, 일생보처一生補處 미륵보살도 미혹한 법이기에 여래비밀이라 한 것이다.

신통지력이란, 중생을 제도하기 위해 보리수 밑에서 육 년을 고행을 하시고 성불함을 보이신 적불님의 당체이시다.

여래비밀 신통지력은, 부처님의 거룩한 성제지어誠諦之語이며 팔만 사천 법문 가운데서 가장 구경의 법이니, 다른 경전을 여래의 성제지어라 하지 않고 오로지 법화경 여래수량품만 여래의 성제지어가 됨이니라.

여래수량품은 모든 부처님의 골수요, 정요精要이며, 모든 부처님의 생명이요, 영원한 수명이니라.

만약 팔만 사천 법문 가운데 여래수량품이 없다면 불교는 뿌리 없는 나무와 같아 마치 부평초와 같으리라.

만약 여래수량품이 없다면 말법의 중생들이 어디에 의지하고 귀의할 것인가? 하늘에 태양이 없는 것과 같고, 나라 안에 임금이 없는 것과 같으며, 가정에 부모가 없는 것과 같고, 사람에게 혼이 없는 것과 같으리라.

⑩ 구원실성久遠實成 상주불멸常住不滅

아실我實 성불이래成佛以來

무량무변無量無邊 백천만억百千萬億 나유타겁那由他劫

내가 진실로 성불하여 옴이 한량없고 가이없는 백천만억 나유타 겁이니라. 이를 파근현원破近顯遠이라 한다.

가까운 근성신近成身이라는 생각을 깨고 백천만억 나유타 겁 이전에 성불하신 구원신久遠身인 부처님의 본지本地를 드러내심이 여래 수량품의 골수요 본의本意이다.

나는 이미 백천만억 나유타 겁 이전에 성불한 본래 부처였다. 이를 구원실성久遠實成이라 한다.

여기서 아실我實에서 아我는 석가모니 세존이시니 중생계즉불계衆生界卽佛界의 입장에서 볼 때, 십법계十法界의 아我이니, 저마다 아我이다.

실實이란 거짓이 없는 진실이라는 뜻이고, 성成이란 연다는 뜻이며, 불佛이란 이 뜻을 깨달아 아는 사람을 부처라 한다.

십법계의 모든 중생이 이미 깨달아 아는 분을 불佛이라 함이니라.

상주불멸常住不滅이란 부처님께서 백천만억 나유타 겁 이전에 성불하셨고, 무량무변 백천만억 나유타 아승지 겁이 다하도록 항상 머물고 멸하지 않는 것이니라.

부처님의 수명은 장구함이 한량없어 결코 멸도하심이 없다는 뜻이다.

묘법연화경은 대백법大白法

금생今生에 묘법연화경을 신용하지 않는다면

만생萬生에 어긋나리라.

묘법을 헐어 비방하면 세간 불종佛種을 단절함이니라.

대백법大白法인 묘법연화경을 받아 지닌 자

성불함이 결정코 의심이 없느니라.

삼세 제불께서 묘법연화경을 스승으로 하여 정각을 이루셨도다.

법화경은 일체 중생이 부처가 되는 비술秘術이 있는 경이니라.

불은 사물을 태우는 성질이 있고

물은 사물을 적시는 성질이 있으며

법화경은 중생 성불의 비술이 있느니라.

시방 제불의 요당진실要當眞實의 법으로 중생이 성불 못한다면

다시 또 무슨 법으로 성불하겠느뇨.

목마른 데는 물을 대신할 것이 없고

나를 대신할 사람은 나밖에 없고

법화경을 대신할 법은 법화경밖에 없도다.

출가 사문沙門이 법화경을 신용하지 않는다면

시방세계에 머리 둘 곳이 없으리라.

신명身命을 묘법에다 의지하고 걸어야 하느니라.

나무묘법연화경 제목을 일심으로 불러갈 때

법화행자의 원교보살圓敎菩薩이 부처님과 동등하게 보이는

법안이 열리게 되느니라.

요당진실법要當眞實法인 법화경을 만나고서도 신용하지 않는다면

보배산에 들어갔다가 빈손으로 돌아가는 것과 같음이라.

법화경 받아 지닌 자는 시방제불의 명을 잇는 자이며

제불과 동행함이니라.

묘법연화경은 일체 경의 군왕이요 간심肝心이며

제불의 안목眼目이요 제불의 모태母胎로다.

법화경에는 이승작불二乘作佛과 구원실성久遠實成의

본불이 계시지만

일체 타경에는 이승작불과 구원의 본불님은 계시지 않느니라.

별이 아무리 많아도 대지를 비추지 못하듯이

방편법이 아무리 많아도 중생 성불의 문과

이승작불의 문을 열지 못함이니라.

전사시前四時 경전은 성불할 자도 성불 못하고

법화경은 성불 못할 자도 성불할 수 있느니라.

성불 못할 자란 방법자, 일천제, 이승, 공空에 집착하는 자 등이라.

이런 사람들은 볶은 종자와 같아 영불성불永不成佛자라.

이렇게 영원히 성불할 자도 법화경력으로 성불의 문이 열려 있는

것이니라.

일천제의 제바달다가 천왕여래 기별 받고

지혜제일 사리불이 화광華光여래 성불 수기를 받음은

영불성불의 볶은 종자가 싹이 돋아나는 것과 같음이라.

묘법연화경은 천경만론千經萬論의 주축이며 제경의 군왕이니

팔만 사천의 법문이 한결같이

묘법연화경으로 드는 문이요 계단이다.

묘법妙法은

묘법은 옳고 그름에 묶이지 않고

묘법은 선善과 악惡에 치우치지 않고

묘법은 크고 작음에 있지 않고

묘법은 언어(言語)와 생각을 떠나 있고

묘법은 빨간 것도 아니요 노란 것도 아니며

묘법은 가지가지 색깔도 아니며

묘법은 인因도 아니요 연緣도 아니며

묘법은 모나지도 않고 둥글지도 않으며

묘법은 짧지도 길지도 않으며

묘법은 모든 분별심分別心을 떠났으며

묘법은 시방세계十方世界 두루하지 않는 곳이 없느니라.

묘법은 어느 한쪽으로 치우치지 않으면서 어떤 법法도
       수용 못함이 없으며

묘법은 불가사의不可思議하니 홀로 묘법이라 하노라.

묘법은 천경만론千經萬論의 주축이며 군왕君王이로다.

묘법은 중도실상中道實相의 바다요

묘법은 우리들의 마음이로다.

묘법연화경 요문해설

1. 서품序品

어무루실상於無漏實相 심이득통달心已得通達
나의 마음은 본래부터 무루의 실상을 깨달아 통달하였느니라.
"나무묘법연화경"제목을 부를 때가 무루의 실상을 통달할 때이
니라.

2. 방편품方便品

시법주법위是法住法位 세간상상주世間相常住
이 법은 법의 위치에 머물며, 세간의 형상에도 항상 머무느니라.
중생의 마음은 본래부터 부처라고 설함을 상주常住라 하니,
만법이 본래부터 실상의 체體이니라.
세상에 있다는 모든 것이 스스로 적멸상이니라.
"나무묘법연화경"제목을 부를 때 상주하는 부처를 깨닫게 되느
니라.

3. 비유품譬喩品

승차보승乘此寶乘 직지도량直至道場

보배수레를 타고 곧게 도량에 이르느니라.

자신의 불승佛乘을 타고, 자신의 불성佛性에 들어감이니라.

보배수레가 곧 묘법이요, 도량이 곧 불성이라.

"나무묘법연화경" 제목을 부를 때 보배수레를 타고 곧게 도량에

이르느니라.

4. 신해품信解品

무상보취無上寶聚 불구자득不求自得

위없는 보배무더기를 구하지 않아도 저절로 얻음이니라.

무시이래 자신의 불성은 색심色心 가운데 있으니,

구하지 않아도 스스로 얻음이니라.

자신의 마음 떠나 무상보취를 구하지 말라.

구하지 않아도 스스로 갖추고 있느니라.

"나무묘법연화경" 제목을 부를 때가 무상보취 불구자득함이니라

5. 약초유품藥草喩品

우제불자又諸佛者 전심불도傳心佛道

상행자비常行慈悲 자지작불自知作佛

또 모든 불자가 마음을 오로지 불도에 두어 항상 자비를 행하여
스스로 부처될 줄 알아,
"나무묘법연화경" 제목을 받아지닌 자 항상 자비행을 하고 스스로
부처될 줄 아느니라.
자심自心 밖에서 부처를 구하지 말라.

6. 수기품授記品

어제불소於諸佛所 상수범행常修梵行
어무량겁於無量劫 봉지불법奉持佛法
모든 부처님 처소에서 항상 범행을 닦아 한량없는 겁 동안 불법을
지니며,
묘법연화경을 수행함이 곧 범행을 닦음이요.
"나무묘법연화경" 제목을 부를 때가 불법을 받들어 지님이니라.

7. 화성유품化城喩品

여금근정진汝今勤靜進 당공지보소當共至寶所
너희들은 이제 부지런히 정진하여 응당 함께 보물 있는 곳에
이를지니라.
보물 있는 곳이 진여법성眞如法性이요 자심이 불국토이니라.
"나무묘법연화경" 제목을 부를 때가 보물 있는 곳에 이른 때이니라.
보물은 이미 저마다 갖추고 있느니라.

8. 오백제자수기품五百弟子授記品

이무가보주以無價寶珠 계착내의리繫著內衣裏
옷 속에 값도 모를 보배구슬이 매여 있는 줄 깨닫지 못했나이다.
값도 모를 보배구슬이 곧 불성佛性이요 또 묘법妙法이니라.
"나무묘법연화경" 제목을 부를 때가 자신의 불성을 회복할 때이니라.
자신의 주머니에 무가보주無價寶珠가 매어 있느니라.

9. 수학무학인기품授學無學人記品

아금무부의我今無復疑 안주어불도安住於佛道
방편위시자方便爲侍者 호지제불법護持諸佛法
저는 지금 다시 의심이 없어 불도에 편안히 머물렀건만,
방편으로 시자가 되어 모든 불법을 수호하여 가졌나이다.
"나무묘법연화경" 제목을 받아지님이 모든 불법을 수호하고
받아지님이니라. 또한 불도에 편안히 머물 때이니라.

10. 법사품法師品

당지여시인當知如是人 자재소욕생自在所欲生
마땅히 알지니, 이런 사람은 나고자 하는 곳에 자재함이니라.
"나무묘법연화경" 제목을 받아지니고 놓치지 않는 자

나고자 하는 곳에 자재함이니, 이를 수의수생隨意受生이라 하느
니라.

11. 견보탑품見寶塔品

즉위질득則爲疾得 무상불도無上佛道
곧 위없는 불도를 빨리 얻게 되느니라.
오로지 묘법으로 일념개오一念開悟하므로 무상도를 빨리 얻게 되니,
"나무묘법연화경" 제목을 부르는 자 무상불도 즉위질득하느니라.
무상도가 모두 이 경에 속함이니라.

12. 제바달다품提婆達多品

광도제중생廣導諸衆生 영속성보리令速成菩提
모든 중생을 널리 인도하여 속히 보리를 이루게 하셨도다.
"나무묘법연화경" 제목을 부를 때 속히 보리를 이루게 되느니라.
아뇩다라삼먁삼보리를 속히 얻음은
오로지 묘법을 수행함으로써 가능한 일이니라

13. 권지품勸持品

아불애신명我不愛身命 단석무상도但惜無上道
저희는 신명을 아끼지 않고 다만 무상도를 아끼오리다.

사대육신四大六身은 허망하니 환화공신幻化空身을 아끼지 말고,
다만 무상도 즉 "나무묘법연화경"을 아끼오리다.
신명은 가볍고 법은 무거우니라.

14. 안락행품安樂行品

일체제법一切諸法 공무소유空無所有
무유상주無有常住 역무기멸亦無起滅
일체 모든 법이 공하여 있는 바가 없고,
항상 머물러 있음도 없으며, 또 일어남도 멸함도 없다.
일체 모든 법이 자심自心의 밖에 있는 것이 아니라
자심이 곧 일체법이라.
본래부터 불생불멸不生不滅이요, 또 일어나고 멸함도 없음이라.
제법실상이 이러함이니라.
"나무묘법연화경" 제목을 부를 때가 제법실상을 깨닫는 때이니라.

15. 종지용출품從地涌出品

주야상정진晝夜常靜進 위구불도고爲求佛道故
밤낮으로 항상 정진하여 불도를 구하기 위한 까닭으로
무작삼신불無作三身佛이 내재하고 있다 해도
수행하지 않으면 드러나지 않는 법이라.
"나무묘법연화경" 제목을 밤낮으로 정진할 때가 불도를 이루는 때

이니라.

16. 여래수량품如來壽量品

여래如來 여실지견如實知見

무유생사無有生死 약퇴약출若退若出

여래는 삼계의 상相을 실상과 같이 보고 알아

생사와 혹은 물러남과 나옴이 있을 수 없다.

무작삼신無作三身의 본각여래本覺如來는 생사가 있을 수 없고

혹은 물러가거나 나옴이 있을 수 없느니라.

"나무묘법연화경" 제목을 부를 때 무작삼신불을 회복하느니라.

17. 분별공덕품分別功德品

지차일심복持此一心福 원구무상도願求無上道

이 한 마음을 가진 복으로 위없는 도를 구하기 위하여

만선만행萬善萬行과 일심본각여래一心本覺如來가 묘법으로 현현함

이니,

"나무묘법연화경" 제목을 부를 때가 일심복一心福이요

무상도를 구하는 수행이니라.

18. 수희공덕품隨喜功德品

언차경심묘言此經深妙 천만겁난우千萬劫難遇
이르시기를, 이 경은 깊고 묘하여 천만 겁에도 만나기 어렵다.
인간의 몸 받기 어렵고, 묘법妙法 만나기 어렵고, 선지식 만나기 어렵고, 불가사의 겁에 "나무묘법연화경" 제목을 받아지니기 어려우니라.

19. 법사공덕품法師功德品

입선출선자入禪出禪者 문향실능지聞香悉能知
선정에 들고 선정에 나옴을 향기 맡고 능히 다 아나니,
"나무묘법연화경" 제목을 부를 때 입선출선함이니라.
제목을 부를 때 선정을 닦음이요, 온갖 삼매를 닦음이 되느니라.
만선만행萬善萬行을 닦는 때이니라.

20. 상불경보살품常不輕菩薩品

응당일심應當一心 광설차경廣說此經
세세치불世世值佛 질성불도疾成佛道
응당 마땅히 일심으로 널리 이 경을 설하여
세세생생 부처님을 만나 빨리 불도를 이룰지니라.
일심에 본래부터 구족하고 있는 무작삼신無作三身을 회복함이

세세생생 부처를 만나는 것이니,

"나무묘법연화경" 제목을 부를 때가 부처님을 만나는 일이니라.

이런 사람은 빨리 불도를 이루게 됨이니라.

21. 여래신력품如來神力品

어아멸도후於我滅度後 응수지사경應受持斯經

시인어불도是人於佛道 결정무유의決定無有疑

내가 멸도한 뒤에 응당 이 경을 받아지니어라.

이런 사람은 불도에 이르기 결정코 의심이 없느니라.

이 경을 받아지니어라 부촉하시고,

이런 사람은 성불함이 결정코 의심이 없다 하심이

곧 "나무묘법연화경" 제목을 받아지닌 사람의 사연이니라.

내가 멸도한 후란 오탁악세이니라.

22. 촉루품囑累品

신여래지혜자信如來智慧者 당위연설當爲演說

차법화경此法華經 사득문지使得聞知

여래의 지혜를 믿는 자가 있으면 마땅히 이 법화경을 연설하여

얻어듣고 알게 하라.

여래의 지혜가 곧 묘법이니라.

여래의 지혜인 묘법을 받아지닌 자 곧 여래의 지혜를 얻으리라.

"나무묘법연화경" 제목을 부를 때가 여래의 지혜를 얻는 때이니라.

23. 약왕보살본사품藥王菩薩本事品

시진정진是眞精進 시명진법是名眞法 공양여래供養如來
이것이 진실한 정진이며, 이것을 이름하여
여래께 진실한 법공양이라 함이니라.
진실한 법이란 소위 "나무묘법연화경" 제목이니라.

24. 묘음보살품妙音菩薩品

팔만 사천인八萬四千人 개득皆得 현일체색신삼매現一切色身三昧
팔만 사천의 사람은 법화행자이고, 현일체색신삼매란
"나무묘법연화경" 제목을 부르는 사람이 얻는 삼매이니라.
묘법을 사람들에게 광선유포함이 곧 현일체색신삼매이니라.

25. 관세음보살보문품觀世音菩薩普門品

구일체공덕具一切功德 자안시중생慈眼視衆生
복취해무량福聚海無量 시고응정례是故應頂禮
일체공덕을 갖추고 사랑스러운 눈으로 중생을 보며
복더미가 바다같이 한량없나니,
그러므로 응당 머리 숙여 예배할지니라.

묘법에 의지함이 일체공덕을 갖춤이요,

모든 중생을 평등하게 보고 묘법을 유포하면

복과 지혜가 바다와 같이 무량함이니,

소위 "나무묘법연화경" 제목이니라.

26. 다라니품陀羅尼品

수지법화명자受持法華名者 복불가량福不可量

법화경 이름을 받아지니는 복은 가히 헤아리지 못하거늘,

오종수행五種修行을 행하면 공덕이 한량없어 험한 길이 사라지고

안온安穩함이니,

"나무묘법연화경" 제목을 부를 때 복을 가히 헤아리지 못하느니라.

27. 묘장엄왕본사품妙莊嚴王本事品

불난득치佛難得値 여우담발라화如優曇跋羅華

여일안지구如一眼之龜 치부목공値浮木孔

부처님을 만나 뵙기가 우담바라꽃과 같고,

애꾸눈 거북이가 바다에 뜬 널빤지 구멍 만나는 것과 같다.

"나무묘법연화경" 제목을 부르는 자는 우담바라꽃과 같으니라.

애꾸눈 거북이는 일체중생이요, 바다에 뜬 널빤지 구멍은 묘법이
니라.

28. 보현보살권발품普賢菩薩勸發品

시인명종是人命終 위천불수수爲千佛授手

영불공포令不恐怖 불타악도不墮惡道

이런 사람은 명을 마칠 때 일천 부처님께서 손길을 주시어

그로 하여금 두렵지 않게 하시고, 악도에 떨어지지 않게 하심이
니라.

이런 사람이란 법화행자로

모든 부처님께서 호념護念하시어 불타악도不墮惡道이니라.

"나무묘법연화경" 제목을 부르는 자 천불수수千佛授手이니라.

일천 부처님께서 손길을 주심이니라.

열린 마당 ①

1

법화경을 수행하는 일에
나도 몸을 불태우고 있다.
약왕보살이 몸을 부처님께 헌신하듯이
나는 약왕보살보다 훨씬 천천히
불법에 헌신 공양하고 있다.
불석신명不惜身命하여
이 법을 신수봉행 광선유포함이
어찌 헌신공양이 아니겠느냐.
약왕보살과 같이 천천히 몸을 헌신하고 있다.
머지않아 이 몸이 타서 다할 것이다.
법화경을 수행하다 신명을 다한다면
어찌 헌신공양이 아니겠느냐.
나는 탱탱한 젊음이 이미 타서 다함을
눈앞에 두고 있다.
오늘도 내일도 이 몸을 천천히 불태우고 있다.
오늘 헌신공양이 헛되지 않는다면
당생에 금빛 나는 몸을 받으리라.

한 톨의 쌀을 얻기 위해 법화경을 놓친다면
만겁의 식량을 잃게 되리라.
기쁜 마음으로 법화경에 헌신 공양하라.
나는 오늘도 이 몸을 헌신공양하고 있다.

2
내가 가진 것 모두가 본래는 없었던 것이고,
내가 가진 것 모두가 중간에 생긴 것이다.
중간에 생긴 것은 진정한 내 것이 아니며,
언젠가는 내게서 떠나갈 것이다.
평생 잘 먹이고 잘 입힌 이 육신까지도
내게서 떠나갈 것이다.
내가 가진 것 모두가 떠나갈 때
평상심을 잃지 않는다면
이는 진정 수행자의 마음일 것이다.

3
지금 내가 가진 모든 것은 본래 내게는 없었다.
중간에 인연 따라 생긴 것이다.
본래부터 없었던 것은 언젠가는 내게서
떠나가는 것이 세상 순리다.
내 것이라 굳게 믿고 있던
이 육신의 사대가 흩어지려고 할 때

그 마음 여여如如하다면

이는 진정 수행자의 마음일 것이다.

눈으로 보는 대상에서 이제 탐애심을 버려라.

내게 중간에 생긴 것에서

집착심 다 버리고 나면 남는 것이라고는 아무것도 없다.

아무것도 없다는 마음마저 버리고 나면

오롯이 알음알이만 뚜렷할 것이다.

여기가 나의 참모습이다.

고향을 찾아 헤맸으나,

이제 보니 서 있는 당처가 실상의 고향이로다.

4

보리심을 일으키는 사람은 많으나

퇴전하지 않고 묘법妙法을 증득하는 사람은 적으니라.

신명身命을 아끼지 않고

다만 무상도를 아끼오리다.

묘법을 받아 들을 수 있는 기회를 만났거든

신명을 버려서라도 묘법을 배워 익힐지니라.

이 몸을 아무리 아끼고 챙길지라도

끝내 한줌의 흙으로 돌아가니

불법佛法을 배우는데 신명을 다할지니라.

백 년의 영화를 누린다 해도
이 몸은 끝내 다함이 있느니라.

몸은 가볍고 법은 무거우니
잠시라도 방일하지 말고
"나무묘법연화경" 제목을 부를지니라.
날아가는 화살을 잡는 재주가 있다 할지라도
광음의 세월은 멈출 수 없느니라.

5
금생에 무상도를 만났을 때
이 몸을 제도하지 못한다면
또 어느 생을 기약하리오.
이 몸을 제도할 시간이 그리 많이
남아 있지 않느니라.

일념삼천一念三千은
구법계즉불계九法界卽佛界
불계즉구법계佛界卽九法界이니라.
법화경 한 자 한 자는 여의보주如意寶珠이며
제불을 낳는 모태母胎이니라.

"나무묘법연화경" 제목을 부르는 사람은

석가세존의 가족이니라.

부처님과 동행하는 자이며,

같이 생활하는 진실한 불자이니라.

부처님과 법자法子인 라후라와 같은

한가족이니라.

6

다른 종교를 믿는 사람이 와서 말하기를,

우리를 영원히 구원할 자는 하나님 밖에 없다.

어떤 종교이든 다음 생까지 구원을 받아야 한다.

스님이 말하기를,

모든 사람이 이미 구원되어 있다는 것을

깨우쳐 주시려고 부처님께서 이 땅에 오셨다.

모든 중생의 본성은 이미

궁극의 진리에 계합하고 있기에

구원할 객관도 구원받을 주관도 없다.

자신의 자성自性을 깨닫는 것이

발등에 떨어진 불과 같아

시급한 일이다.

7

여래십호如來十號 중 하나인 응공應供은

사람과 하늘로부터 응당 공양을 받을 만한
덕목을 갖추었다는 뜻이다.
아라한·벽지불·보살·부처님을
사성인과四聖因果라 한다.
이 네 성인은 인천人天으로부터
응당 공양을 받을 만한 덕목을 갖추었기에
응공應供이라 한다.
법화경을 여설수행如說修行 광선유포廣宣流布하는
법화행자도 당연히 응공이 된다.
인천의 복전이 된다.
혜성사문도 인천의 공양을 받으면서 생활하고 있다.
때때로 자신을 살펴본다.
과연 응공을 받을 덕을 갖추었는지…

8

마음을 닦으라 한다.
하지만 마음이란 형상이 없기에
닦을 대상도 없고 닦을 주체도 없다. 객관도 주관도 없다.
말인즉 마음을 닦으라 한 것이지만,
마음이란 형상이 없기에 형상이 아니니
어디에 때 묻고 먼지가 앉겠느냐.
본래부터 청정무구한 것이니라.
불성이란 갑자기 생긴 것도 아니요,

중간에 어느 날 사라질 것도 아니며,

또 밖에서 찾아온 것도 아니다.

본래부터 구족하고 있던 불성을 회복함이니,

성인이라고 더함이 있고, 중생이라 덜함이 있는 것이 아니니라.

저마다 있다는 불성을 회복하면

중생계가 곧 불계요, 사바세계가 곧 적광토요,

번뇌가 곧 보리요, 생사가 곧 열반이니라.

이러함이 불가사의하여 묘법이라 이름하느니라.

따라서 마음이 곧 묘법이니라.

"나무묘법연화경" 제목을 부르는 것은

자기 부처에 귀명례함이요, 시방제불께 귀명례함이니라.

불성을 회복할 때이라.

속성취불신速成就佛身을 다른 곳에서 찾지 말라.

오로지 "나무묘법연화경" 제목을 부를 때

속성취불신함이니라.

중생소유락衆生所遊樂, 중생이 즐겁게 노니는 것도

역시 제목을 부를 때이니라.

묘법을 떠나 중생소유락은 없느니라.

법화경의 당체

지금 부처님께서 광명 놓으심은
실상의 뜻을 도와 밝히시려고 함이라.
모든 사람은 이제 마땅히 알지니,
합장하고 일심으로 기다리시오.

성문이나 혹은 보살들이
내가 설하는 법을 한 게송이라도 들을지라도
모두 성불함에 의심이 없느니라.

사리불아, 마땅히 알지니라.
내가 본래 서원을 세우기를
일체중생으로 하여금
나와 다름이 없게 함이니라.
내가 옛적에 소원하던 바가
지금 이미 만족하노라.
일체중생을 교화하여
모두 불도에 들게 함이니라.

모든 법은 본래부터 오면서
스스로 적멸의 형상이니
불자가 이런 도를 수행하면
오는 세상에서 성불하리라.

만약 묘법을 듣는 자가 있으면
성불 못함이 하나도 없으리라.
마땅히 알지니, 이 묘법은
모든 부처님의 비요이니라.

어떤 사람이 지극한 마음으로
부처님의 사리를 구하듯이
이와 같은 경전을 구하여
얻고 나서 정수리로 받들고
그 사람이 다시 다른 경전에 뜻도 두지 아니하고
또한 외도의 경서를 생각지도 아니하면
이와 같은 사람에게 가히 묘법을 설하여라.

제도 받지 못한 자로 하여금 제도 받게 하고
이해하지 못한 자로 하여금 이해하게 하고
편안하지 못한 자로 하여금 편안하게 하고
열반하지 못한 자로 하여금 열반을 얻게 하느니라.

만약 묘법연화경을 능히 받아지니는 자는
마땅히 알지니, 부처님의 심부름꾼으로
모든 중생을 불쌍히 생각함이니라.
중생을 불쌍히 여기는 까닭에
청정한 국토를 버리고 여기에 났느니라.
마땅히 알지니, 이런 사람은
나고자 하는 곳에 자재함이니라.

약왕이여, 이 경은
모든 부처님의 비밀되고 요긴한 법장이라.
함부로 분포하여 사람들에게 전하지 말지니라.
모든 부처님 세존께서 수호하시는 바라.
옛적으로부터 지금까지 오면서
일찍이 이 경을 나타내어 설하지 않은 것은
여래가 현재 있음에도 오히려 원망과 미움이 많거늘,
하물며 멸도한 뒤에랴.

이 경을 설하기 위한 까닭으로
이 모든 어려운 일을 참으며
저희는 몸과 목숨을 아끼지 않고
다만 위없는 도를 아끼오리다.

한적한 곳에 있으면서 그 마음 닦아 다스리고

편안히 머물러 움직이지 않기를 수미산과 같이 하며
일체 법을 관하되 모두 있는 바가 없으니,
마치 허공과 같아서 견고함이 있을 수 없으며
불생불출不生不出하고 부동불퇴不動不退하여
항상 한 모양에 머문다 함은
이것을 친근할 곳이라 이름하느니라.

내가 스스로 성불한 이래 지나온 모든 겁수는
한량없는 백천만억 아승지 겁이니라.
신통의 힘이 이와 같아서 아승지 겁에
항상 영취산과 또 다른 모든 곳에 머물고 있느니라.

마치 의원이 좋은 방편으로
미친 자식을 치료하기 위하는 고로
진실로 살아 있으면서 죽었다 말한 것은
능히 허망한 것을 설했다고 할 수 없듯이
나도 또한 세상의 아버지로서
모든 괴롭고 아픈 자를 구원하되,
생각이 뒤바뀐 범부를 위하여
실로 있으면서 멸도한다고 말하느니라.

매양 스스로 이런 생각을 하되,
어떻게 하여야 중생으로 하여금

위없는 지혜에 들어감을 얻게 하여
부처님 몸을 속히 이루게 할까 하노라.

모든 부처님께서 도량에 앉으사
얻으신 비밀되고 요긴한 법을
능히 이 경을 지니는 자는
오래지 않아 또한 마땅히 얻으리라.
내가 멸도한 뒤에
응당 이 경을 받아지니어라.
이런 사람은 불도에 이르기
결정코 의심이 없느니라.

내가 한량없는 백천만억 아승지 겁에
이 얻기 어려운 아뇩다라삼먁삼보리법을
닦고 익혀서 이제 너희들에게 부촉하노니,
너희들은 응당 일심으로 이 법을 유포하여
널리 이익되게 할지니라.

수왕화여, 이 경은
능히 일체중생을 구원하는 것이니라.
이 경은 능히 일체중생으로 하여금
모든 괴로움을 여의게 하며
이 경은 능히 일체중생을 크게 요익하게 하여

그 원을 가득 채우게 하느니라.

만약 선남자 선여인이
네 가지 법을 성취하면
여래가 멸도한 뒤에
마땅히 이 법화경을 얻으리라.
첫째, 모든 부처님께서 호념하심이 되고
둘째, 많은 덕의 근본을 심음이요
셋째, 정정취에 듦이요
넷째, 일체중생을 구원하려는 마음을 일으키는 것이니라.

만약 여래가 멸도한 뒤 후오백세에
혹은 어떤 사람이 법화경을 받아지니고
읽고 외우는 자를 보거든
응당 이런 생각을 하되,
이 사람은 오래지 않아
마땅히 도량에 나아가서
모든 마군의 무리를 파하고
아뇩다라삼먁삼보리를 얻어
법륜을 굴리며 법북을 치고
법소라를 불며 법비를 내리게 하며
마땅히 하늘과 사람의 대중 가운데
사자법좌 위에 앉으리라 할지니라.

수행자의 자경문

1

어떤 보살이

스님의 누비 두루마기를 한 벌 보시해 왔다.

아주 고급 천으로 지은 것 같다.

스님에게는 두루마기가 필요하지 않다.

왜냐하면 바깥으로 외출할 기회가 거의 없기 때문이다.

도량 내에서는 두루마기를 입을 필요가 없다.

그런데 왜 두루마기를 보시 받았느냐 하면

그 보살의 정성을 거절할 수 없었다.

다만 스님 자신이 이런 좋은 옷을 보시 받을 만한

덕행이 있느냐가 문제이다.

과연 보시한 분의 복전福田이 될 수 있는

덕목을 갖추었느냐 하고 자신에게 반문해 본다.

옷을 보시해 주신 그 보살의 정성을

마음에 새기고 몇 번 입어본 후에

인연 있는 스님에게 다시 보시할까 하고 생각해 본다.

보살님 감사히 받겠습니다. 그리고 고맙습니다.

2

난초는 향기를 팔지 않는다.

향기를 팔지 아니해도 저절로 주변을 향기롭게 한다.

사람의 덕향도 이와 같이 자신의 주변을 향기롭게 한다.

수행자는 자신 가운데서 저절로 법향과 덕향이 나와

주변을 훈훈히 향기에 젖게 한다.

덕불고필유린德不孤必有隣,

덕은 외롭지 않고 반드시 이웃이 있다.

꽃향기 따라 벌 나비가 모여들 듯

법향과 덕향을 갖춘 사람의 곁에는

항상 사람이 끊어지지 않고 모여든다.

그러나 덕향을 팔지 않는다.

3

수행자는 인천으로부터 응당 공양을 받을 수 있는

덕목을 갖추어야 하니, 이를 응공應供이라 한다.

수행으로 다른 사람의 복전이 되어야 한다.

인천으로부터 공양을 받을 만한 요건을

갖추지 못하고서 공양물을 받는 것은

마치 맨손으로 벌겋게 달궈진 쇳덩어리를

만지는 것과 같으리라.

수행자가 중생 제도함이 없다면

시방세계에 머리 둘 곳이 없으리라.

수행자가 상수범행常修梵行이 없다면
자신의 일신조차도 건지지 못할진대
어찌 이타행利他行이 있겠느냐.

수행자는 자신이 머무는 도량을
공덕으로 장엄해야 하고,
모든 사람들의 심신 수련장으로 가꾸어야 하며,
모든 사람의 복전이 되게 해야 한다.
수행자는 항상 자신을 경계하고 살펴야 하며,
어떤 환경에서도 그 마음 움직이지 않기를 수미산과 같이 하라.
법화행자는 사바즉적광娑婆卽寂光이요
번뇌즉보리煩惱卽菩提요 생사즉열반生死卽涅槃임을
깨달아 증득해야 한다.
이러함이 일념삼천의 도리이니라.

열린 마당 ②

1

보현이여,

만약 여래가 멸도한 뒤 후오백세에

혹은 어떤 사람이 법화경을 받아지니고 읽고

외우는 자를 보거든 응당 이런 생각을 하되,

"이 사람은 오래지 않아 도량에 나아가서

모든 마군의 무리를 파하고

아뇩다라삼먁삼보리를 얻어 법륜을 굴리며

법북을 치고 법소라를 불며 법비를 내리게 하며,

마땅히 하늘과 사람의 대중 가운데

사자법좌 위에 앉으리라." 할지니라.

보현이여,

만약 뒷세상에서 이 경전을 받아지니고

읽고 외우는 사람은 다시 의복과 침구와

음식과 생활하는 물품에 탐착을 아니해도

원하는 바가 헛되지 아니하며,

또한 지금 세상에서 그 복의 과보를 얻으리라.

_『묘법연화경』「보현보살권발품」에서

2
보살의 식량은 고난이다.
자신의 수고로움으로 주변을
이롭게 해야 하기 때문이다.

보살의 옷은 인욕의 갑옷이다.
참고 인내하지 않고서는
보살도를 완성할 수 없기 때문이다.

보살의 자리는 아상을 버린 곳이다.
"나"라는 상을 갖고서는
보살도를 완성할 수 없기 때문이다.

보살은 자신의 주변을 이롭게 함이
곧 자신을 이롭게 하고 행복하게 한다는 것을
깨달은 사람이다.

보살은 애탐을 버린 자리에
행복이 채워진다는 도리를
깨달은 사람이다.

3
보살은 베풂을 생활의 근간으로 삼는다.

베풂에는 세 가지가 있나니
법보시·재보시·무외시이니라.

보살은 풍요로움을 추구하지 않고
가난을 먼저 배우고 익힌다.
그리고 일마다 불사임을 증득한다.

보살은 남들이 심는 선근을
따라 기뻐하고 칭찬하며
찬탄 공경할 줄 아느니라.

보살은 자리이타행을 덕으로 삼으니
자리이타의 덕행이 없다면
자신의 일신조차도 건지지 못할 것이니라.

4
묘법을 여설수행 광선유포할 때
모든 부처님의 손길이 따르고
묘법을 헐뜯어 비방할 때
악도에 드나들기를 자기 집과 같이 하리라.
그대여, 부처를 만나고 싶거든
야반삼경에 그대의 코를 비틀어 보고
귀를 잡아 당겨 보거라.

아픔을 느끼는 그놈이 곧 부처성품이니라.
부처를 찾아 진종일 밖에서 헤맸는데
이제 보니 나랑 같이 자고 있었네.

5
흔히들 마음을 비우라고 한다.
그러나 마음이란 실체가 없기 때문에
애당초부터 비울래야 비울 것도 없고
채울래야 채울 것도 없다.
이것을 얻었다 저것을 잃었다
모두 허튼소리라.

실상의 고향을 떠나
떠돌이 생활이 몇몇 해던가.
이제 나그네 생활을 접고
본래 고향으로 돌아갈까 하나
시절이 익지 않아 이러고 있네.
고향을 나올 때 가진 것 없었고
돌아갈 때 역시 가진 것 아무것도 없네.
마침내 공으로 돌아가는 것을.

6
세상의 이익과 명예, 몇 년이나 간다 하더냐.

아무리 헤아려 봐도 백 년 미만인 것을
문득 어느 날 실상의 고향을 밟으니
무량겁을 뛰어 넘어
영원상주永遠常住의 도리가 눈앞에 있네.

자경문自警文에서 이르기를,
백년탐물일조진百年貪物一朝塵
삼일수심천재보三日修心千載寶
백 년 동안 탐낸 재물은 하루아침 티끌이요,
삼일 동안 닦은 마음은 천 년의 보배이니라.

7

보살도의 완성을 위해
육바라밀을 반드시 닦아야 한다.
이른바 보시·지계·인욕·정진·선정·지혜바라밀이라.
보시바라밀이 제일 먼저 있는 것은
제일 먼저 보시행을 몸에 익히라는 뜻이요,
지혜바라밀이 뒤에 있는 것은
앞의 다섯 바라밀을 닦음에 의해
지혜바라밀을 완성할 수 있기 때문이다.
다섯 바라밀에서 지혜바라밀이 나오는 것이지
지혜바라밀에서 다섯 바라밀이 나오는 것이 아니다.
따라서 지혜바라밀은 모든 바라밀의 완성이다.

바라밀이란 보살도를 건너는 항해술이니라.

8
만일 사람이 부처의 경계를 알고자 한다면
그 뜻을 허공처럼 깨끗이 할지니,
망상과 애탐과 집착하는 마음을 여의어서
어떤 경우에도 마음으로 하여금
걸림이 없게 하라.
중생의 마음 가운데
부처가 머물고 있는 줄, 마땅히 알라.
저마다 마음으로부터 부처도 나오고
중생도 나오며 십법계도 나오느니라.
이러함을 묘법이라 하고
불가사의不可思議라 하느니라.
일념삼천一念三千의 법문이니라.

9
오늘날 인간의 모든 병의 원인 50% 이상이
감정, 신경증, 노이로제 등으로 생긴다고 한다.
예방법은 인격완성에 있으니,
보통사람들이 쉽게 사로잡히는
증오, 분노, 원한, 불안, 초조, 낙담, 자포자기 등의
감정에 직면하게 되나,

수행으로 인격을 완성해 가는 사람은
이런 것에서 자유스럽게 된다.
긍정적이고 즐겁고 이해와 자비심을 잃지 않고
끈기와 용기와 지혜로
자신과 타인의 앞길을 개척하고 이끌어 간다.
선지식의 꾸중과 칭찬도 같은 이치이니라.
오탁악세에는
대승보살의 인생관이 절실한 때이다.

10
지금 내가 가진 것은 본래 내 것이 아니었고
머지않아 나에게서 떠나갈 것이다.
흐르는 세월이 내가 가진 것을 앗아간다 해도
지금 가진 것이 없어진다 해도
가졌을 때와 같이 마음이 평화롭다면
이는 진정 수행자의 마음일 것이다.

지금 내가 가진 것은 본래 내게는 없었던 것이다.
누가 내가 가진 것을 앗아간다 해도
편안함을 유지하라.

죽음이란 나에게만 찾아오는 것이 아니라
모든 이에게 공평하게 방문한다는 것을 깨닫는 순간,

평화를 얻게 될 것이다.

누구에게나 고통이 있다.
그러나 수행자는 고통에 빠지지 않고
놀림을 당하지 않는 것이다.
고통과 맞서지 않고 싸우지 않는다.
그냥 보는 자로 남는다.
세상의 파도와 싸우지 않는다.
_『법구경』에서

11
혜성사문은 설법할 때 누구의 잘잘못을 인용함에
실명을 거론하지 않는 원칙이 있다.
칭찬에는 우쭐함이 있고 시기가 따르며,
꾸중에는 불끈함이 있고 원망이 따르기 때문이다.
칭찬은 더 낮추고 더 잘하라는 뜻이 있고,
꾸중은 따뜻한 정성과 관심이 있다는 뜻이니라.

사람과 사람의 관계에서
제일 위험한 것은 무관심이다.
칭찬과 꾸중이 다르지 않고 불이不二이다.
수행자는 칭찬과 비방에 마음을 움직이지 않는다.
반석이 비바람에 움직이지 않듯이

칭찬과 비방에 그 마음 움직이지 않기를
수미산과 같이 하라 하심이 자부의 금언이니라.
누구로부터 칭찬을 받을 때가
가장 조심할 때이니라.

12
사리불아, 잘 들을지니라.
세존께서 법화경 방편품을 설하실 때
지혜제일 사리불 이름을 40여 차례나 부르시며
'사리불아, 마땅히 알지니라' 하고 주의를 당부하시고
제법실상의 도리를 설하셨도다.
만 가지 법이 있다 해도 한결같이 실상으로 드는 문이기에
비유품에서 '사리불아, 마땅히 알지니라' 하시고
30여 차례나 주의 깊게 들을 것을 당부하셨도다.
'사리불아, 잘 들어라' 하심은 유독 사리불 혼자가 아니라.
그때의 모든 대중들이 포함되고
지금의 법화행자들이 모두 포함되느니라.
세존께서 '사라불아, 잘 들어라' 하심이
곧 지금의 우리들 이름을 불러 잘 들으라고
당부하심이라는 것을 알아야 하느니라.
지금의 모든 법화행자가 모두 사리불이니라.
세존께서 '사리불아, 잘 들어라' 하신 주인공이 내 자신이니라.
세존께서 내 자신의 이름을 두 품에서 70여 차례나 부르시어

주의깊게 들을 것을 당부하셨다고 깨쳐야 하느니라.

세존께서 법을 아끼심이 없고 인색함이 없어

중생 성불의 문이 활짝 열려 있는 구경의 법을 설하시면서

‘사리불아, 잘 들어라’ 하고 당부하신

부처님의 금언이 귀에 쟁쟁하고 눈에 삼삼한데,

신명을 잃을지라도 어찌 법을 놓치겠는가.

지금의 법화행자들이여,

사리불에게 70여 차례나 당부하신 팔만 사천 법문이

모두 실상(참모습)을 깨치게 하는 문이요 과정이요 방편이니라.

세존께서 방편품에서 십여시十如是와 사불지견四佛知見을 설하시어

중생 성불의 직도를 밝히셨으니, 소위 제법실상諸法實相이니라.

사리불아, 마땅히 알지니라.

내가 본래 서원을 세우기를

일체중생으로 하여금 나와 다름이 없게 함이니라.

내가 옛적에 소원하던 바가 지금 이미 만족하노니

일체중생을 교화하여 모두 불도에 들게 함이니라.

성문이나 혹은 보살이 나의 설한 바 법을

한 게송이라도 들음에 이를지라도 모두 성불함에 의심이 없느니라.

세존께서 제법실상의 도리를 설하시어

중생성불의 문을 열므로 해서

옛적에 세우신 서원이 만족한다 하신 것이니라.

여아등무이如我等無異, 나와 동등하여 다름이 없게 하여지이다.
또 이 대승평등법을 성문이나 혹은 보살이
한 게송이라도 들을지라도 성불함에 의심이 없다 하심이니라.
이렇게 중생 성불함에 의심이 없는 법화경을 설하실 때
'사리불아, 마땅히 알지니라' '사리불아, 잘 들을지니라' 하시고,
주의 깊게 듣고 받아지닐 것을 당부하신 것이니라.
그때 사리불에게 잘 들어라 하고 당부하신 말씀이
지금 법화행자 우리들에게 주의 깊게 잘 들을 것을
당부하신 말씀이니라.
또 비유품에서도 30여 차례나 사리불의 이름을 부르시면서
화택火宅 비유로 제법실상의 도리를 재차 밝히신 것이니라.
자부慈父께서 내려주신 흰 소가 끄는 큰 수레를 타고
도량에 곧 이르게 되었으니, 모든 중생들이 유일불승인
법화경력으로 불도를 이루게 됨이니라.
중생 성불 이외 일대사는 없고 더 큰 것은 별도로 없느니라.
모든 부처님 여래께서 법화경력으로 성불하셨고,
모든 부처님 여래께서 법화경을 설하시기 위해
세상에 출현하셨으며,
모든 부처님 여래께서 법화경력으로 열반에 드시느니라.

자아게自我偈 예찬

자아득불래自我得佛來 소경제겁수所經諸劫數
무량백천만無量百千萬 억재아승지億載阿僧祇
내가 스스로 성불한 이래 지나온 바 모든 겁수는
한량없는 백천만억 아승지 겁이니라.

자아게 첫 게송은 법계 모든 중생의 본래 성불을
은근히 드러내는 아주 요긴한 게송이다.
잘났거나 못났거나 법계의 모든 중생의 자성은
그냥 그대로 자아득불래自我得佛來인 것이다.
부처님이라고 해서 더 수승하고
중생이라고 해서 하열한 것이 아니라,
저절로 스스로 청정무구한 자성불의 사연이로다.
자아득불래의 도리를 알지 못한다면 이를 미혹이라 하고
범부중생이라고 하고 무명이라 하며,
이를 깨달아 앎을 지자智者라 하고
성인이라 하고 즉신성불이라 하느니라.
자아득불래 하고 높이 외울 때 자성불을 회복하는 때이니라.

자아는 석가세존의 자아이고, 또 십법계의 자아이니라.

자아게의 자아득불래가 없었다면 불교의 뿌리가 없는 셈이라.

중생이 어디에 의지할 것인가?

뿌리 없는 나무와 같고 부평초와 같으리라.

만약 자아게를 신용하지 않는 자는

시방제불을 신용하지 않는 자요, 자부의 근본을 모르는 자이니,

마치 자식이 아버지의 근본을 모르는 것과 같아

불효자식과 같으니라.

자아게는 부처님의 득도최요의 구경의 진리요,

부처님의 생명이요, 부처님의 장구한 수명이요, 부처님의 정요요,

부처님의 골수요, 부처님의 근본 뿌리가 되느니라.

모든 중생이 자아게를 믿고 깨달아 마침내 성불하리라.

자아게로써 부처님의 장구한 수명이 십법계의 수명이요,

자신의 수명임을 깨닫게 되리라.

자아득불래의 사연이 우리 모두의 사연이요,

또 내 자신의 사연이요, 자신의 일기장 속의 일이니라.

자아게는 시방제불께서 출생하시는 종자이니라.

자아게의 공덕을 사사로이 말하지 말라.

분별공덕품 전체가 자아게의 공덕을 설하셨느니라.

자아득불래 하고 외울 때 자성불을 깨우는 때이며

본래 부처를 회복하는 때이니라.

중생으로 하여금 속성취불신하는 바르고 곧은 길이니라.

자아게는 중생으로 하여금 속히 부처몸을 이루게 하느니라.

사생자부이신 석가 세존께서 보리수 아래서 육 년간
고행을 행하시고 대각하신 진리가 바로 자아득불래이니라.
대각하시고 비로소 처음 부처님이 되신 것이 아니라,
깨닫고 보니 무량무변 백천만억 아승지 겁 이전부터
부처였더라는 것이니 소위 본래 부처를 회복하심이니라.
자아득불래는 세존께서 대각하신 구경의 법이요,
부처님의 득도최요得道最要의 수다라이며,
중생 성불의 크나큰 문이니라.
보리수 밑의 육 년의 고행으로 불도를 이루심을
시성정각始成正覺이라 하고,
본래부터 스스로 성불해옴을 구원실성久遠實成이라 함이니,
이를 다른 표현으로
여래비밀 신통지력이라 하느니라.
부처님 구경의 진리이니, 무상도라 하고,
불교의 뿌리요, 근본이요, 생명이니라.

의심을 갖지 말라!
태양이 땅에 떨어질지라도, 조수가 드나들지 않을지라도
대지가 반쪽이 날지라도, 모두 진실이고 허망함이 없느니라.
불도를 닦는 자가 자아게를 등진다면
가난한 자가 아버지의 전 재산을 버림과 같고,
굶주린 자가 식량을 버림과 같으니라.
시방 세계 머리 둘 곳이 없으리라.

보리수 밑에서 시성정각하신 석가세존이 바로 구원본불이시니라.

자아게는 불교의 근본 뿌리요 생명임을 몇 번이고 다짐하노라.

팔만 사천 법문의 골수이니라.

무無의 개념

불교에서 무無자란 단어가 많이 나온다.

없다는 뜻의 무자를 두 가지 측면에서 이해해야 한다.

하나는 있고 없는 상대적인 무이고,

둘은 있고 없는 것을 다 수용하는 절대적인 무이다.

예를 들면, 어느 초심의 불자가 스님께 묻기를,

제가 지난 여러 해 동안 절을 짓는 불사에 크게 동참하고

스님들 뒷바라지를 해왔는데, 제 공덕이 어떻습니까?

그 스님께서 직하에 무라고 답하셨다고 한다.

스님이 답한 무는 절대적인 무가 되나,

그 초심의 불자는 있고 없는 상대적인 무로 받아들인 것이다.

범부가 이해하는 무는 있고 없는 상대적인 무이기에

시비분별과 과실이 따르고 논쟁이 따른다.

절대적인 무는 있고 없다는 생각마저 없는 것이기에

시시비비가 없다.

적멸의 무이기에 일체어언도단一切語言道斷이요,

심행처멸心行處滅이다.

공덕을 지었다고 해서 그 공덕이 실체가 있거나 눈으로 볼 수 있거

100

나 무슨 색상이 아니니, 이는 절대적인 무가 된다.

죄와 복도 이와 같아 죄와 복이 실체가 있거나

색상이 있는 것이 아니다.

아뇩다라삼먁삼보리가 이름하여 아뇩다라삼먁삼보리이지,

형상이 있거나 실체가 있는 것이 아니다.

부처님의 형상도 이와 같아서

형상 없는 형상으로 형상 있는 몸이다(無相之相有相身).

절대적 무는 일체유상안대절—切有相眼對絶,

일체 있다는 형상이 눈으로 보는 대상이 끊어진 것이다.

바로 제법실상의 도리이다.

초심의 불자가 이해한 무는 있고 없는 상대적인 무이기에

스님의 무라는 답에 충격을 받게 된 것이다.

절대적인 무는 시시비비가 끊어진 자리라,

있고 없는 상대적인 무가 아니다.

여래수량품에 이르시기를,

여래는 삼계의 상을 실상과 같이 보고 알아

생사나 혹은 물러남이나 나옴이 있음이 없고,

또한 세상에 있거나 멸도하는 자도 없으며,

진실도 아니고 허망함도 아니며

같은 것도 아니고 다른 것도 아니며,

삼계에서 보는 삼계와 같지 않느니라.

위의 부처님 말씀은 절대적인 무,

곧 실상과 같이 보고 설하신 말씀이다.

삼계에서 보는 삼계와 같이 않음은 육안으로 보는 대상이 아니요,

그냥 그대로 모습 없는 모습이요,

곧 법신불의 모습이니 생사가 있을 수 없고

나오고 들어감이 있을 수 없는 것이다.

그러나 범부 중생은 상대적인 유무에 집착하므로

너와 내가 있고, 선악이 있고, 생과 사가 있고,

크고 작음이 있고, 정토와 예토가 있는 등

온갖 상대적 관점이 생긴 것이다.

이러함에 온갖 것에 시시비비가 일어나고

분별심이 일어난다.

절대적인 무에서 보면 생사즉열반生死卽涅槃이요,

번뇌즉보리煩惱卽菩提요, 사바즉적광娑婆卽寂光이라.

선악불이善惡不二요, 인과불이因果不二요,

색심불이色心不二이며, 범성불이凡聖不二이다.

잃을래야 잃을 것도 없고 얻을래야 얻을 것도 없다.

수행으로 공덕을 얻었다 함도 그 공덕이 실체가 있는 것도 아니고

눈으로 보는 대상이 아니다.

말인즉 공덕이 크다고 한 것이다.

공덕이 어떤 물질이 아니기 때문이다.

달마대사께서 양무제의 공덕이 무라 하신 것은 절대적인 무이고,

있고 없는 것의 상대적인 무가 아니다.

원융무애하여 걸릴 것이 없고 마치 허공과 같아

헤아릴 수 없음을 무無라 한 것이다.

저마다 자심이 형상 없는 형상으로 온갖 것에 작용함이

곧 절대적인 무일 수밖에 없다.

있고 없고의 상대적 무無는

성문 연각 및 벌교보살의 견해이고

절대적 무無는

중도실상中道實相의 원교보살의 도리이다.

열린 마당 ③

1

불교는 부처님에 의해 이 세상에 밝혀졌지마는
그 존재 가치성은 중생을 제도 해탈케 하는 데 있다.
부처님의 가르침을 따르면 모든 고통에서 벗어나
생사의 강을 건너서 마침내 불도에 들게 된다.
만약 불교가 중생을 제도 해탈케 함이 없다면
존재 가치성을 상실한다.
부처님을 찬탄·공경·공양함은 이 거룩한 법을 깨달으시고
세상에 밝혀주심으로 해서 모든 중생이 법의 윤택을 입어서
제도 해탈하여 성불할 수 있기 때문이다.

2

법화경을 몇 년차 수행하고 있다는 어떤 젊은 불자가 찾아왔다.
그가 하는 말인 즉,
― 저는 제법실상을 깨달았습니다.
― 그래 장한 일이구나. 스승은 누구시냐?
― 의심이 있으면 부처님께서 다 설하여 주십니다.
　　혼자서 공부하고 있습니다.

― 이 묘법을 혼자서 공부하는 것은 지극히 위험한 일이다.

　반드시 정정취에 들어 도반과 같이

　스승의 지도를 받아 공부하고 수행해야 한다.

　혼자서 공부하다 보면 마구니 권속이 될

　가능성이 충분하다.

― 그런 점도 잘 알고 있습니다.

― 아는 것보다 증득하는 것이 더 낫고

　증득하는 것보다 활용하는 것이 더 낫느니라.

　이렇게 하기에는 많은 세월이 필요하니라.

　끝으로 화두를 주겠다.

　"바보가 되거라." 계속 외우거라.

　형상으로 부처님을 보려 하거나 음성으로 구하려 하는 자는

　이는 사도를 행함이니, 잘 헤아릴지니라.

　부처님은 형상 없는 형상으로 형상 있는 모습이니라.

3
자아게 自我偈

자아득불래 自我得佛來는

삼세 모든 부처님의 전 재산이요,

모든 부처님의 근본이요,

모든 부처님의 생명이요, 수명이니라.

자아득불래를 믿고 이해한 자는

부처님의 전 법재法財를 양여받은 자이니라.

자아득불래는 불교의 뿌리요, 근본이요, 생명이며,

중생 성불의 직도이니라.

자아득불래의 공덕을 사사로이 말하지 말라.

분별공덕품의 전체가 자아게의 공덕을 설하셨도다.

자아득불래는 중생계즉불계衆生界卽佛界 사바즉적광娑婆卽寂光

생사즉열반生死卽涅槃 번뇌즉보리煩惱卽菩提의 도리이니라.

4

지금의 넉넉함은 지난날의 베풂의 결과이고

지금의 가난은 지난날의 인색함의 결과이다.

모든 고통의 원인은 애탐과 집착이라.

애탐과 집착을 내려놓으면 고통은 사라지리라.

인색함은 고통과 짝을 하고

베풂은 즐거움과 짝을 한다.

인색함은 나누고 베풂으로 풀고

교만함은 지계持戒로써 여의며,

성냄은 인욕忍辱으로 풀고

게으름은 정진精進으로 해결하며,

산란함은 선정禪定으로 조복받고

어리석음은 지혜智慧로써 해결한다.

"나무묘법연화경" 제목을 부를 때가

모든 바라밀을 닦는 때이니라.

5

묘법연화경의 제법실상 일념삼천과

본문의 영원실성 상주불멸의 진리는

석가세존에 의해 세간에 밝혀졌지만,

그 누가 이런 진리를 조작한 것도 아니고

문득 생긴 것도 아니요,

누구에게 꾸어온 것도 아니요,

누가 가져다 준 것도 아니요,

또 어느 날 사라질 것도 아니다.

무량무변 백천만억 아승지 겁 이전부터

스스로 저절로 존재했을 뿐이다.

따라서 묘법연화경의 모든 사연이

십법계의 사연이요, 우리들의 사연이며,

또 내 자신의 일기장 속의 사연이다.

구원실성 상주불멸의 도리를

부처님만이 갖춘 법이라 생각한다면

이를 범부라 하고 중생이라 하며 미혹이라 하느니라.

구원실성 상주불멸의 법이

십법계의 사연이요, 우리들의 사연이요,

또한 내 자신의 사연임을 깨달아 아는 이를

지자智者라 하고 성인이라 하고

즉신성불卽身成佛이라 하느니라.

"나무묘법연화경" 제목을 부를 때 당체 연화요,

삼신즉일신 무작삼신無作三身이니라.

6
믿음이 있는 곳에 이해가 있고
이해가 있는 곳에 믿음이 있다.
묘법의 믿음과 이해는 공덕의 어머니요,
성불의 첫 단초이니라.

한 생각 믿고 이해하는 공덕이
다섯 바라밀을 닦는 공덕보다
백천만 배 더 수승함이라.
"나무묘법연화경" 제목을 부를 때가
모든 바라밀을 닦는 때이요,
중생이 성불하는 때이니라.

묘법을 믿지 않는 자는 방법자요,
방법자는 무간대성이 앞에 있고,
묘법을 믿고 이해한 자는
성불에 결정코 의심이 없느니라.

7
돌아갈거나 돌아갈거나
심전心田이 묵어가니

내 어이 아니 돌아가리.
본래 고향으로 돌아가
심전에 김도 메고 물도 주고
보리菩提를 심고 가꾸리.
사람들은 색상色相에 마음을 팔았거늘
혼자 슬퍼하여 무엇하랴.
돌아갈거나 돌아갈거나
본래 고향으로 돌아갈거나, 그리고
심전의 보리를 수확하리라.
시절의 인연이 닿으면
또 다시 봄이 오겠지…

8
세상 천박한 일에는 신명을 버리면서
불법의 대사에는 신명을 거는 자 어렵느니라.
재물에 인색한 자가 재물보다 더 귀한
신명을 어떻게 걸겠느냐마는…
"나무묘법연화경" 일심으로 부를 때가
곧 부처님을 뵈옵는 때요,
중생이 중생인 채 성불하는 때이니라.
나무는 귀명례歸命禮 함이라.
귀명례는 목숨을 묘법연화경에 건다는 뜻이니라.
시방제불께서

묘법연화경에 신명을 걸고 수행하시고
한결같이 성불하셨느니라.
이 경은 시방제불의 모태母胎요 종자이니라.
탑을 천 개를 건설하고
계율을 얼음같이 지키고 지혜가 일월 같아도
법화경을 비방하고 법화행자를 헐뜯어 비방하면
이는 악지식이니 따르지 말지니라.

9
근기가 하열하고 신심이 얕은 자는
묘법을 만난다 해도
깨닫기 어렵고 증득하기 어렵다.

불을 덜 받은 질그릇과 기와는 깨지기 쉬워
본래의 상태를 보존하기 어렵고,
엉성한 지붕은 비 새기가 쉽듯이
근기가 하열한 수행자는 퇴전하기 쉽다.

송백은 눈을 맞고 푸르름을 더하고
장부는 고난을 만났을 때 기상을 드러내고
법화행자는 질시와 비방을 수행의 등불로 삼고
유화질직자는 칭찬과 비방에 마음을 움직이지 않는다.
노력하지 않고 얻은 명리는 오래 보존하지 못한다.

10
나는 그대의 마지막 스승이 되고 싶다.
그대여, 두루 다니면서 많은 사람을 만나라.
많은 스승을 만나서 법을 들어라.
그리고 더 갈 곳이 없을 때,
그때 나는 그대에게 길을 일러주고 싶다.

나는 그대의 마지막 길라잡이가 되고 싶다.
다들 인생에 정답이 없다고 한다.
그러나 나는 인생에 정답이 있다고 주장한다.
꼬불꼬불한 미로의 골목길이 아니라
인생에 곧고 바른 정답이 있다.
나는 인생에 정답을 일러주는
마지막 길라잡이가 되고 싶다.

나는 그대의 마지막 스승이 되고 싶다.
인생의 무상함을 여의고
인생의 모든 고뇌를 여의고
"나"라는 아집我執을 여의고
무명의 예토를 떠나
열반성涅槃城에 드는 길을 일러주는
그대의 마지막 스승이 되고 싶다.

11

몸을 받았다면 무상의 칼날을 피해갈 자
그 누구 있으리.
광음光陰은 기다려 주지 않건마는
사람들은 기약 없이 내일로 미루누나.

금생에 인간의 몸 받았을 때
금생에 법화경 만났을 때
금생에 선지식 만났을 때
이 몸을 제도하지 못한다면
또 어느 생을 기약하리오.
정수범행淨修梵行이 없다면
한밤중에 등불도 없이 해매는 것과 같으리.

옥玉으로 된 좌대에 앉아
백 년 영화를 누린다 해도
마침내 저승사자의 철퇴를 면치 못하리.
법화경을 믿고 따르면 악도는 사라지고
부처님의 자비 광명과 손길이 따르리라.

12

마음이 묘법이다(心地妙法).
묘법이란 것도 묘법이요,

묘법이 아니라 하는 것도 묘법이니라.
묘妙란 불가사의함이라.

비록 묘법을 읽고 외운다 해도
마음 밖에서 묘법을 찾는다면
이는 이미 묘법이 아니니라.
마음 밖에는 한 법도 없느니라.

알았든지 몰랐든지 그 마음이 묘법이고
그 마음이 여래이며, 그 마음이 또한 중생이니라.
부처님을 알고자 한다면
먼저 알고자 하는 마음을 살펴 보거라.
여래는 자심을 떠나지 않느니라.

마음과 부처와 묘법이 차별없이
묘법연화경이니라.
먹고 싶다, 눕고 싶다, 자고 싶다 하는
그 마음을 떠나 별도로 여래를 찾지 말라.

나와 동등하여 다름이 없게 하여지이다
如我等無異

사리불당지舍利弗當知 아본립서원我本立誓願

욕령일체중欲令一切衆 여아등무이如我等無異

여아석소원如我昔所願 금자이만족今者已滿足

화일체중생化一切衆生 개령입불도皆令入佛道

사리불아, 마땅히 알지니라.

내가 본래 서원을 세우기를,

일체중생으로 하여금

나와 동등하여 다름이 없게 함이니라.

내가 옛적에 소원하던 바가

지금 이제 만족하노니,

일체중생을 교화하여

모두 불도에 들게 함이니라.

_『묘법연화경』「방편품」에서

제법실상의 도리를 밝혔으니, 석가세존의 서원이 만족하신다 함이요, 일체중생의 성불의 길이 활짝 열렸다는 뜻이니라.

부처님께서 본래 원을 세우시기를, 일체중생으로 하여금 나와 동등하여 다름이 없게 하여지이다 하심이다. 옛적에 세우신 서원이 지금 법화경을 설하심으로 해서 중생이 불도를 이루는 길이 열렸으니, 지금 만족한다 하심이니라.

여아등무이如我等無異, 나와 동등하여 다름이 없게 한다 하심은 곧 중생 성불을 뜻하고 있음이니, 법화경 방편품 십여시十如是 사불지견四佛知見의 제법실상의 법을 설하시고는 옛적에 세운 서원이 지금 만족한다 하심이니라.
묘법연화경을 떠나 여아등무이如我等無異는 없느니라.
"나무묘법연화경" 제목을 일심으로 부를 때가 여아등무이에 이르는 때이니라.

전사시前四時의 방편으로는 중생 성불의 서원을 이룰 수 없었으나, 법화경에 와서 옛적에 세운 서원이 만족한다 하심은 오로지 법화경으로 중생이 한결같이 불도를 이룰 수 있다는 뜻이니라.
이 경은 일체중생의 성불도이기 때문에 내가 옛적에 세운 서원이 만족한다 하심이니라.
자부慈父께서 옛적에 세운 서원이 지금 만족하심은 중생 성불의 지남指南인 법화경을 설하심으로 해서 가능한 일이니라.
부처님과 차등이 없는 경우를 무등등無等等이라 하니 무등無等은 부처님이시고 등等은 중생이라. 부처님과 중생이 차등이 없다는 뜻이라. 이를 무등등 아뇩다라삼먁삼보리라 하느니라.

"아뇩다라삼먁삼보리"를 무상정등각無上正等覺이라 하니, 부처님께서 깨달으신 가장 위없는 바른 지혜를 의미한다.

"나무묘법연화경" 제목을 일심으로 부를 때가 무등등 아뇩다라삼먁삼보리를 이루는 때이니라.

저마다 자성은 부처님과 차등이 없느니라.

시인어불도是人於佛道 결정무유의決定無有疑, 법화경을 믿고 받아지닌 자 불도에 들기 결정코 의심이 없느니라. 중생 성불을 보장하는 부처님의 금언金言이니라.

묘법연화경력으로 일체중생이 성불함에 의심이 없으니 부처님도 기뻐하시고 옛적에 세운 서원이 만족한다 하심이니라.

"나무묘법연화경" 제목을 부를 때 부처님의 서원에 따름이 되고, 다른 경전에 의지하고 법화경으로 옮기지 않을 때는 부처님의 서원에 역행함이 되느니라. 왜냐하면, 전사시前四時 경전으로는 성불할 자도 성불 못하고, 법화경으로는 성불 못할 자도 성불할 수 있기 때문이니라.

오로지 계수귀의稽首歸依 법화경하라.

머리 조아려 법화경에 귀의하여 성불의 대과大果를 이룰지니라.

묘법연화경 제목 다섯 자는 법화경 28품의 공덕을 품고 있으며, 나아가 팔만 사천 법문의 공덕을 함장하고 있음이라.

나무는 공경하는 마음이요, 의지한다는 뜻이요, 귀명례歸命禮함이니, 신명을 묘법연화경에 걸고 의지한다는 뜻이니라.

묘법연화경에는 악이 선으로 변하고, 범부가 부처가 되는 비술이 있느니라. 시방제불께서 한결같이 묘법연화경력으로 성불하셨고,

지금 중생들이 묘법연화경력으로 성불할 것이니라.

다른 경전에 의지하고 법화경으로 옮기지 않는다면 보탑寶塔에 들지 못하고 탑을 쌓기 위하여 세운 비계(사다리)에 집착함과 같으니라.

일체중생의 개성불도皆成佛道인 묘법연화경을 믿지 않고 배반한다면 시방제불을 배반함이 되느니라.

묘법연화경은 개령입불도皆令入佛道이니라.

열린 마당 ④

1

천태대사께서 이르시기를,

머리 숙여 묘법연화경에 귀의하라.

육만 구천 삼백팔십녁 자 한 자 한 자가 시진불是眞佛이요,

진불의 설법이 중생을 이롭게 하느니라고 하심이라.

법화행자는 설사 신명을 잃을지라도

법을 놓치지 말고 숨기지 말지니라.

전생의 선근공덕으로 금생에 이 대법을 만났으니,

어찌 허망하게 넘기겠느냐.

반드시 금생에 신명을 걸고 묘법을 수행 증득하여

불과를 이루는 기회를 삼을지니라.

"계수귀의법화경" 하라!

나무묘법연화경 나무묘법연화경 나무묘법연화경

2

여래는 그대의 마음을 떠나지 않느니라.

파도가 물을 떠나지 않듯이

여래는 중생심 가운데 항상 머물고 있음이라.

파도는 애쓰지 않아도 바다와 하나이듯이

부처님은 영취산과

또 다른 모든 곳에 항상 머물고 있느니라.

남을 시기하고 질투하고 원망하는

그대의 마음 가운데 자성自性의 바다와

수연隨緣의 파도가 항상함이라.

바다와 파도가 둘이 아니듯이

번뇌가 죽 끓듯 하는 마음과

자성의 바다는 둘이 아니니라.

이를 번뇌즉보리 생사즉열반이라 하느니라.

3

제법실상諸法實相이란

우리들 마음의 참모습이니라.

법화경에 이르러 구법계가 불계를 갖추고 있음을 밝히셨으니,

범부는 내심의 불계를 알지 못하고 있음이라.

자심自心 가운데 불계를 갖추고 있음을 알지 못하는 사람이

어찌 불계를 회복하겠느냐.

범부는 자심의 여래를 알지 못하고,

밖에서 진종일 부처를 찾아 설치고 있음이라.

"나무묘법연화경" 제목을 일심으로 부를 때가

자심의 불계를 회복하는 때요,

자신의 부처를 깨우는 때이니라.

자심 가운데 머물고 있는 부처를 회복하라.

4
서울서 왔다는 어느 변호사가 한다는 말인 즉,
나는 여기 안 와도 되는데
어느 법사가 하도 가보라고 해서 왔다고 했다.
아만심 하고는 …

안 와도 되면 오지 말지 왜 왔을꼬, 쯔쯔
법이 간절하고 도량이 간절할 때
법을 성취하게 되느니라.
보배산에 갔다가 빈손으로 돌아가는
속빈 사람 같으니라구.

도량에서 나를 필요해서가 아니라
자신이 법을 간절히 구하려 할 때
보리심이 익어가는 법이니라.

5
사회 대중들아, 잘 들어라!
이 마음을 깨달아 앎을 여래라 하고
묘법이라 이름하느니라.
이를 깨달아 알고 나면

십법계가 나의 마음이요,

나의 몸이며 나의 모습이니라.

본각 여래가 나의 심신心身이니라.

이를 알지 못하면 미혹이라 하고,

무명이라 하며, 중생이라 이름하느니라

이를 깨달아 앎을 법성法性이라 하니,

그러나 무명과 법성이

일심의 작용이니라.(無明卽法性)

말은 둘일지라도 오직 하나의 마음이니

이런 고로 무명을 끊으려고 애쓸 것이 아니라

그 마음이 묘법이요 여래임을 깨달아

아는 것이 시급한 일이니라.

6

시방 모든 부처님의 불성과

자신의 불성이 다르지 않다고 관할지니라.

법화경은 삼세제불의 출세본회요,

일체중생의 성불 직도이니,

만약 법화경을 배반하면

시방제불을 배반함이니라.

이 경은 중생 성불의 지남이자

중생의 못 고칠 병이 없는 대양약이로다.

선지식의 연을 만나면 금생에
원을 모두 이룰 수 있느니라.
제불의 성품이 나에게 들고
나의 성품이 제불과 합치도다.

7
자아게의 일심욕견불—心欲見佛이란
자심의 불계를 나타내는 것이니라.
"나무묘법연화경" 제목을 일심으로 부를 때가
일심욕견불할 때이니라
자심 가운데 부처가 나타남이니라.
말법에는 법화경만이 중생 성불의 길이
열리게 됨이니라.
자아게는 자아게 외우는 사람의 사연이니라.
부처님의 명을 잇는 사람이니라.

8
일연日蓮대사께서
상행·무변행·정행·안립행 보살 등은
우리들 자심의 보살이라 설하셨노라.

혜성사문도 본화지용보살의 행을
바로 우리들 자신이 행해야 한다고

항상 설하여 왔노라.

이제 오탁악세가 도래되었으니,
본화보살들이 여기저기에 솟아나와
"나무묘법연화경"을 광선유포할 것이니라.

비록 신명을 잃을지라도, 대란이 따를지라도
본화지용보살의 근기가 퇴굴하거나 꺾이지 않으리라.
법은 무겁고 신명은 가볍기 때문이니라.

9
법화경을 받아지닌 자는
곧 부처님의 몸을 받아지님이니라.
시방제불께서 법화경을 믿고 수행하고 성불하셨으며,
또 모든 중생도 이 경을 받아지니고 수행하여
불도를 이루게 됨이 마치 해와 같이 명명백백한 일이로다.

법화경을 독송하면
범부의 몸이 곧 법신이라.(凡夫卽法身)
범부의 생신이 법신의 세포로 장엄하게 됨이니라.

법화경 문자는 석가세존의 생신과 다르지 않느니라.
부처님의 진실한 자식은 반드시 법화경을 세상에 넓힐 것이니,

자식이 자부의 법을 유포함은 당연한 일이 아니겠느냐.

10
"나무묘법연화경" 제목은
삼세 제불의 혼魂이요,
일체 보살이 길러지는 양태養胎요,
모든 중생의 개성불도皆成佛道이니라.

"나무묘법연화경" 제목은
삼세 제불의 사범師範이요,
모든 보살의 사도師導요,
일체중생의 병에 대한 대양약이로다.

"나무묘법연화경" 제목은
삼세 제불이 출생하는 모태母胎요,
모든 보살이 닦는 모든 바라밀이요,
본래 부처가 중생의 탈을 벗는 길이로다.

"나무묘법연화경" 제목은
삼세 제불의 보배창고(寶藏)이며
일체 보살의 자리이타의 공덕장엄이요,
일체중생이 열반성에 드는 넓은 문이로다.

11

뱃사공은 배를 다스리고
목수는 나무를 다스리며,
길쌈하는 사람은 실을 다스리고
장부는 자신을 다스린다.

석공장이는 돌을 다스리고
대장장이는 쇠를 다스리며,
옹기장이는 흙을 다스리고
성인은 마음을 다스린다.

12

참회는 종교의 미덕이다.
과거의 잘못을 뉘우치고
현재를 바로 잡으며,
미래를 삼가는 세 가지가 갖추어져야만
진정한 참회가 된다.

배가 바다에 뜨는 것은 물의 힘이요
불을 끄는 것은 물의 작용이듯이
법화경력으로 또 삼보의 가피력으로
고통의 악도에서 벗어날 수 있고,
생사의 강을 건널 수 있으며,

마침내 자신이 부처가 되느니라.

일월이 땅에 떨어질지라도
법화행자가 불도를 이루게 됨은
명명백백한 일이로다.

13
서울서 내려온 법인 거사와 한참 법담을 나누었다.
법인 거사가 말하기를,
내 인생에 법화경을 만나고 혜성 스님을 만난 것은
최고의 선물이고 가장 보람된 일이라고 했다.
매일 법화경을 놓치지 않고 수행하며,
유튜브에 탑재되어 있는
혜성 스님의 법문을 듣는다고 했다.
그의 법담에서 굳은 신념과 수행으로
법화경의 깊고 높은 도리를 이해하고 있음을 느꼈다.

보리심을 일으키는 사람은 많으나,
퇴전하지 않고 진실한 법을 증득하는 사람은 적으니라.
법화경을 들을 수 있는 기회가 있으면
신명을 버려서라도 묘법을 배우고 수행할지니라.
이 몸을 아무리 아끼고 챙길지라도
끝내 한줌의 흙으로 돌아가느니라.

옥으로 된 좌대에 앉아 백 년의 영화를 누린다 해도
명을 마칠 때 아무 소용이 없느니라.
몸은 가볍고 법은 귀하고 무거우니 잠시도 방일하지 말고
"나무묘법연화경" 제목을 부를지니라.

부처님으로부터 부촉 받은 "묘법연화경" 다섯 자를
본화지용 보살들이 말법시未法時가 도래되면
시방세계 여기저기에 솟아나와
중생들의 입에다 넣어주고 귀에다 걸어줄 것이니라.
영산회상에서 세존께서 세 번이나
보살들의 머리를 어루만지시고 부촉함에
본화보살들은 세 번이나 명세를 하고,
부촉 받은 "묘법연화경"을 세상에 광선유포할
오탁악세가 도래된 것이니라.
범부도 언약을 어기지 말아야 하거늘
하물며 본화지용의 거성들이
어찌 부처님의 언약을 잊겠는가.
광선유포하여 단절함이 없으리라.

14
그대가 곧 묘법연화경의 당체이니라.
자기 자신이 세상에서 가장 존귀하다.
자신은 잡철이 아니라 순금이다.

자신이 여의보주如意寶珠이다.
그야말로 천상천하유아독존天上天下唯我獨尊이다.

그대 가운데 값도 모를 보배구슬이 매여 있고
그대 가운데 이미 부처가 머물고 있느니라.
따라서 자신이 가장 존귀함이라.
자기 부처를 회복하라!
자기 부처가 참 부처이니 밖에서 구하지 말라.
밖에 있다는 것은 모두 허깨비이니라.

15
억억만 겁 동안 헤아릴 수 없음에 이르러
때에야 이 법화경을 얻어 들으며,
억억만 겁 동안 헤아릴 수 없음에 이르러
때에야 모든 부처님께서 이 경을 설하시나니,
받기 어려운 인간의 몸 받아
업장덩어리 이 몸으로써 중생 성불의 직도인
이 거룩한 대승경을 만났으니
불도를 이루는 기회를 잡았도다.
금생에 이 법화경 놓친다면
다시 억억만 겁을 기다릴 것이니
또 어느 생을 기약하리오.

16

올바른 종교는 인생의 행로를
밝게 비추는 등불이어야 하고,
사람으로서 올바른 삶을 살도록
그 길을 인도해야 하며,
모든 사람을 이롭게 하고 행복하게 하며
평안을 얻게 해야 한다.
또 어떤 고난에서도 극복할 수 있는
지혜를 얻게 해야 한다.

법화경은 거대한 인문학이다.
사람이 사람답게 사는 법을 가르치고 있다.
사람이 사람답게 산다는 것은
자신의 실상(참모습)을 깨닫지 않고는 어려운 일이다.
자성을 바르게 깨닫는 일이 시급하다.

17

반석은 비바람에 움직이지 않고
수행자는 칭찬과 비방에 움직이지 않는다.
그 마음 움직이지 않기를 수미산과 같이 하라.

칭찬에 우쭐하고 비방에 불끈하며
이것을 얻었다, 저것을 잃었다 하여

곳곳에 집착하기를 아교와 같아
온갖 고통을 갖추어 받게 되느니라.

수행자는 얻을래야 얻을 것도 없고
잃을래야 잃을 것도 없다는 것을 아느니라.
연꽃이 탁수에 물들지 않듯이
바람이 공중에 걸림이 없듯이
그 마음 허공 같아 걸림이 없느니라.

18
만약 사람이 있어 악지식을 버리고
착한 벗을 친근함을 보거든
이와 같은 사람에게
가히 법화경 설하여 줄 만하네.

선지식은 네 가지 덕을 갖추어야 하나니,
첫째, 대승경을 법답게 수행하고(如說修行)
다른 사람을 위해 널리 유포하며(廣宣流布)
둘째, 정직한 사람이니
유화질직자柔和質直者가 되어야 하고
셋째, 성실한 사람이어야 하니
도반이 고난을 만났을 때 자신을 생각하듯 해야 하니
곧 정정취正定聚에 들어간 사람이다.

130

넷째, 신심무해권身心無懈倦이니
몸과 마음에 게으름이 없는 사람이어야 한다.

악지식은 위의 사항을 역행하는 자이고,
선지식을 가까이 하면 불도를 이룰 것이니라.

19
해가 뜨기 전에는 별이 반짝이나,
해가 뜨면 별은 빛을 잃게 된다.
이와 같이 극대승인 법화경이 유통되면
다른 경전은 빛을 잃은 별과 같으리.

삼세제불의 출세본회는 오직 법화경이니라.
다른 경전은 탑을 쌓기 위한 비계(사다리)와 같으니라.
탑이 완공되면 비계는 치워야 함이라.

세존께서 법화경을 설하실 제
바로 곧게 방편을 버리고
다만 무상도를 설하노라 하셨노라.
지혜제일 사리불을 비롯한
천이백의 아라한이 한결같이
법화경력으로 성불이 결정됨이니라.

20

성문이나 혹은 보살이
내가 설한 바 법을
한 게송이라도 들을지라도
모두 성불함이 의심이 없느니라.

내가 멸도한 뒤에
응당 법화경을 받아지니어라.
이 사람은 불도에 들기가
결정코 의심이 없느니라.

중생 성불을 보장하는
자부의 금언金言이니라.
해가 대지에 떨어질지라도
조수가 드나들지 않을지라도
세존의 말씀은 허망함이 없느니라.

법화경의 십대사十大事

1

법화경은 제불부모급사범諸佛父母及師範

법화경은 삼세제불의 부모요 스승이며 사범이다.

시방삼세 모든 부처님께서 법화경 수행으로 육바라밀을 튼튼히 하시고 불도를 이루셨도다. 그 어느 부처님도 법화경을 벗어나 성불하신 분은 없다. 그러므로 법화경은 제불을 낳는 모태요 스승이다.

2

법화경은 교보살법敎菩薩法

법화경은 모든 보살을 가르치는 법이며, 모든 보살의 도사導師이다. 보살도를 닦는 법이 모두 이 경에 속해 있기 때문이다.

이 법화경을 듣지 못하고 이해하지 못하며 능히 닦아 익히지 못하면 마땅히 알지니, 이 사람은 아뇩다라삼먁삼보리에 가기가 아직 먼 것이요, 만약 얻어듣고 이해하며 깊이 생각하고 닦아 익히면 반드시 아뇩다라삼먁삼보리를 얻음이 가까운 줄 아느니라. 왜냐하면, 일체 보살의 아뇩다라삼먁삼보리가 모두 이 경에 속함이니라.

3

법화경은 일체중생一切衆生 개성불도皆成佛道

법화경은 일체중생을 모두 불도에 들게 하는 넓은 문이다.

약유문법자若有聞法者 무일불성불無一不成佛

만약 법을 듣는 자가 있으면 성불 못함이 하나도 없느니라.

법화경을 믿고 받아지닌 자 성불함이 결정코 의심이 없는 것이다.

4

법화경은 제불출세본회설諸佛出世本懷說

법화경은 모든 부처님께서 세상에 출현하시는 본회이시다. 모든 부처님께서 세상에 출현하심은 일체중생을 법화경으로 인도하여 불도에 들게 하심이다.

법화경을 설하심이 모든 부처님께서 세상에 출현하시는 근본이다. 만약 어떤 부처님께서 세상에 나오시어 법화경을 설하지 않으셨다면 부처님 스스로 본의本意를 다하지 못함이 된다. 이러한 부처님은 안 계시느니라.

5

법화경은 이승작불二乘作佛 구원실성久遠實成

이승작불과 구원실성은 법화경의 가장 큰 특징이며 구경의 진리이다. 다른 경전에서는 성문 연각의 성불을 허용하지 않으셨다. 사리불舍利弗을 비롯한 모든 아라한들이 이 법화경에서 성불을 받게 되었다. 마치 볶은 종자에 싹이 나는 것과 같다.

구원실성久遠實成은 부처님의 일대 성교聖教 가운데서 가장 거룩하고 위없는 법이며 구경의 진리이다. 만약 구원실성의 본불을 밝히지 않으셨다면 불교는 뿌리가 없는 부평초와 같으니라.

본래 부처를 드러냄으로써 불교의 존재 가치성이 여기에 있고, 과거 현재 미래의 삼세에 이어지는 것이다.

구원실성久遠實成 상주불멸常住不滅하시는 부처님의 영원한 수명은 총체적인 불법의 수명이며, 모든 중생들의 수명이다. 따라서 삼보三寶의 수명이니라.

6

법화경은 모든 중생의 무명급사견절리검無明及邪見切利劍

법화경은 모든 중생의 무명번뇌와 사견을 끊는 이로운 칼이다.

이 경을 받아지님으로써 무량한 무명번뇌를 단절하고 사견을 끊고 정견에 들게 되느니라.

법화경을 수행함으로 유화질직자柔和質直者가 된다. 일체중생을 윤택하게 하는 감로의 법우法雨에 젖게 되느니라.

7

법화경은 팔만 사천八萬四千 성교중왕聖教中王

법화경은 팔만 사천 법장 가운데 가장 뛰어난 경전 중의 왕이다.

만약 모든 경전 중에서 법화경이 없었다면 마치 하늘에 태양이 없는 것과 같고, 나라 안에 임금이 없는 것과 같으며, 가정에 부모가 없는 것과 같고, 사람에게 혼이 없는 것과 같음이라.

만약 누가 법화경보다 높은 경이 있다고 하면 방법자이니라.

8

법화경은 차대양약此大良藥 즉변복지卽便服之 병진제유病盡除愈

이 대양약을 곧 가져다 먹으니, 병이 다 나았느니라.

말법시 몸을 받는 모든 중생은 중병 환자와 같음이라. 중병에는 가
벼운 약으로는 효과가 없음이라. 법화경의 대양약이 아니면 중생
의 무거운 병을 고칠 수 없느니라.

이 대양약을 먹으면 낫지 않는 병이 없고, 멸하지 않는 악업이 없
으며, 쌓이지 않는 공덕이 없느니라.

9

법화경은 득무상도得無上道 득일체종지得一切種智

법화경은 위없는 도를 얻게 하고, 부처님의 지혜인 일체종지를 얻
게 한다.

법화경을 수행함에 의해 무상도를 얻게 되고, 부처님과 같은 일체
종지자一切種智者가 되어 여래십호를 구족하게 된다. 부처님의 지
혜가 모두 이 경에 속함이니라.

10

법화경은 입열반성入涅槃城 유일도사唯一道師

법화경은 열반성에 들게 하는 유일한 도사요, 스승이시다.

이 경은 열반을 얻게 하는 스승이요, 등불이라. 소승으로는 진정한

136

열반을 얻을 수 없다. 오직 일불승인 법화경으로 부처님과 같은 무여열반無餘涅槃을 얻을 수 있는 것이다.

이상으로 법화경 십대사十大事를 살펴보았다.
법화경만이 담고 있는 사연이기에 일대사라 함이라.
오직 법화경으로써 중생의 탈을 벗을 수 있고 여래십호를 얻게 되는 것이다.

열린 마당 ⑤

1

구원실성 석가세존께서는 항상 세간에 계시면서
중생들을 제도 해탈케 하시나,
중생을 교화하기 위하여 방편으로
열반의 모습을 보이시느니라.
부처님의 수명은 무량 아승지 겁이니라.
본불님의 수명에 지심 귀명례하라.

범부는 자기 육신의 수명에 급급하고,
성인은 부처님의 장구한 수명이 십법계의 수명이요,
자신의 본래수명임을 깨달아 아느니라.
윤회의 근본은 곳곳에 집착함이니,
모든 것에서 집착을 내려놓고
오직 본불님의 수명에 귀명례하라.

2

법화경의 십대사
첫째, 법화경은 제불의 부모요, 스승이며 사범이다.

둘째, 법화경은 모든 보살을 가르치는 법이다.

셋째, 법화경은 일체중생을 불도에 들게 하는 넓은 문이다.

넷째, 법화경은 모든 부처님께서 세상에 출현하시는 본의이다.

다섯째, 법화경은 모든 중생의 무명과 사견을 끊어내는 이로운 칼이다.

여섯째, 법화경은 일체중생을 윤택하게 적시는 이로운 법우이다.

일곱째, 법화경은 팔만 사천의 성교 중에 왕이다.

여덟째, 법화경은 먹으면 낫지 않는 병이 없는 대양약이다.

아홉째, 법화경은 위없는 깨달음을 얻게 하는 지혜의 당체이다.

열째, 법화경은 열반성에 들게 하는 길라잡이이다.

3

미혹하면 범부요, 밝으면 성인이라.

범부와 성인은 다 마음의 작용이니,

범부와 성인은 불이不二이니라.

번뇌즉보리煩惱卽菩提요, 생사즉열반生死卽涅槃이니라.

4

세상에서 제일 어리석은 사람은

황금을 손에 쥐고 있다가 놓치고

다시 돌을 찾는 사람일 것이다.

이와 같이 어리석은 사람은

극대승인 묘법연화경을 받아지녀 수행하다가

전사시前四時 경전으로 옮기는 사람이다.

방편법에서 실상법으로 옮기는 일은 순리요,
실상법에서 방편법으로 옮기는 것은 역리다.
부처님께서도 가장 안타깝게 여기시는 일이다.
왜냐하면, 순금을 버리고 돌을 찾는 어리석은 사람이기 때문이다.

5
먹으면 낫지 않는 병이 없는 양약이 있다.
사람들이 이 양약을 좋지 않다고 생각하고
이 약을 먹지 않는다면,
양약을 만든 양의의 허물이냐,
양약을 먹지 않는 사람의 허물이냐!
이 약을 이제 여기에 놓아 둘 테니,
너희가 가져다 먹어라.
차도가 나지 않을까 근심하지 말지니라.
중생의 독한 병은 반드시 나으리라.
이 양약이 "묘법연화경" 다섯 자 제목이니라.
"양약을 먹지 않는 지구촌놈들"

6
마음이 가난하면 법도 가난함이니라.
접시 같은 마음의 그릇으로
바다와 같은 묘법을 어찌 담을꼬.
마음을 넓게 쓰면 우주를 감싸고,

좁게 쓰면 바늘 끝도 용납 못하리.

마음을 가볍게 움직이면 온갖 것에 시비가 일어나니,

그 마음 움직이지 않기를 수미산과 같이 하라 하셨느니라.

마음을 밝게 쓰면 항상 광명이 비치고,

마음을 잘못 쓰면 무명이 증장하리라,

마음의 불가사의함을 묘妙라 하느니라.

7

다들 인생에 정답은 없다고들 한다.

그러나 혜성사문은 인생에 정답이 있다고 주장한다.

부처님의 가르치심대로 살아가는 것이 인생의 정답이더라.

인생의 정답은 어느 날 홀연히 생긴 것도 아니요,

또 어느 날 갑자기 사라질 것도 아니라.

무시겁 전부터 무시겁이 다하도록

저마다 자신 가운데 상재하고 있음이라.

사람들은 저마다 자신 가운데 상재하고 있는 정답을 찾지 않고

밖으로 내달리고 분망하게 설치고 있는 것이다.

자신의 참모습(실상)을 깨달으면

곧 인생의 정답은 거기에서 나온다.

8

만약 어떤 사람이 받아지니고 읽고 외우며,

그 옳은 뜻을 이해하면 이 사람이 명을 마치면

일천 부처님께서 손을 주시어 두렵고 겁나지 않게 하시고,

악도에 떨어지지 않게 하시며,

곧 도솔천상의 미륵보살 계신 곳에 왕생하오리다.

미륵보살은 서른두 가지 훌륭한 상을 갖추고

대보살 대중에게 둘러싸여

백천만억의 천녀 권속이 있는 가운데 태어나리다.

(『묘법연화경』「보현보살권발품」)

제불께서 성불하신 법이기에

이 경을 받아지닌 자를 제불께서 호념하시느니라.

9

마음의 창을 열어라!

마음의 창을 열면

저 우주가 나의 자성에 들고,

나의 자성이 우주와 합치도다.

마음의 창을 열어라!

마음의 창을 열면

여래의 성품이 나의 자성에 들고,

나의 자성이 여래와 합치도다.

우주가 나의 마음을 벗어나지 않고,

여래가 나의 마음을 여의지 않는구나.

초코파이 포교

공관병 갑질 문제로 언론에 등장한 사성장군이 말하길, "70%를 기독교인으로 만들어야 한다."고 말했다 한다.
또 "초코파이를 하나씩 더 주고서라도 군인들을 교회로 인도하라"고 말했다 한다. 기가 차서 웃음이 나온다.
보리밥 한 알로 잉어 낚는다는 말이 생각난다.

우리 불교는 초코파이나 아이스크림 등으로 사람을 불법으로 인도하지 않는다. 시방제불께서 대승법을 얻기 위하여 국왕의 자리를 버리셨지 국왕의 자리를 얻기 위해 법을 버린 분은 단 한 분도 안 계신다.

과거에 설산동자는 불법 반 게송을 듣기 위해 자신의 몸을 아귀에게 던졌고, 약왕보살은 자신의 몸을 태워 부처님께 공양하고, 또 팔을 태워 부처님 사리에 공양하였음이라.
이렇게 불법을 얻기 위하여 신명을 아끼지 않았느니라.

시방의 모든 부처님께서 불석신명不惜身命이라, 몸과 목숨을 아끼지 않고 대승법을 구하였느니라.

그렇게 신명을 대승법에 걸었기에 오늘날 사생四生의 자부慈父, 천인의 스승이요, 공양 받는 부처님이 되셨느니라.

불교인이 초코파이 하나에 그네의 종교로 옮길 자, 아무도 없느니라. 갑질의 문제가 아니라면⋯

열린 마당 ⑥

1

상수범행常修梵行이 없다면
자신의 일신조차도 제도하지 못할진대
어찌 이타행利他行이 있겠느냐.

신명을 가벼이 하고 무상도를 아낄 때
성불에 결정코 의심이 없건마는
육신의 시종이 되어 한평생 끌려다니네.
육신을 법기法器로 삼을지언정
노예가 되지 말라.

신명을 걸고 묘법을 수행할 때
성불 못할 자 하나도 없느니라.
신명은 가볍고 법은 무겁기 때문이니라.

2

화엄시·아함시·방등시·반야시
전사시前四時 경전으로는 성불할 자도 성불 못하고,

법화경은 성불 못할 자도 성불함이니라.

성불 못할 자는

이승·일천제·방법자·공심자空心者, 바로 이들이니라.

마치 볶은 종자와 같으니라.

사리불을 비롯한 모든 성문들이

법화회상에서 모두 성불수기를 받음이라.

성불할 자가 성불 못하는 전사시前四時 법에 머물지 말고

속히 법화경으로 뛰어들어야 하느니라.

시급하고 시급한 일이니라.

제불께서 호념하시리라.

3

날아가는 화살을 잡는 재주가 있어도

광음의 세월은 누구도 잡지 못함이라.

금생에 이 몸을 제도할 시간이 그리 많이 남지 않았다.

일체중생이 모두 다 불성이 있다 하지만

진흙 속에 묻힌 진주와 같으니라.

수행으로써 자신을 담금질할 때

무명 속에 묻혀 있는 불성이 드러나나니,

불성을 돈발頓發하는 가장 바른 길이

곧 묘법연화경을 믿고 이해하고 수행하는 길이니라.

4

나무는 귀명례함이라.

귀명례歸命禮는 신명을 의지한다는 뜻이다.

"나무묘법연화경"은

몸과 목숨을 묘법연화경에 의지함이라.

묘법연화경에 자신의 신명을 의지하고 건다면

성불이 결정된 사람이다.

"나무묘법연화경" 제목을 일심으로 부를 때,

자심自心 가운데 잠들고 있는 부처를

깨우는 때이고 회복하는 때이다.

모든 분별심을 내려놓고

그냥 제목을 부를 때가 중생 성불이 열릴 때이다.

5

여래수량품 자아게에서 이르시길,

"일심으로 부처님을 뵙고자 신명을 아끼지 아니하면,

이때 나와 여러 승려가 함께 영취산에 나와서"

위의 내용은 우리들 자심自心 가운데

부처님과 여러 보살들이 상재함을 노래하신 내용이니라.

나와 여러 승려는 자성의 불보살이요,

영취산은 우리들의 마음이니라.

재물을 아끼는 자가
재물보다 백천만 배 더 귀중한 신명을 불법에 걸겠느냐마는
옛날 설산동자는 불법 반 게송을 듣기 위해
자신의 몸을 아귀에게 던졌느니라.
신명은 가볍고 법이 무겁기 때문이라.

6

묘법연화경을 수행한다 해도
어떻게 믿고 어떻게 이해하고, 어떻게 수행하고 깨닫느냐에 따라
얻는 과果도 다르게 된다.
"나무묘법연화경" 제목을 부른다 해도
마음 밖에 묘법이 있다고 생각한다면
이는 이미 묘법이 아니니라.
법에 묶이지 말라.
법에 묶이는 것은 곧 자신을 묶는 어리석은 일이니라.
마치 누에가 실을 뽑아 고치를 만들어
스스로 갇히는 것과 같으니라.
마음 밖에 법이 있다고 꿈에도 생각하지 말지니라.

7

삿됨은 삿됨을 낳고
바름은 바름을 낳는다.
삿됨의 모임을 사정취邪定聚라 하고

바름의 모임을 정정취正定聚라 한다.

사정취는 악도에 들게 되고,
정정취는 불도에 들게 된다.
사정취의 사람은 정정취에 들어야 하고
정정취는 이들을 교화하여
바른 견해를 갖도록 해야 한다.

뱀은 스스로 뱀인 줄 알고
용은 스스로 용인 줄 안다.
나무묘법연화경 나무묘법연화경 나무묘법연화경

8

묘법연화경은 우리들의 심성이며 일체중생의 심성이라,
이를 알지 못하고 무시이래 신중身中의 심성에 미혹하여
생사의 바퀴돌이에 빠져 유전하고 있느니라.
이제 법화경을 만났으니,
삼신즉일三身卽一 본각여래를 회복하여 현세에 즉신성불卽身成佛
하라.
만약 이 법을 듣는 자, 성불 못함이 한 사람도 없느니라.

9

일체법이 마음이고, 마음이 일체법이니라.

우리들의 마음이 곧 묘법이니라.
법화경에 이르러 중생심 가운데
부처님 세계를 갖추고 있음을 밝히셨으나,
범부는 내심에 불계를 알지 못하고 있다.
자심自心의 불계를 알지 못하니, 어찌 불계를 회복하겠느냐.
여래는 자신의 마음을 떠나지 않으니,
밖으로 분망하게 설치지 말라.

10
명산대찰 영험도량 찾아 헤매지 말고
그대의 발밑을 살펴 보거라.
심성 가운데 상재常在하는 부처가
너를 반기리라.

일심으로 부처님을 뵙고자
스스로 신명을 아끼지 아니하면
이때 나와 여러 승려가 함께
영취산에 나와서 항상 여기 있고
멸하지 않건마는 방편의 힘인 까닭으로
멸함과 멸하지 않음을 나타내노라.

그대의 마음이 곧 영취산이니라.

11

받기 어려운 사람의 몸을 받았을 때

만나기 어려운 불법을 만났을 때

이 몸을 제도하지 못한다면 또 어느 생을 기약하리오.

제불출세諸佛出世의 본의本意요,

중생성불의 직도인 묘법을 만났을 때

해탈 성불을 성취할지니라.

"매양 스스로 이런 생각을 하되,

어떻게 하여야 중생으로 하여금

위없는 지혜에 들어감을 얻어

부처님 몸을 속히 이루게 할까 하노라."

법화경에 삼대사三大事가 있으니,

첫째, 시방삼세 제불의 사범師範이요,

둘째, 모든 보살을 가르치는 도사요,

셋째, 일체중생 대성불도의 직도이니라.

시방삼세 제불께서 법화경력으로 불도를 이루셨고,(三種身)

보살도를 닦는 법이 모두 법화경에 속해 있으며,(敎菩薩法)

이 경을 믿고 수행하는 자, 성불 못함이 한 사람도 없느니라.

위 세 가지 큰 일은 다른 경에는 없음이라.

12
메마른 가지에 때가 되면
잎이 돋아나고 꽃이 피며 열매가 맺듯이
우리의 심성도 이와 같아
묘법의 법택을 만나면 보리의 꽃이 피고 열매가 맺히리.

좋은 시절과 좋은 인연을 만나면
성불의 과일을 수확하는 기회가 되고,
그렇지 못하면 악도에 드는 길이 되리라.
메마른 나뭇가지가 삭풍을 만난 것과 같으리.

13
선남자 선여인이 선근을 심은 까닭으로
세세생생 선지식을 얻나니
그 선지식이 능히 불사를 지어
이롭고 기쁜 것을 가르쳐 보이고
아뇩다라삼먁삼보리에 들게 하느니라.

대왕이여, 마땅히 알지니라.
선지식은 바로 큰 인연이니,
이른바 교화하고 인도하여 부처님을 뵈옵게 하고
아뇩다라삼먁삼보리심을 일으키게 하느니라.
_『묘법연화경』「묘장엄왕본사품」에서

14

옛날에 태산만큼 실패한 자는 태산만큼 성공할 수 있고,
주먹만큼 실패한 자는 주먹만큼 성공할 수 있다고 했다.

지혜 있는 사람은
실패를 성공의 디딤돌로 삼고 교훈을 삼지만,
어리석은 사람은
운명 탓으로 돌리고 남 탓으로 돌린다.

어떤 성공한 사람이 말하기를,
자금이 부족한 것이 성공한 동기였다고 했다.
절박한 사정이 오늘이 있는 기회였다고 …

15

법화경을 얻기 위하여 방편법을 버림은 순리요,
다른 경을 얻기 위하여 법화경을 등짐은 역리로다.
시방제불께서 불도를 성취하기 위해서
국왕의 자리를 버리셨지,
국왕의 자리를 위하여 법을 버린 분은
단 한 분도 없도다.
정직사방편正直捨方便 단설무상도但說無上道이니라.

16

묘법은 생사의 강을 건너는 배와 같고

법화행자는 항해사와 같다.

묘법은 열반성으로 향하는 큰 길과 같고

받아지닌 자는 인천의 복전이다.

법화경은 시방제불의 생명이요, 근본이다.

불과佛果를 이루는 첩경이다.

법화경은 시방제불의 만선만행萬善萬行의 결정체요,

인행과덕因行果德의 공덕장엄이요, 비요지장秘要之藏이로다.

17

중생의 마음이 청정하면 시방국토가 청정하리라.

정토라 함도 예토라 함도

오직 사람들의 마음에 따라 갈라짐이니라.

마음에 따라 선악과 중생·부처가 달라짐이니,

미혹하면 중생이라 이름하고

깨달으면 부처라 이름하느니라.

18

작은 것에 신명을 버리는 자는

시방세계 흙과 같고,

불도를 성취하기 위해 신명을 건 자는

발톱 위의 흙과 같다.

묘법이 자신의 심성인 줄 모른다면

비록 묘법을 외운다 해도

법을 증득하기 어렵도다.

심성을 떠나 한 법도 없느니라.

우리들 마음이 곧 묘법이니라.

밖에서 구하지 말라.

19

나의 마음과 몸 밖에는

선악의 법이 호리毫釐만큼도 없다.

나의 몸이 삼신즉일三身卽一의 본각여래인 것이다.

이러한 도리를 남의 일처럼 생각함을

중생이라고 하고, 미혹이라고 하며, 범부라 한다.

나의 심신이 본각여래라고 관함을

성인이라고 하고, 깨달음이라고 하며, 지자智者라고 한다.

20

마음이 미혹한 자를 중생이라 하고

마음을 밝게 깨달은 자를 부처라 하니,

마음을 떠나 중생도 부처도 없음이라.

마음 가운데 중생과 부처가 항상함이라.

사람들은 이러함을 모르고

경계에 마음을 팔았거늘

이제 새삼 혼자 슬퍼해 무엇하랴.
견고한 신심이 정각正覺의 첫 단초이니라.
초발심시변성정각初發心時便成正覺이라 하셨느니라.

21
만약 마음 밖에서 법을 구한다면
마치 남의 목장 소를 진종일 헤아린다 해도
아무 이익이 없는 것과 같으니라.

22
한 생각 가운데 만법을 함장하고 있으니
밖에서 구하지 말라.
모든 부처님과 모든 불법과 모든 보살이
마음 가운데 상재함이니라.

받기 어려운 인간의 몸 받았을 때
만나기 어려운 대승을 만났을 때
이 몸을 제도하지 못한다면
또 어느 생을 기약하리오.

『정명경淨名經』에서
제불의 해탈은 중생의 심행心行 중에서 구하라 하셨다.
중생의 마음이 청정하면 시방국토가 청정하리라.

정토라 함도 예토라 함도
오직 사람들의 마음에 따라 갈라짐이니라.

23
덕이 바다와 같고
지혜가 일월과 같다 할지라도
법화경을 비방하면
악지식이니 믿고 따르지 말라.

탑을 천 개 조성하고
여러 승려에게 공양할지라도
법화경과 법화행자를
헐뜯어 비방하면
악도에 들게 되느니라.

24
마음이 드디어 깨어나서
이 약이 빛과 향기와 맛이 좋음을 알고
곧 가져다 먹으니,
독한 병이 모두 나았느니라.

고치기 힘든 중생의 독한 병에는
묘법연화경보다 더 좋은 약은 없느니라.

먹으면 낫지 않는 병은 없건마는 …

25

범부는 경계를 취取하고
성인은 마음을 취取한다.
범부는 색상色相에 마음을 팔고
성인은 마음이 여래如來인 줄 안다.
범부는 육신의 노예가 되고
성인은 육신을 법기法器로 삼는다.

범부는 생사의 바퀴돌이에 빠져 있고
성인은 생사의 강을 건넜도다.
범부는 곳곳에 집착함이 아교와 같고
성인은 집착함을 놓았기에 한가하다.
범부는 많이 가졌어도 항상 탐애하고
성인은 가진 것 없어도 풍요롭다.

26

조지강식鳥之將息 필택기림必澤其林
인지구학人之求學 내선사우乃選師友
새가 장차 쉬려고 할 때 반드시 그 숲을 가리며
사람은 배움을 구함에 스승과 벗을 가린다.

만약 불법을 이루고자 한다면
반드시 극대승인 묘법연화경에 의지하되,
눈 밝은 스승을 만남이 가장 시급한 일이로다.

27
법화경 머무는 곳이 곧 도량이요, 정토이니라.
제불께서 여기에서 무상보리를 얻으시고,
여기에서 법륜을 굴리시며, 여기에서 열반에 드시느니라.
법화경 받아지닌 자가 머무는 곳이 곧 도량이요,
이곳이 곧 정토이니라.
상재영취산常在靈鷲山 급여제주처及餘諸住處
여래는 항상 영취산에 머물고, 또 다른 모든 곳에 머무느니라.

28
이 대승경전은
모든 부처님의 보배창고(寶藏)이며,
시방 삼세 모든 부처님의 안목이며,
삼세의 모든 여래께서 출생하시는 종자이니,
이 경을 지니는 자는 곧 부처님 몸을 지님이며
곧 부처님의 불사佛事를 행함이니라. (『행법경』)

29
그 어떤 이가 대승 방등경전을 읽고 외우면

마땅히 알지니라.

이 사람은 부처님의 공덕을 갖추고

모든 악은 영원히 멸하고

부처님의 지혜를 좇아 나느니라. (『행법경』)

이 경은 곧 염부제 사람의 병에 양약이 되느니라.

만약 사람이 병이 있어 이 경을 얻어들으면

병이 곧 소멸하여 늙지도 죽지도 않느니라.

30

설산동자는 불법 반 게송을 듣기 위하여

몸을 아귀에게 던지고,

약왕보살은 몸을 소신공양하고

어느 때는 팔을 태워 부처님 사리에 공양하며,

또 모든 보살이 부처님 전에 서원하기를

저희는 신명을 아끼지 않고 다만 무상도를 아끼오리다.

헌데 사람들은 왜 법을 위하지 않는가.

31

이 삼계三界가 마치 불난 집과 같다고

경에서 이르시고,

천지 우주는 만물의 여인숙이요

광음光陰은 영원한 나그네라고

이태백이 노래했네.

이 삼계는 만물이 쉬어가는 여관이요,
사람들은 하룻밤의 길손이라.
뜬구름 같은 부귀영화를 잡겠다고
사람들은 분망奔忙하게 설치네.

32
이 법화경을 읽는 자는
항상 근심과 번뇌가 없고
또 병의 고통이 없으며,
얼굴빛이 곱고 희며
빈궁하고 비천하고 추하고
더러운 데 태어나지 않으며,

중생이 보기를 즐거이 하되,
거룩한 성현을 사모함과 같고
천상의 모든 동자들이
이를 위하여 시중들며,
칼과 몽둥이로 헤치지 못하고
독약이 능히 해치지 못하며……

(『묘법연화경』「안락행품」)

33

『열반경』에서 이르시기를,
나의 법을 파하려는 자를 보고도
가책하지 않으면
이는 나의 제자가 아니라
마의 권속이니라.

사탕발림 말을 곧잘 하면서
나의 허물을 지적하여
바로 잡을 것을 말하지 않으면
나의 진정한 선우가 아니니라.

선우善友란 착한 것을 칭찬하고
잘못됨을 지적하며,
내가 어려울 때
등을 돌리지 않는 사람이니라.

34

부처님의 일대성교 팔만 사천 법문과
시방삼세의 모든 부처님과
본화本化·적화迹化의 모든 보살이
자신의 마음 밖에 있다고
꿈에도 생각하지 말지니라.

만약 마음 밖에서 법을 구한다면
비록 만선만행萬善萬行을 닦는다 해도
소득이 반푼어치도 없으리라.

명산 고찰 대찰 찾아가서
명복命福을 비는 것보다
자신의 심성心性을 챙기는 일이
더 시급한 일이로다.
법화경 머무는 곳이 곧 도량이니라.

35
전사시前四時 방편법은
성불할 수 있는 자도 성불 못하고,
법화경은 성불 못할 자
즉 이승·일천제·방법자도 성불하느니라.

시방제불께서 한결같이
법화경을 신수봉행하시고
불도를 이루셨도다.
법화경은 제불께서 출생하시는 종자이니라.

36
어리석음의 행진곡

一. 나는 우월하고 지혜가 수승하다고 생각하는 사람

一. 자신의 합리화를 위해 남의 허물을 말하는 사람

一. 인생의 정답을 밖에서 찾는 사람

一. 실패의 원인을 남 탓으로 혹은 운명 탓으로 돌리는 사람

一. 명리를 얻기 위해서 양심을 버리는 사람

一. 부정축재의 부자보다 베풂의 가난이 더 소중함을 모르는 사람

一. 소승법으로써 열반을 얻을 수 있다고 생각하는 사람

一. 묘법을 등지고 방편법으로 옮기는 사람

37

보고 듣고 아는 것을 지식이라 하고

자신이 행하여 증득하는 것을 지혜라 함이니라.

보고 듣고 알았다면 몸소 행하여 증득하고

증득했다면 실천행이 따라야 하느니라.

지식이 지혜의 근간이 되나

활용하지 못한다면 생명력이 없어

향기가 없는 조화와 같고,

체험하고 증득한 지혜는

향기가 풀풀 나는 생화와 같으니라.

부처님의 일체종지一切種智가

모두 이 법화경에 담겨 있느니라.

38

"나무묘법연화경" 제목을 일심으로 부를 때

본각의 여래를 회복하는 때이니

이를 즉신성불卽身成佛이라 하고,

나의 일신이 법보화法報化 삼신三身의 부처가 되는 것이니라.

짓지 아니해도 삼신불이 드러나니,

이를 본구무작삼신불本具無作三身佛이라 함이니라.

이렇게 불가사의함을 묘법이라 하고

묘법이 곧 자신의 마음이니라.

묘법을 모르는 것은

마음의 참모습을 모르는 것이니라.

진종일 부처와 동행하면서도 깜깜 밤중이니라.

진여법성眞如法性

모든 불법佛法의 근본이고 무상도인 진여법성眞如法性을 깨달으면 중생이 중생인 채 부처이고 중생계즉불계衆生界卽佛界이다.

진종일 중생계와 불계를 넘나들고 있는 것이다.

한 생각 제법실상諸法實相의 도리를 깨달아 증득하면 부처를 회복함이요, 한 생각 미혹하면 중생인 것이다.

부처가 되었다고 해서 부처자리에 가만히 머물고 있다면 범부와 다를 바가 없을 것이다. 항상 중생이 머무는 곳에 같이 머물면서 중생을 제도 해탈케 함이 끝이 없는 것이다.

부처님 세존께서 세상에 출현하심은 법화경을 설하시어 일체 중생으로 하여금 불도에 들게 하고자 함이다.

부처님의 지혜의 바다가 곧 중도실상中道實相이다.

모든 중생이 한결같이 중도실상의 도리를 이미 갖추고 있으나, 이를 알지 못하고 무량 겁을 고통의 바다에 빠져 허우적거리고 있을 뿐이다.

모든 중생이 부처님과 조금도 다를 바 없는 참성품(眞如法性)을 구족하고 있다. 그러나 중생들은 색상色相에 집착하고 마음을 팔아 끝없는 윤전을 하고 있는 것이다.

우리들의 근본 마음자리는 적멸寂滅이며 본체本體이고, 경계 따라 움직이는 분별심은 마음의 작용作用이다.

허공을 벗어나 존재하는 것이란 아무 것도 없다.

우리도 이와 같이 진여법성眞如法性을 떠나 존재할 수 없다.

우리가 깨쳤든지 못 깨쳤든지 부처님의 품성 속에서 생활하고 있다. 죽는 것도 부처님의 품성이요, 나는 것도 부처님의 품성일 뿐이다.

자신이 알든 모르든 진리 속에서 생활하고 있으니 이 도리가 상자적멸상常自寂滅相이요, 번뇌즉보리煩惱卽菩提의 도리이다.

지옥은 지옥대로 진여의 성품을 갖추고 있고, 사람도 보살도 진여의 성품을 갖추고 있다. 십법계十法界가 다르지 않다.

모든 법의 성품은 고요한데 저마다 색상色相에 집착하여 온갖 분별심을 냄으로 해서 가지가지 고통을 받게 되고 생사의 바퀴돌이에 빠지게 된 것이다.

진리에 눈을 뜨고 보면 지금 우리가 생활하고 있는 이 국토가 불국토이며 청정함이요 상적광토常寂光土이다.

자신이 머문 당처가 부처님의 사자좌이니, 사바즉적광娑婆卽寂光의 도리이다. 탐진치貪瞋癡가 들끓고 있는 현상세계가 곧 불계佛界이다.

바다와 파도가 둘이 아니듯이 진여법성眞如法性과 무명無明의 파도는 둘이 아니다.

진여의 문에서는 선악善惡이 나눠지지 않는다. 선도 악도 현상계의 차별성에서 비롯된 것이다.

세간법世間法이 곧 출세간법出世間法이다. 이를 세간상상주世間相常住라 한다.

언어로써 혹은 글로써 진여의 성품을 다 나타내지 못하므로 부처님께서는 일체어언도단一切語言道斷이요, 현상계의 차별성으로는 이해할 수 없으므로 심행처멸心行處滅이라 하신 것이다. 경전의 말씀을 통하여 이해하고 깨닫는 일은 순전히 중생들의 몫이다.

경전에서 말씀하신 대로 수행함을 여설수행如說修行이라 하는데, 여설수행을 하다 보면 제법실상諸法實相의 도리를 깨닫게 되어 진여법성眞如法性이 현저히 드러나게 되니, 그냥 이대로가 적광토寂光土이다. 평상심平常心이 실상이다. 더할 것도 없고 뺄 것도 없이 그냥 이대로가 진여법성眞如法性이다. 이런 뜻을 가지고 이런 마음으로 수행의 끈을 당기면 자신 가운데서 부처 냄새가 풀풀 날 것이다. 자신의 마음을 떠나 별도로 부처는 없다.

중생이 있는 곳에 부처가 있고 부처가 있는 곳에 중생이 같이한다.

자신의 마음 밖에서 부처를 찾는다면 마치 모래로 밥을 짓는 것과 같아 수고로움만 더할 뿐이다.

법화행자는 자신이 머문 당처가 영산회상靈山會上이요 마음이 곧 묘법心也即妙法임을 깨달아야 한다.

현상계가 곧 실상계이다.

"나무묘법연화경" 제목을 일심으로 불러갈 때가 자신의 불성佛性을 회복하는 때이다.

항상恒常한 부처님과 무상無常한 중생과는 불이不二임을 알아야 하고, 우리는 부처님을 여읠래야 여읠 수 없고 떠날래야 떠날 수 없으니 항상 같이 하고 있을 뿐이다.

중도실상中道實相

마음을 깨달으면 육신을 위한 생활이 아니라 중생을 위하고 남을 위하는 선악善惡을 초월한 생활을 하게 된다.

이때에야 비로소 안심安心이 있고 극락極樂이 있을 것이다.

이 마음이 곧 부처요 마음이 곧 법法이니라.

마음은 모든 것을 창조해 내는 능력과 신통력을 갖추고 있다.

우리는 본래부터 무작삼신無作三身을 갖추고 있음이니라.

절대신이다 창조주다 하는 것도 결국 저마다 마음이 만들어낸 것이다. 이를 화엄경에서 일체유심조一切唯心造라 하셨노라.

우주의 근본이 곧 마음이다.

순경順境이든 역경逆境이든 그 마음 움직이지 않기를 수미산과 같이 하라.

지금 말하고 말 듣는 그놈이 곧 마음이라. 생사를 초월하고 있느니라.

생사生死가 곧 열반涅槃이다.

부처가 되려고 애쓰지 마라. 파도는 애쓰지 않아도 바다이니라.

기쁠 때나 슬플 때나 본성은 그냥 그대로이니라.

육안肉眼으로 보는 색상色相에 집착함을 단견斷見이라 하고, 영혼은 불멸不滅이어서 육신이 죽어도 생활은 계속된다 함을 상견常見이라 한다. 유무有無의 두 견해에 묶이지 마라.(中道實相)

진리를 찾으려고 애쓰지 말고 깨쳐 보려고도 애쓰지 말라.

본래부터 부처가 되어 있으므로 애써 깨치려고 하지 말라.

영원히 깨치지 못할 것이다. 애탐愛貪은 자신을 묶는 끈이 되리라.

지자智者는 얽매이거나 끌려다니지 않으나 어리석은 이는 스스로를 얽매도다. 자신을 구족함이니라.

자비慈悲를 행하고 자신의 뜻에 상대방을 끌어 들이지 말고, 상대방의 뜻을 헤아려 주고 기쁘게 하라.

사랑처럼 무서운 지옥은 없다. 자신을 얽매고 상대방을 얽매기 때문이다.

모든 고통은 애탐愛貪으로부터 시작이 된다.

중도실상中道實相을 깨닫고 보면 좋고 나쁨의 분별심分別心이 사라진다.

중도中道는 이변二邊을 벗어나 있다. 선악과 생사와 중생과 부처와 양변兩邊이 불이不二이다. 득실得失과 시비是非를 내려놓아라. 중도는 시시비비是是非非를 융섭하고 포용한다.

자신을 얽맬 자 아무도 없다. 있다면 이는 오직 자신이 자신을 얽맬 뿐이다.

묘법妙法은 모든 것에서 묶이고 얽매인 끈을 끊는 이로운 칼이 되느니라.

묘법은 윤회를 끊는 보검寶劍이니라.

윤회의 근본은 애탐과 집착이라. 이를 버리면 이때야 비로소 윤회의 사슬에서 벗어날 수 있느니라.

중도실상中道實相은 만법萬法의 귀착점歸着點이라. 달리 무상법을 구하지 말지니라. 깨쳤든지 못 깨쳤든지 우리들의 마음이 그냥 그대로 묘법이요 중도실상이요 상자적멸상常自寂滅相이니라.

심야묘법 心也妙法

나는 물질과 허공을 초월한 존재요

우주가 파멸된다 해도 없어질 것도 아니요

나는 영원한 실재이며 일체를 초월한 실재實在이다.

나는 죽을래야 죽을 수 없는 불생불멸不生不滅의 실재이고

영원의 생명 그 자체이다

나는 선악의 상대적인 것에 걸리지 않고

지옥과 천당을 벗어나 있고

참나는 육신도 아니고 아닌 것도 아니고

절대적 자유라 무엇에 묶이거나 구족되지 않고

천상천하天上天下 유아독존唯我獨尊 그 자체이다.

참나는 물에 빠지지도 않고 불에 탈 수도 없다.

물질이 아니고 형상이 있는 것이 아니기 때문이다.

모든 것에서 나는 초월하고 있다.

마음이 곧 묘법妙法이다.

이렇게 우리들의 마음이 무한대로 통하고 있고

마음이 그대로 우주이고 삼세三世를 통해 있어서

이 마음이 우주를 창조한 것이며

마음속에 우주가 그대로 펼쳐져 있는 것이다.

창조주인 우리의 마음은 자신의 몸뚱이도 만들고

온갖 경계를 만드는 것이다.

어떤 창조주가 우주를 창조한 것이 아니다.

마음은 온갖 신통력과 능력을 갖추고 있음을 알 수 있다.

이 마음으로부터 부처도 나오고 중생도 나오는 것이다.

볶은 종자에서 싹이 나다

법화경法華經 여래수량품如來壽量品으로 생사生死의 강을 건널 수 있음이니라.

시방제불十方諸佛의 스승이요, 안목眼目이며, 출생하시는 종자種子인 법화경으로 생사문제를 해결하지 못한다면 또 어떤 법法으로 해결하겠는가?

"나무묘법연화경南無妙法蓮華經" 제목에는 시방제불의 인행과덕因行果德의 공덕이 함장되어 있음이니라. 마치 바닷물이 온갖 물의 성품을 갖추고 있기 때문에 바닷물로 목욕을 하면 온갖 물로 목욕하는 것과 같음이라.

묘법연화경妙法蓮華經 다섯 자에 팔만 사천 성교聖敎의 공덕이 장엄되어 있음이라. 중생의 고치기 어려운 온갖 병을 능히 고치기 때문에 묘법이라 함이니라. 볶은 종자와 같은 이승二乘·일천제一闡提·공심자空心者·방법자謗法者 등 이와 같은 사람들이 법화경에 들어와서 성불成佛의 수기授記를 받음이니라. 부처가 될 수 없는 이들이 부처가 될 수 있으니 묘妙라 하느니라.

전사시前四時 경전은 성불할 수 있는 자가 성불할 수 없고, 법화경은 성불할 수 없는 사람이 불도佛道를 이루는 것이다. 법화경을 불신하고 훼방하면 세간 불종佛種을 단절함이니라.

"한량없고 가이없는 불가사의 아승지 겁을 지날지라도 마침내 아
뇩다라삼먁삼보리를 얻지 못하리니, 왜냐하면 깨달음의 크고도 곧
은 길을 알지 못하는 까닭으로 험한 길을 가는데 더디고 고난이 많
은 까닭이다."
_『무량의경』

"이 사람은 위없는 도를 아직 얻지 못한 고로
내가 멸도에 이르게 했다고 생각하지 아니하였노라."
_『묘법연화경』「비유품」

전사시前四時의 경력經力으로 성불할 수 없다는 말씀이다.
반면 법화경력法華經力으로 성불함이 분명한 말씀을 살펴보면
약유문법자若有聞法者 무일불성불無一不成佛
만약 법을 듣는 자 있다면 성불 못함이 한 사람도 없으리라.
성문약보살聲聞若菩薩 문아소설법聞我所說法
내지어일게乃至於一偈 개성불무의皆成佛無疑
성문이나 혹은 보살들이 내가 설하는 법을
한 게송이라도 들을지라도 모두 성불함이 의심이 없느니라.

극대승克大乘인 법화경으로 이승, 일천제, 방법자 등 볶은 종자와
같은 사람들도 이 법을 믿고 따르면 성불한다는 부처님의 금언金言

176

이시다.

시방 삼세 모든 부처님께서 한결같이 묘법연화경을 신수봉행信受奉行하시고 불도를 이루셨으며, 묘법을 깨닫지 않고 성불하신 분은 단 한 분도 안 계신다.

법화경은 제불의 스승이요, 안목이며, 제불께서 출생하시는 종자이며, 제불을 낳는 모태母胎이니라.

영불성불永不成佛이요, 볶은 종자와 같은 이승二乘이 만약 법화경을 놓친다면 마치 물고기가 물을 떠남과 같음이라.

스스로 무상도인 대승평등법을 증득하고도 만약 소승으로 교화함이 한 사람에 이를지라도 나는 곧 간탐慳貪에 떨어지리니, 이런 일은 옳지 못하느니라고 하셨다. (『묘법연화경』「방편품」)

소승으로 성불 못한다는 말씀이라. 이러한 이승二乘이 법화경에 들게 됨으로 인해서 성불이 결정되는 것이다.

마치 볶은 종자에 싹이 나는 것과 같다.

누가 불도를 이루기 원한다면 반드시 법화경에 귀명례歸命禮해야 함이니라.

지혜제일 사리불舍利弗은 화광여래華光如來 기별記別 받고

마하가섭摩訶迦葉은 광명여래光明如來 기별 받고

부처님의 시자侍者 아난阿難은 산해혜자재통왕여래山海慧自在通王如來 기별 받고

부처님의 아들 라후라羅睺羅는 도칠보화여래蹈七寶華如來 기별 받고

천이백 아라한들이 한결같이 법화경 회상에서 성불이 결정됨이라.

"만약 이 법화경을 듣지 못하고 이해하지 못하며 능히 닦아 익히지 못하면 마땅히 알지니, 이 사람은 아뇩다라삼먁삼보리에 가기가 아직 먼 것이요, 만약 얻어듣고 이해하며 깊이 생각하고 닦고 익히면 반드시 아뇩다라삼먁삼보리를 얻음이 가까운 줄 아느니라. 왜냐하면 일체 보살의 아뇩다라삼먁삼보리가 모두 이 경에 속함이니라."

_『묘법연화경』「법사품」

중생 성불의 법이 모두 법화경에 담겨 있다는 자부慈父의 금언이니라.

• 셋째 마당 •

자아득블래

이 경전은 어느 곳으로부터 왔나이까?

"세존世尊 시경전자是經典者 종하소래從何所來 거하소지去何所至 주하소주住何所住 내유乃有 여시如是 무량공덕無量功德 부사의력不思議力 영중질성令衆疾成 아뇩다라샴막삼보리阿耨多羅三藐三菩提."

"세존이시여, 이 경전은 어느 곳으로 좇아 왔으며,
어느 곳으로 가서 이르며,
어느 곳에 머무나이까.
이에 이와 같은 한량없는 공덕과 생각으로 논의하지 못할 힘이
있어
대중으로 하여금 빨리 아뇩다라삼먁삼보리를 이루게 하나이까."
_『무량의경』

부처님으로부터 『무량의경』을 듣고는 대장엄보살마하살이 대중을 위하여 부처님께 질문하는 내용이다.
이에 부처님께서 말씀하시되,
"선남자여, 네가 묻는 이 경이 어느 곳으로 좇아 와서 어느 곳에 가서 이르며, 어느 곳에 머무는 것인지 마땅히 자세히 잘 들을지니라.

선남자여, 이 경은 본래 모든 부처님의 궁궐 가운데로부터 좇아 와서, 일체중생이 깨달음의 마음을 일으키는 데로 가서 이르며, 모든 보살이 행하는 곳에 머무느니라.

선남자여, 이 경은 이와 같이 와서 이와 같이 가고 이와 같이 머무느니라. 이런 까닭으로 이 경은 능히 이와 같이 한량없는 공덕과 부사의의 힘이 있어서 중생으로 하여금 빨리 아뇩다라삼먁삼보리를 이루게 하느니라."

"시경본종是經本從 제불궁택중래諸佛宮宅中來,

거지去至 일체중생一切衆生 발보리심發菩提心,

주제보살住諸菩薩 소행지처 所行之處."

"이 경은 본래 모든 부처님의 궁궐 가운데로부터 좇아 와서,

일체중생이 깨달음의 마음을 일으키는 데로 가서 이르며,

모든 보살이 행하는 곳에 머무느니라."

대장엄보살이 부처님으로부터 심심미묘한 『무량의경』을 듣고는 질문한 데 따른 부처님께서 답하신 내용이다.

보살의 질문도 법답게 적절하였으며, 부처님의 답하심은 듣는 자로 하여금 깨달음을 성취할 수 있는 미묘하고도 깊고 높은 진리이다.

너희들은 마땅히 자세히 잘 들을지니라 하심은, 요긴하고 진실한 법을 듣고는 이해하고 행하라는 부처님의 주의의 말씀이시다.

이 경은 본래 모든 부처님의 궁궐 가운데로부터 좇아 왔다는 뜻을 이해하고 깨달아야 한다.

부처님께서 머무시는 곳을 상적광常寂光이라 하고, 적멸도량寂滅道場이라 하며, 법신法身이 머무시는 곳이라 한다.

이는 제법실상諸法實相의 도리요, 진여법성眞如法性의 자리이다. 이렇게 볼 때, 제불의 궁궐은 곧 모든 중생의 자성自性의 자리이다. 우리들의 자성이 제불의 궁궐인 것이다.

중생심행중衆生心行中 이여래상재而如來常在

중생의 심행 가운데 여래는 항상 머물고 있다.

모든 부처님의 궁궐이 곧 중생들의 마음이라는 뜻이다.

기이하고 기이하도다.

모든 부처님의 궁궐이 법계法界의 자성인 줄 어찌 알았으리오.

또 일체중생이 깨달음의 마음을 일으키는 데로 가서 이르며, 대성 실상법實相法은 중생으로 하여금 발보리심發菩提心을 일으키게 한다. 깨달음의 마음을 일으키지 않고서는 법을 성취할 수 없다. 화엄경에서는 초발심시初發心時 변성정각便成正覺이라 하셨다. 처음 발심할 때 정각을 이룬다는 말씀이다.

끝으로 모든 보살이 행하는 곳에 머무느니라 하심은, 법을 듣고는 아는 것보다 수행으로써 증득證得하는 것이 더 낫고, 증득하는 것보다 실천수행하는 것이 더 수승하다는 말씀이다.

생주이멸生住異滅하는 자신의 마음을 놓치지 말고 관조觀照해야 한다.

본래 마음의 참모습(實相)을 깨닫게 되고 상자적멸상常自寂滅相의
도리가 곧 자신의 마음이란 것을 깨닫게 될 것이다.

"무량의無量義는 하나의 법으로 좇아 났으며
그 하나의 법은 곧 형상이 없음이니,
이와 같은 형상이 없는 것은 형상도 없으며 형상이 아니니,
형상이 아니기에 형상이 없으므로 실상實相이라 이름한다."

마음의 참모습(實相)을 밝히신 부처님의 금언金言이다.
수행자가 반드시 닦아 행해야 하는 대목이다.
이러함을 보살이 행하는 곳에 머문다 함이니라.
무량한 뜻을 갖추었다는 『무량의경』은 곧 우리들의 마음이니라.

실상참회

제고소인諸苦所因 탐욕위본貪欲爲本

약멸탐욕若滅貪慾 무소의지無所依止

모든 괴로움의 원인은 탐욕이 근본이 되거늘

만약 탐욕을 멸하면 의지할 바가 없느니라.

사람들이 악업을 짓고 모든 고통을 받는 것은 탐욕이 근본이다.

탐욕을 멸해 버리면 고통은 붙을 곳이 없다.

바람이 허공에 머물 수 없듯 하리라.

일체업장해一切業障海 개종망상생皆從妄想生

약욕참회자若欲懺悔者 단좌염실상但坐念實相

중죄여상로衆罪如霜露 혜일능소제慧日能消除

시고응지심是故應至心 참회육정근懺悔六情根

일체 업장의 바다는 모두 망령된 생각으로 좇아 나느니

만약 참회하고자 하는 자는 단정히 앉아서 실상을 염할지니라.

모든 죄는 서리와 이슬 같아서 지혜의 해로 능히 녹여 없애나니

이런 고로 응당 지극한 마음으로 육정근을 참회할지니라. _『행법경』

실상참회實相懺悔를 행함으로 인해서 손가락 튕길 잠깐 사이에 백만억 무량 겁의 생사중죄를 제하여 버린다고 경에서 밝히셨다. 실상참회란 일체 법이 공空하니, 또 이 몸과 마음이 공하고, 죄와 복도 공하다. 따라서 죄와 복도 공하여 실체가 없다. 죄와 복도 주인이 없고 실체가 없으니, 어느 것이 죄이며 어느 것이 복이겠는가. 이와 같이 참회하면 마음을 관함에 마음도 없고 법도 법 가운데 머무르지 아니하나니 모든 법은 해탈이며 멸제滅諦이며 적정寂靜이니, 이와 같이 생각하는 것을 이름하여 대참회라 하고 장엄참회라 하고, 이름하여 죄의 상이 없는 참회라 하며, 이름하여 심식心識을 파괴하는 참회라 한다고 설하셨다.

불멸도후佛滅度後 불제제자佛諸弟子
약유참회若有懺悔 악불선업惡不善業
단당독송但當讀誦 대승경전大乘經典
부처님께서 멸도하신 후에 부처님의 모든 제자가
만약 악업을 참회하고자 한다면
다만 마땅히 대승경전을 읽고 외울지니라.

"이 방등경方等經은 바로 모든 부처님의 눈이며, 모든 부처님께서는 이로 인하여 오안五眼을 갖추심을 얻으셨느니라. 부처님의 세 가지 종류의 몸은(法報化) 방등경으로부터 났느니라.
이 거룩한 법의 도장으로 열반의 바다를 찍나니, 이와 같은 바다 가운데서 능히 법보화法報化 삼신三身의 부처님의 청정한 몸이 났

나니 이 법보화 삼신은 인천人天의 복전福田이라, 응공應供 가운데
가장 으뜸이니라.
그 어떤 이가 대승 방등경전을 읽고 외우면 마땅히 알지니, 이 사
람은 부처님의 공덕을 갖추고 모든 악은 영원히 멸하고 부처님의
지혜로 좇아 나느니라."

"부처님께서 아난에게 이르시되,
나와 더불어 현겁賢劫의 모든 보살과 또 시방의 모든 부처님께서는
대승의 참된 실상實相의 뜻을 깊이 생각한 연고로 백만억 억 겁 아
승지 수의 생사의 죄를 제하여 버렸나니, 이 가장 묘한 참회법으로
인한 까닭으로 지금 시방에서 부처님 됨을 얻었느니라.
다만 대승의 방등경을 외우는 까닭으로 모든 부처님과 보살이 이
법을 지니는 자를 밤낮으로 공양하느니라."
_『행법경』

사참회事懺悔인 거룩한 법화경을 독송하고, "나무묘법연화경" 제목
을 일심으로 불러갈 때 모든 죄업은 손가락 한 번 튕길 순간에 소
멸될 것이다.
참회는 종교의 미덕이다. 과거의 잘못을 뉘우치고, 현재를 바로잡
고, 장래를 삼가는 세 가지가 갖추어져야만 진정한 참회가 된다.
배가 바다에 뜨는 것은 물의 힘이요, 불을 끄는 것은 물의 작용이
듯이, 법화경력法華經力으로 또 삼보의 가피력으로 고통의 악도에
서 벗어날 수 있다.

"부처님이 멸도하신 후에 부처님의 모든 제자가 만약 악하여 착하지 못한 업장을 참회하고자 한다면, 다만 마땅히 대승경전을 읽고 외울지니라."

_『행법경』

부처님 멸도하신 뒤에 법화경을 얻는 길

"세존이시여, 마땅히 설하여 주시옵소서. 만약 선남자 선여인이 여래께서 멸도하신 뒤에 어떻게 하여야 능히 이 법화경을 얻을 수 있겠사옵니까."

부처님께서 보현보살에게 이르시되,

"만약 선남자 선여인이 네 가지 법을 성취하면 여래가 멸도한 뒤에 마땅히 이 법화경을 얻으리라.

첫째는 모든 부처님께서 호념護念하심이 되어야 하고

둘째는 많은 덕의 근본을 심음이요

셋째는 정정취正定聚에 듦이요

넷째는 일체중생을 구원하려는 마음을 일으키는 것이니라.

선남자 선여인이 이와 같은 네 가지 법을 성취하면 여래가 멸도한 뒤에 반드시 이 경을 얻느니라."

_『묘법연화경』「보현보살권발품」

"여래께서 멸도하신 뒤에 어떻게 하면 능히 법화경을 얻을 수 있겠습니까?" 하는 보현보살의 물음에 대하여 부처님께서 답하신 내용이다.

첫째, 제불호념諸佛護念. 모든 부처님께서 호념하심이 되어야 한다 하심은 법화경은 교보살법敎菩薩法이요, 불소호념佛所護念하시는 법이다. 보살을 가르쳐 불도를 이루게 하는 법이요, 모든 부처님께서 깊이 간직하시는 법이다. 가장 거룩한 법이기에 받아지닌 자 또한 거룩함이 된다. 법화경은 중생 성불의 직도요, 모든 부처님께서 세상에 출현하시는 근본이다. 이를 제불출세본회설諸佛出世本懷說이라 한다.

모든 부처님께서는 법화경 제법실상諸法實相의 도리를 설하시어 모든 중생으로 하여금 불도를 이루게 하시고자 세상에 출현하신다는 뜻이다.

제불께서 호념하시는 법화경이기에 받아지닌 자를 모든 부처님께서 호념하심이 되는 것이다.

호념護念이란 깊이 생각하고 보호한다는 뜻이다. 부처님께서 멸도하신 뒤에 이 법화경을 믿고 받아지닐 때 제불께서 호념하심이 된다.

둘째, 식중덕본植衆德本, 많은 덕의 근본을 심음이요.

법화경을 받아지니고 읽고 외우며 베껴 쓰고 해설함이 많은 덕의 근본을 심음이 된다. 부처님께서 멸도하신 뒤에 이 법화경을 본인이 수행하고 다른 사람으로 하여금 이 경을 수행하도록 인도함이 많은 덕을 쌓아 심음이 된다. 항차 "나무묘법연화경" 제목을 자신이 부르고 다른 사람의 입에다 넣어주고 귀에다 걸어줌이 가장 큰 덕을 심음이 되리라. 묘법연화경에 귀명례歸命禮할 때 이는 성불이 결정코 의심이 없음이라. 이러한 사람은 제불의 명命을 잇는 사람이요, 모든 부처님과 함께 함이다.

"만약 이 법화경을 받아지니고 읽고 외우며 바르게 기억하고 생각하며 닦아 익히고 베껴 쓰는 자가 있으면 마땅히 알지니라. 이 사람은 석가모니 부처님을 뵈온 것이며 부처님으로부터 이 경전을 듣는 것과 같으리라.
마땅히 알지니라. 이 사람은 석가모니 부처님께 공양함이며,
마땅히 알지니라. 이 사람은 부처님이 착하다고 칭찬함이며,
마땅히 알지니라. 이 사람은 석가모니 부처님이 손으로 그의 머리를 어루만져 주는 것이며,
마땅히 알지니라. 이 사람은 석가모니 부처님이 옷으로 덮어주는 바가 되느니라."
_『묘법연화경』「보현보살권발품」

셋째, 입정정취入正定聚, 정정취에 듦이요.
입정정취란 불법을 바르게 수행하여 성불이 결정된 단체에 듦이다. 법화경을 법과 같이 수행(여설수행如說修行)하는 단체가 곧 정정취이다.
불법을 혼자 수행함을 마의 권속이라고 한다. 불법을 수행함에 있어 도반과 선지식은 수행의 전부라고 부처님께서 설하셨다. 선지식과 도반은 자신의 수행에 대하여 잘못된 부분을 지적하여 고쳐주고, 잘 행함을 칭찬하여 주고, 어렵고 힘들 때 같이 하고, 즐거울

때 따라 기뻐해준다.

넷째, 발구일체중생지심發救一切衆生之心, 일체중생을 구원하려는 마음을 일으키는 것이다.
부처님께서 세상에 출현하심은 이 법화경을 설하시어 일체중생으로 하여금 불지견佛知見에 들게 하시고자 세상에 출현하심이니, 이러함이 일체중생을 구원하심이라. 법화행자도 부처님과 같이 이 법화경으로 중생들을 인도하여 제도 해탈케 함이 가장 큰 발구중생發救衆生함이 되는 것이다.

"나무묘법연화경" 제목을 사람들의 입에다 넣어주고 귀에다 걸어주는 것이 곧 중생을 구원하는 길이다. 위의 네 가지 법을 성취하면 부처님 멸도하신 후에 마땅히 법화경을 얻는다는 말씀이니라.

법화경장은 심고유원하다

법화경장은 심고유원深固幽遠하여 오직 부처님과 더불어 부처님만
이 궁구하여 다하신 법이다.

법화경장은 깊고 견고하며 그윽하고 아득하여 믿기 어렵고, 이해
하기 어려워 이승이 시방 법계에 갈대숲과 같이 들어차서 다함께
생각하여 헤아릴지라도 작은 부분도 알지 못하리.

가령 지혜제일 사리불과 같은 이가 세간에 가득 차서 다 함께 생각
할지라도 부처님의 지혜 측량하지 못한다 하셨다.

시방 삼세 일체 부처님의 일체종지一切種智가 오롯이 담겨 있는 법
화경은 심고유원深固幽遠하지 않을 수 없다. 부처님의 영묘靈妙한
지혜의 본체이다.

시법불가시是法不可示 언사상적멸言辭相寂滅
제여중생류諸餘衆生類 무유능득해無有能得解
이 법은 가히 보일 수도 없고 말과 형상이 적멸이니
모든 다른 중생들은 능히 이해할 수 없으니

이렇게 이 법은 눈으로 보는 대상이 아니니 보여줄 수 없고, 말과

형상이 적멸하여 해설하여 설할 수 없으니 일체어언도단(一切語言道斷; 일체 말길이 끊어졌고) 심행처멸心行處滅이라, 마음으로 헤아려 알 길이 없는 법이 곧 법화경이요, 제법실상諸法實相의 도리이다.

법화경장은 심심미묘법이라 보기도 어렵고, 믿기도 어렵고, 깨닫기도 어려움이라. 경에서 난견난가료難見難可了라 하심이라. 법화경의 진리는 실로 눈으로 보는 대상이 끊어진 것이요, 마음으로 헤아려 알 길이 없기에 난신난해難信難解한 법이라 한다.
진여법성眞如法性은 실로 육안으로 볼 수 있는 진리가 아니기에 적멸寂滅이라 하셨다.
적멸寂滅이란 공空하다는 생각까지 멸한 상태이며, 말과 형상이 끊어졌고 눈으로 보는 대상이 아니며 마음으로 헤아려 아는 것이 아니다. 이러함이 법화경장法華經藏이다. 또 제법실상諸法實相의 도리이다.
이 법은 가히 볼 수도 없고 말과 형상이 적멸이라 하심은 곧 심법心法이며, 법화경의 근본이며, 모든 법의 구경이다. 마음은 형상이 없기에 보일 수 없고 어떤 말로써 마음의 참모습을 드러낼 수 없으나, 좁게는 바늘 끝도 용납지 않고 넓게는 천지우주를 감싸기도 한다.
심법心法은 깊고도 견고하고, 그윽하고 아득하다.
심야묘법心也妙法, 마음이 묘법이다.
마음 밖에 한 법도 없다. 제법諸法이 곧 우리의 마음이다. 한 마음에서 일체 법이 생기기도 하고 멸하기도 한다. 법화경에서 제법실상의 도리를 설하셨는데, 제법은 곧 마음이요, 실상實相은 마음의 참모습이다. 마음의 참모습이 곧 실상實相이요, 실상이란 곧 적멸寂滅이다. 제법실상이란 곧 우리들의 마음의 참모습이다.

여래如來·법신法身·열반涅槃·제일의제第一義諦·여여如如·진공묘색眞空妙色 등 이름은 달라도 모두 실상의 다른 이름이다.

일체경계본래심一切境界本來心 심즉불시심즉법心卽佛是心卽法

일체 경계가 본래의 마음이니, 마음을 떠나 한 법도 없고 부처도 없다. 마음이 부처요, 이 마음이 곧 법이다.

중생심과 부처와 묘법연화경이 차별이 없이 일여一如이다. 부처님을 보려거든 마음을 보라. 그러나 중생은 다만 물질만 보고 마음을 보지 못한다.

법화경의 제법실상諸法實相 도리는 중생 성불의 직도이다.

승차보승乘此寶乘 직지도량直至道場이라, 보배수레를 타고 곧바로 도량에 이른다.

"나무묘법연화경" 제목을 일심으로 부를 때 제법실상을 깨닫는 때가 된다.

제법실상을 깨닫는 것은 곧 자기의 참 성품을 깨닫는 것이요 불성佛性을 회복하는 것이기에, 묘법을 타고 바로 도량에 이르는 것이다.

만약 마음 밖에서 묘법을 구한다면 이미 묘법이 아니다.

부처님의 일대 성교聖教, 소위 팔만 사천 법장과 삼세 제불과 모든 보살이 나의 마음 밖에 있다고 생각하지 말지니라.

제법실상의 법을 깨달았다 함은 곧 자신의 참 성품을 깨침이요, 자신의 참 성품을 보는 것은 곧 부처를 보는 것이다.

즉중생성卽衆生性 즉시불성卽是佛性
심외무불心外無佛 불즉시성佛卽是性
중생의 성품이 곧 부처의 성품이니라.
성품 밖에 부처가 없는지라 부처가 곧 성품이다.
_『선문촬요』

만약 마음 밖에서 부처를 찾는다면 마치 토끼를 떠나 토끼의 간을 찾는 어리석은 거북이와 같을 것이다.

196

부처님 오신날

오늘은 부처님 오신날입니다.

부처님의 자비광명이 법계에 충만하여지이다.

부처님 오신날은 법계 내 모든 중생의 생일입니다.

부처님께서는 진실로 오고감이 없건마는 오고감을 보이심은 순전히 중생들을 제도 해탈케 하기 위함입니다.

부처님께서는 생사生死가 없으시건마는 때로는 나오심을 보이시고, 때로는 멸도하심을 보이심은 중생들을 제도하기 위한 거룩한 방편方便입니다.

부처님 세존께서는 상재영취산常在靈鷲山 급여제주처及餘諸住處, 항상 영취산과 또 다른 모든 곳에 머물고 계십니다.

중생심행중衆生心行中 이여래상재而如來常在, 중생의 심행 가운데 여래는 항상 머물고 있습니다.

부처님께서는 날마다 아니 계시는 때가 없고 아니 계시는 곳이 없으시나, 중생들은 지혜의 눈을 감아 이를 알지 못합니다.

부처님께서는 모습 없는 모습으로 참모습 삼고, 때로는 모습 없는 모습으로 모습 있는 모습을 보이시기도 합니다.

부처님 세존께서는 일대사인연一大事因緣으로 세상에 출현하신다고 선언하셨습니다. 일대사인연이란 가장 거룩하고 위없는 "묘법연화경妙法蓮華經"을 설하시어 일체중생으로 하여금 불지견에 들게 하시고자 출현하심입니다.

중생으로 하여금 불도를 이루게 하는 것보다 더 큰 불사佛事가 없기에 일대사인연이라 하셨습니다.

오직 일불승一佛乘만 있고, 이승二乘 삼승三乘은 없다고 선언하셨습니다. 비록 이승 삼승을 설하셔도 이는 일불승으로 중생을 인도하고자 하는 방편입니다.

오늘은 부처님 오신날입니다.

묘법연화경을 받아지닐 때가 곧 부처님 오신날입니다.

법화경 진리의 입장에서 보면 중생이 이미 제도되어 있음을 일러주러 오셨고, 중생들 가운데 부처님께서 상재常在하고 계심을 깨우쳐 주려고 오셨습니다.

부처님께서는 모습 없는 모습으로 참모습을 삼으시기에 육안으로 볼 수 없고 손으로 만질 수 없는 것입니다.

부처님은 형상이 없으므로 형상이 아니며, 형상이 아니기에 형상이 없으므로 이름하여 허공법신虛空法身이라 하고, 진공묘유眞空妙有라 합니다.

만약 부처님께서 중생 성불의 직도直道인 묘법연화경을 설하지 않으셨다면 불난 집(火宅)에서 중생들이 무량겁이 지나도록 나올 수 없었을 것이고, 승차보승乘此寶乘 직지도량直至道場의 도리를 어찌 알았을 것이며, 생사즉열반生死卽涅槃임을 어찌 알았을 것이고, 부처님의 장원長遠한 수명壽命이 십법계十法界의 수명임을 어찌 알았겠습니까?

세존의 크고 높은 은혜는 희유한 일로서, 가엾고 불쌍히 여겨 교화하시어 저희들을 이익되게 하시니, 한량없는 억겁엔들 누가 능히 갚으오리까?
수족으로 받드옵고 머리 조아려 예경하며 일체 공양을 할지라도 능히 다 갚지 못하오리다.
부처님을 머리에 이고 양 어깨에 메고 지고, 항하사 겁이 다하도록 지극한 마음으로 공경하며, 또 맛나는 음식과 한량없는 보배 옷과 여러 가지 이부자리와 가지가지 탕약과 우두전단 좋은 향과 또 진귀한 보배로 탑묘를 일으키고 보배옷을 땅에 깔고, 이와 같은 여러 가지 일로 항하사 겁을 두고 공양을 드릴지라도 또한 능히 갚지 못하오리다.

저희는 몸과 목숨을 아끼지 않고 다만 위없는 도를 아껴서 부처님께서 부촉하신 위없는 법을 호지하오리다.
저희는 바로 세존의 심부름꾼이라, 대중 속에 있어도 두려울 바 없으며 저희는 마땅히 법을 잘 설하오리다.
원컨대, 부처님 세존이시여! 염려하지 마시옵소서.
저희는 세존과 시방에서 오신 모든 부처님 앞에서 이와 같은 맹세를 아뢰옵나니, 부처님께서 저희들 마음 살피시옵소서.
"나무묘법연화경" 소리 높여 부를 때 곧 부처님 오신날입니다.

불기 2561년 사월 초파일 부처님 오신날
법화도량 삼불사 대중일동

구원실성석가존久遠實成釋迦尊
상재세간도중생常在世間度衆生
중생교화열반상衆生敎化涅槃相
수명무량아승지壽命無量阿僧祇
본불수명귀명례本佛壽命歸命禮

나무석가모니본불南無釋迦牟尼本佛님
시아본사구원실성是我本師久遠實成

나무묘법연화경南無妙法蓮華經
시아본사구원실성是我本師久遠實成
나무석가모니본불南無釋迦牟尼本佛님

세 가지 보리

◇ 세 가지 보리(三菩提)

아뇩다라삼먁삼보리를 우리말로 번역하면 '위없고 진실하며 평등하고 가장 바른 깨달음'이다.
세 가지 보리가 있는데 살펴보자.

① 실상보리實相菩提
모습 없는 모습으로 모습을 삼는다. 참 성품은 변개變改하지 않는다.
여래수량품에서 "진실도 아니고 거짓도 아니며, 같은 것도 아니고
다른 것도 아니며, 삼계에서 보는 삼계와 같지 않으니라."
"만약 내가 중생을 만나면 불도로써 다 가르친다."
이러하심이 곧 실상보리實相菩提이다.

② 실지보리實智菩提
"내가 스스로 성불한 이래 지나온 바 모든 겁수는 한량없는 백천만
억 아승지 겁이니라."고 하심이 곧 실지보리實智菩提이다.
불자행도이佛子行道已 내세득작불來世得作佛, 불자가 도를 행하여

마치면 내세에 부처가 되리라.

③ 방편보리方便菩提

"내가 젊어서 출가하여 가야성 가기가 멀지 않은 곳에서 무상정등
각無上正等覺을 얻었느니라."고 하심이 방편보리方便菩提이다.

또 팔상성도八相成道하심이 곧 방편보리이다. 보리수 밑에서 6년
간 고행을 하시고 무상정등각을 이루심을 보이는 것이 곧 방편보
리이다.

◇ 세 가지 불성(三因佛性)

① 정인불성正因佛性

「비유품」에서 "너는 진실로 나의 아들이요, 나는 진실로 너의 아비
라." 함이 곧 정인불성正因佛性이요, 「상불경보살품」에서 "나는 감
히 여러분을 가벼이 여기지 않노니, 여러분들은 모두 성불할 것이
니라." 함이 곧 정인불성이다.

② 요인불성了因佛性

"또 나는 옛적에 너에게 무상도를 가르쳤기 때문에 일체의 지혜와
서원이 아직도 없어지지 않고 남아 있다." 함은 요인불성了因佛性이
요, 또 "이때 사부대중이 여러 경을 독송한다." 함은 요인불성이다.

③ 연인불성緣因佛性

서원은 곧 연인불성緣因佛性이요, 모든 공덕을 닦음이 곧 연인불성이요, 여러 가지 선근을 닦음도 곧 연인불성이다.

정인불성正因佛性 : 일체중생이 이미 갖추고 있는 불성.
요인불성了因佛性 : 실상의 이치를 깨닫고 수행하여 드러내는 불성.
연인불성緣因佛性 : 경전을 수행하거나 육바라밀 닦음에 의해 드러나는 불성

◇ 세 가지 반야(三般若)

① 실상반야實相般若

여래의 지견은 광대하고 심원하다고 하심이 실상반야이다.

② 실지반야實智般若

내가 본래 보살도를 행하여 이룬 바 수명은 지금도 다하지 않았다고 하심은 실지반야이다.

③ 문자반야文字般若

나는 항상 중생이 도를 행함과 행하지 않음을 알아 응당 제도할 바를 따라 가지가지 법을 설하되 불사를 지어 잠깐이라도 폐하지 않았다고 하심이 문자반야이다.

◇ 세 가지 열반(三涅槃)

① 성정열반性淨涅槃

법을 보일 수 없으니 언사와 모습이 적멸하기 때문이다. 또 제법종본래諸法從本來 상자적멸상常自寂滅相이라, 모든 법이 본래부터 항상 스스로 적멸의 모습이다고 하심이 성정열반이다.

② 원정열반圓淨涅槃

모두 여래의 멸도로써 멸도한다고 하심이 곧 원정열반이다. 또 내가 성불하여 옴은 이미 오래되었으며 오랫동안 닦은 업으로 얻은 것이니라. 또 지혜의 빛을 비춤이 한량없다고 하심이 원정열반이다.

③ 방편열반方便涅槃

서품에서 여러 번 생을 나타내고 곳곳에서 멸도를 나타내시되, 오늘 밤에 멸도하사 섶이 다 타서 불이 꺼지듯 한다고 하심이 방편열반이다.
또 사라쌍수 밑에서 성수 팔십에 열반의 모습을 보이심이 곧 방편열반이다.

원정열반은 지혜로 번뇌를 끊고 증득한 열반이고, 방편열반은 화현化現한 응신불應身佛이 그 중생을 교화하는 불사를 마치고 멸하시는 열반이다.

일념은 만법의 근본이다

모든 부처님의 해탈은 마음으로부터 얻었으며, 만약 마음을 떠나 밖에서 얻고자 하고 증득코자 한다면 그것은 옳지 않은 일이다.

제불의 해탈은 모두 중생심 가운데서 구하라 하셨다. 마음이 부처이고 마음으로 부처가 되었으면 마음이 만법의 근원이며 마음으로부터 제법을 일으키게 한다.

일체 제법이 모두 마음을 따라서 일어난 것이며, 만약 분별심이 없다면 일체 법이 무엇에 따라 일어나겠는가? 일체 법이 마음을 따라서 일어났다는 것을 명료하게 알았다면 반드시 일체 법을 일으키는 나의 한 생각은 끝내 어떤 형상도 아니라, 이러함을 상자적멸 常自寂滅相이라 함이니라.

범부 중생은 만법이 내 마음 밖에 있다고 집착하여 경계에 마음을 판다. 진종일 색상에 집착하여 어지럽게 유전한다.

우주 법계가 내 마음의 사연이다.

만법은 오직 유심唯心이어서 마음을 떠나 따로 한 법을 찾으려 해도 끝내 얻지 못하리라.

모든 법은 마음이 당체가 되어 마음 밖에 한 법도 없기에 마음이

바로 묘법이다.(心卽妙法)

마음은 만법의 근본이다.

마음을 떠나 상대적인 경계는 따로 없다.

제법불리심諸法不離心, 있다는 모든 법이 마음을 여의치 않는다.

마음이 산란하면 가지가지 법이 생(法生)하고, 마음이 들뜨면 법신의 공덕을 잃게 된다.

일체 만법이 마음으로 귀결하니 마음(心)과 부처(佛)와 묘법妙法이 다르지 않고 모두 개성불도皆成佛道의 묘법연화경이다.

우리의 마음은 본래 부처인데, 다만 전도망상 때문에 부처라는 것을 증득하지 못한다. 묘법연화경 여래수량품을 믿고 이해한다면 마음이 본래 부처임을 은근히 알게 된다.

석론에서 제법실상을 제외한 그 밖의 일체 모든 것은 마군의 일이라 하였다. 왜냐하면, 실상을 떠나 밖에서 따로 얻을 법이라고는 하나도 없기 때문이다.

제법실상의 도리는 법화경의 정의正義이며, 실상은 모습 없는 모습으로 참모습을 삼고 있다.

『대승기신론大乘起信論』에서 이르시길, 일체 차별적인 경계는 망상 분별 때문에 일어난다. 만일 망상 분별이 없다면 일체 차별적인 경계의 모습이 없게 되는데 그 자리가 곧 평등법신이다. 이 법신을 의지해서 본각本覺이 있고, 본각이 곧 실상의 이치다.

삼계는 따로 법이 있는 것이 아니라 우리의 일심의 분별이 조작된 것이라. 그러므로 수행자는 일체 법이 마음을 따라서 일어난다는 것을 명료하게 통달해야 한다.

우리의 일념 가운데 삼천제법을 갖추고 있다.

이를 천태 대사는 일념삼천一念三千을 구족한다고 설하셨다.

사람들의 일념 가운데 일체 불법을 갖추고 있음을 알아야 한다. 일념 가운데 갖추지 않은 것이 없고, 백천 삼매가 마음으로부터 일어나고, 항하사 공덕이 마음으로 귀결된다. 한 법도 마음을 떠나지 않고 온갖 법이 마음에 나타나지 않는 것이 없다.

중생은 미혹하여 자신 마음 가운데 여래를 알지 못한다. 일념 가운데 일체 만법을 갖추고 있음을 성취하려고 한다면 반드시 제법실상諸法實相을 실천수행하여야 한다.

제법실상諸法實相이 곧 마음의 참모습이다.

제법실상의 경계는 언어로써 드러낼 수 없고 마음으로 헤아려 인식함도 아니요 문자로써도 알 수 없으나, 어리석은 중생을 위하여 혹은 문자로 혹은 말씀으로 설하고 계신다.

저마다 "나무묘법연화경" 제목을 일심으로 불러갈 때 실상의 경계를 증득할 것이다. 실상은 모습 없는 모습으로 진실한 모습을 삼고 있다.

『법화문구』에서 이르시길, 중생을 제도하기 위해서는 자비가 으뜸이다. 이는 여래의 방에 해당되며 대자비가 곧 여래의 방이 된다.

현실세계를 살아가는 데는 인욕이 기본이다. 이는 여래의 옷에 해당되며 유화인욕심柔和忍辱心이 곧 여래의 옷이 된다.

설법하는 데는 여래의 자리에 앉아 이런 가운데 편안히 한 연후에 게으르고 해이하지 않은 마음으로 이 법화경을 널리 설하라 하셨다.

여래의 자리란 일체 법이 공空함이다.

아집과 분별심을 버림이 곧 여래의 자리가 된다.

수행자는 여래의 방에 들어가 여래의 옷을 입고 여래의 자리에 앉아 이 법을 설하라 하셨다. 이러함이 공덕장엄이 된다.

구원의 제자 본화보살

지용본화보살地涌本化菩薩은 석가세존의 구원겁久遠劫의 제자이며, 이들 본화보살들은 적멸도량寂滅道場에는 오지 않았고, 사십여년四十餘年 미현진실未顯眞實의 방편법 설하실 때도 흔적이 없었고, 또 법화경 적문迹門을 설하실 때도 수수방관袖手傍觀하였으며, 오로지 본문팔품本門八品에만 머물렀다가 "나무묘법연화경"의 시호양약是好良藥을 부촉받고 후오백세가 도래되기를 바라며 총총히 물러갔으며, 쌍림 열반시에도 나타나지 않았노라.

이제 후오백세가 도래되었으니, 이들 본화보살들은 "나무묘법연화경"을 소지하고, 이곳저곳에서 솟아나와 사람들의 입에다 넣어주고 귀에다 걸어줄 것이다.

석가세존의 구원겁의 제자인 상행上行·무변행無邊行·정행淨行·안립행安立行 등 지용본화보살들은 후오백세에 출현하여 중생 성불의 직도이며 부처님의 구경의 진리인 "묘법연화경" 다섯 자를 널리 유포할 것이니라.

본화보살들이 활동할 시기가 도래되었도다.

부처님의 구원의 제자인 본화보살은 오로지 "나무묘법연화경" 제목을 소지하고 나와 중생들 입에다 넣어줄 것이다.

적문迹門의 도리인 "실상묘법연화경"은 본화보살의 소지품이 아니리라.

본화보살이 소지한 법은 시호양약是好良藥이요, 여래수량품의 간심肝心인 명체종용교名體宗用教의 "나무묘법연화경"이니라.

시호양약은 적문이 아니니라.

시호양약은 구원久遠의 법이기에 구원의 제자들에게 부촉하심이니라. "묘법연화경" 다섯 자를 상행·무변행·정행·안립행 등 본화보살들에게 수여하심이니라.

실상實相의 명언은 법화경 적문의 도리요, 본유의 법문法門은 오로지 "나무묘법연화경"이니라.

구원의 법체法體인 "나무묘법연화경"을 부촉하실 때, 다보불多寶佛께서 증명하시고 오백 천만억 나유타 항하사 분신불分身佛께서 시방에서 모여 오셔서 설상舌相을 범천에 대시고 열 가지 신통력을 나투시고는, 문수사리보살을 상수로 한 적화迹化 팔천 항하사 수의 보살들이 저마다 "저요, 저요" 하고 부촉을 바랐건마는 석가세존께서는 이들 보살의 청을 허락하지 않으시고 적광토寂光土로부터 부르신 본화本化 천세계 미진수 항하사 보살들에게 부촉하심이니라.

구원의 제자이기에 본문 여래수량품의 법체인 묘법연화경을 부촉받게 된 것이니라.

_『일련대사 성인어서御書』 참고

부처님께서 본화보살들의 덕행을 찬탄하시기를,

아일다여, 너는 마땅히 알지니

이 모든 큰 보살들은

수없는 겁으로부터 오면서

부처님의 지혜를 닦아 익혔느니라.

이는 다 내가 교화한 바로

큰 도의 마음을 일으키게 하였노라.

이들은 나의 아들이니

이 세계를 의지하여 머물러

항상 두타頭陀의 일을 행하고

뜻은 고요한 곳을 좋아하여

대중의 시끄러움을 버리고

말 많은 것을 좋아하지 않나니,

이와 같은 모든 자식들은

나의 도법을 배워 익히며

밤낮으로 항상 정진하여

불도佛道를 구하기 위한 까닭으로

사바세계 아래 방위의

허공중虛空中에 머물러 있느니라.

뜻과 생각의 힘이 견고하여

항상 부지런히 지혜를 구하며

가지가지 묘법을 설하되

그 마음 두려울 바가 없느니라.

내가 가야성伽倻城의 보리수 아래 앉아
가장 바른 깨달음을 이루고
위없는 법륜을 굴리며
이들을 교화하여 처음
도의 마음을 일으키게 하였노라.
지금 모두 불퇴지에 머물러
모두 마땅히 성불할 것이니라.

나는 지금 진실한 말을 설하노니,
너희들은 일심으로 믿을지니라.
나는 오랜 옛적부터 오면서
이들의 대중을 교화하였노라.
_『묘법연화경』「종지용출품」

법화경과 선문촬요

즉중생성卽衆生性 즉시불성卽是佛性

심외무불心外無佛 불즉시성佛卽是性

중생의 성품이 곧 부처의 성품이니라.

성품 밖에 부처가 없는지라 부처가 곧 성품이다.

능견문동작能見聞動作 시여성품是汝性品

무차성외無此性外 무불가득無佛可得

불외무성가득佛外無性可得

능히 보고 듣고 동작하는 것이 너의 성품이니라.

이 성품을 제하고는 부처를 얻을 수 없고

부처 밖에는 성품을 얻을 수 없느니라.

_『선문촬요』

마음 밖에 부처가 없고 성품性品을 떠나 부처가 없나니, 비록 "나무
묘법연화경" 제목을 외운다 해도 마음 밖에 법이 있다고 생각한다
면 이는 묘법이 아니니라.

일체어언도단一切語言道斷 심행처멸心行處滅, 일체 말길이 끊어짐이

요, 마음의 움직임이 멸함이라.

제법실상諸法實相의 도리를 밝히신 말씀이라, 이러함이 자심自心이니라. 이 자심이 곧 부처의 마음이니라.

마음을 떠나 부처를 구하지 말라.

전도중생顚倒衆生 부지자심시불不知自心是佛

행외치구向外馳求 종일망망終日忙忙

생각이 뒤바뀐 중생이 자신의 마음이 부처인 줄 알지 못하고 밖을 향해 구하되, 종일토록 설친다.

자기 부처가 참 부처인데, 형상形相으로 부처를 구하려고 하루해가 다하도록 바쁘게 설친다.

자기의 부처를 깨치면 시방제불을 깨치는 일이 된다.

자기의 부처와 시방제불과는 불이不二이다.

일체 형상을 여의면 곧 모두 부처라 함이라.

이일체상離一切相 즉명제불卽名諸佛

자성自性을 보면 곧 부처님의 성체聖體를 봄이니라.

자성은 상자적멸상常自寂滅相이니라. 이러한 법이 법화경의 골수이다.

자성은 항상 스스로 적멸상寂滅相이다. 자성이 항상 스스로 적멸상이라 함은 자기의 성품이 항상 스스로 부처라는 말씀이다. 여기서 적멸상이란 공空하다는 생각마저 여읜 상태이니, 그야말로 일체어언도단一切語言道斷이요, 심행처멸心行處滅이다. 제법실상諸法實相의 도리이니, 소위 세상 있다는 모든 것의 참모습(實相)이라.

온갖 모든 것의 참 성품은 적멸상이라 여여한 부처의 모습이다. 깨쳤든지 못 깨쳤든지 본래 성품은 항상 스스로 적멸상이다. 부처님이라고 더하고 범부라고 덜하고가 아니다.

불법을 제대로 수행했다면 자기의 성품을 곧바로 깨치는 일이 세수하다 코만지는 것과 같다고 누가 말했던가.

물론 이러한 법을 깨달았다고 끝나는 것은 아니다. 법을 깨달아 증득했다면 철두철미하게 행行이 따라야 한다. 행이 없으면 헛구호이고 메아리에 불과하다.

자성즉시불自性卽是佛의 도리가 상자적멸상常自寂滅相의 도리이다.

자성이 곧 부처임을 드러내신 말씀이 곧 항상 스스로 적멸상이라는 말씀이다. 법화경의 골수요 시방제불의 구경의 진리이다.

자신 마음 가운데 이미 부처가 머물고 있으나 밖에서 부처를 찾고자 진종일 바쁘게 설치고 있는 것이다. 이러하니 범부중생이라 하고, 자성을 깨달아 행함을 부처님이라 함이니라.

"나무묘법연화경" 제목을 일심으로 불러갈 때가 자성을 깨닫는 때요, 자성불自性佛을 회복하는 때이다.

마음 밖에 한 법도 없고 한 부처도 없느니라.

중생의 마음과 구원실성久遠實成의 부처님과 개성불도皆成佛道의 묘법연화경 이 셋이 한결같이 묘법연화경이니라.

시법불가시是法不可示 언사상적멸言辭相寂滅, 이 법은 가히 보일 수도 없고 말과 형상이 적멸이니라.

제법실상諸法實相의 도리를 설하신 말씀이다.

해가 뜨면 별은 빛을 잃고 숨는다

실상법實相法이 뜨면 방편법方便法은 빛을 잃게 된다.

부처님께서 진실법인 법화경을 설하시면서 정직사방편正直捨方便
단설무상도但說無上道, 곧바로 방편을 버리고 다만 무상도를 설하
노라 하시고, 구경의 진리인 법화경을 설하셨다.

부처님께서 곧바로 버린 방편법에 집착하여 대승에 들지 않는다면
빛 잃은 별에 집착함과 같으니라.

방편법으로 유일불승唯一佛乘의 법화경을 비방하면 원숭이가 사자
에게 대응함이라, 법화경은 석가세존의 일대성교一代聖敎의 최상
승最上乘의 수다라修多羅이며 팔만법장八萬法藏의 간심肝心이니라.

법화경을 찬탄 공경함은 모든 부처님의 금언金言이요, 석가세존의
성제지어誠諦之語이며, 결코 누구 개인의 주장이 아니다. 다보불多
寶佛께서 개시진실皆是眞實이라 증명하시고 시방제불께서 설상舌相
을 범천에 대시고 허망함이 없음을 표하시니, 어찌 팔만 사천 법장
의 간심肝心이 아니겠느냐.

부처님의 일대사의 명命은 법화경에서 이어지고 있음이라.

여래신력품에서 이르시길,

모든 부처님께서 여기에서 아뇩다라삼먁삼보리를 얻으시며,

모든 부처님께서 여기에서 법륜을 굴리시며,

모든 부처님께서 여기에서 열반에 드시느니라.

부처님의 명命을 잇는 것이요, 부처님의 일생一生이 곧 법화경이라. 이를 제불출세본회설諸佛出世本懷說이라 한다. 법화경을 받아지녀 수행하는 사람은 부처님의 명命을 잇는 사람이다. 해가 뜨기 전에는 촛불이 필요하나 해가 창가에 비치면 촛불은 필요하지 않느니라.

오탁악세는 죄업이 무겁고 나(我)라는 아만심이 높고 근기가 하열한 사람들이 몸을 받는 시기라 한다. 마치 중병 환자와 같다.

중병 환자에게 가벼운 약은 효과가 없을 것이다. 묘법의 대양약이 아니면 중생의 중병을 고칠 수 없다. 이와 같이 묘법연화경력이 아니면 중생 성불은 어려운 것이다.

개성불도皆成佛道의 법화경이 유통되면 방편의 모든 경전은 빛을 잃은 별과 같다. 빛 잃은 별에 집착할 이유가 없다.

부처님께서 말씀하시기를, "스스로 무상도인 대승평등법大乘平等法을 증득하고도 만약 소승으로 교화함이 한 사람에 이를지라도 나는 곧 간탐(慳貪; 탐내고 인색하여 악도에 들게 됨)에 떨어지리니, 이런 일은 옳지 못하느니라."

부처님께서도 대승평등법인 법화경을 깨달아 증득하시고도 소승법으로 중생을 제도함이 단 한 사람에 이를지라도 부처님 자신도 악도에 떨어진다는 말씀이다.

성문약보살聲聞若菩薩 문아소설법聞我所說法

내지어일게乃至於一偈 개성불무의皆成佛無疑

성문이나 혹은 보살이 내가 설하는 법을

한 게송이라도 들을지라도 모두 성불함이 의심이 없느니라.

_『묘법연화경』「방편품」

중생의 성불이 보장되는 경전의 말씀이다.

법화경을 신용하지 않음은 자식이 부모를 등짐이요, 가난한 자가
재물을 버림과 같다.

약유문법자若有聞法者 무일불성불無一不成佛, 만약 법을 듣는 자가
있으면 성불 못함이 한 사람도 없느니라.

법화경은 개성불도皆成佛道임을 증명하시는 말씀이다.

그러나 사람들은 이 거룩한 묘법의 대양약을 좋지 않다고 생각하
고 먹지 않는 것이다.

먹기만 하면 중생의 전도된 병은 반드시 나으련마는, 중생의 전도
된 병만 나으면 본래시불本來是佛이 드러날 것이니, 이 묘법의 대양
약을 옳게 먹으면 반드시 불도에 들게 되리라. 파도가 애쓰지 않아
도 바다가 되듯 하리라. 한량없는 빗방울이 바다에 떨어지면 한결
같이 바닷물이 되듯이, 묘법의 대양약을 먹으면 성불함이 의심이
없느니라. 찰나에 여래지如來地에 들게 되리라.

묘법의 양약을 먹어라

『묘법연화경』「제바달다품」에서 지적보살과 사리불은 용녀의 성불을 의심하였으나, 여인 성불이 눈앞에 드러나자 입을 다물고 할 말을 잊었도다. 지적보살과 사리불의 의심은 방편方便의 별교別教 입장이다.

이승 삼승二乘三乘과 오역죄인 일천제一闡提와 여인 등이 성불함은 볶은 종자에 싹이 트는 것과 같고, 고목에 꽃이 피며 열매가 맺음과 같도다. 이는 오로지 묘법연화경이 아니면 이루지 못할 일이로다. 팔세 용녀가 돈초성불頓超成佛함은 원교圓教 보살의 일이로다. 별교別教는 원교圓教의 깊고 광대함을 알지 못한다.

"법화 이전의 모든 경전에서는 부처가 되어야 할 자도 부처가 되지 못하고 법화경에서는 부처가 되기 어려운 자도 한결같이 부처가 됨이라."
(_일련대사)

그러므로 세존께서 이 법을 한 게송이라도 들을지라도 모두 성불함이 의심이 없노라, 내지어일게乃至於一偈 개성불무의皆成佛無疑라 하셨다.

만약 성불을 원하고자 한다면 묘법연화경을 놓치지 말라.
"나무묘법연화경" 제목을 소리 높여 부를 때가 곧 중생이 성불할 때이니라.

만약 성불을 원하고자 하는 사람이 묘법연화경을 떠난다면, 가난한 자가 재물을 버림과 같고, 밤길 가는 자가 등불을 버림과 같고, 나루에서 배를 버림과 같고, 굶주린 자가 식량을 버림과 같으니라.

백천만억 빗방울이 바다에 떨어지면 하나같이 바닷물이 되듯이, 구법계九法界 모든 중생이 "나무묘법연화경" 소리 높여 부를 때 기법일체機法一體되어 성불하게 됨이니라. 기법일체란 제목을 부르는 중생과 법본존인 묘법연화경이 하나가 되어 중생이 중생인 채로 불도에 들게 됨이니라.

매자작시의每自作是意 이하령중생以何令衆生
득입무상혜得入無上慧 속성취불신速成就佛身
매양 스스로 생각하기를, 어떻게 하면 중생으로 하여금
무상지혜에 들게 해서 부처의 몸을 속히 이루게 할 것인가 하노라.
_『묘법연화경』「여래수량품」

세존께서 매양 중생 성불을 간절히 애타게 바라시는 게송이로다.
중생이 성불할 수 없는데 성불하라 하심은 부처님의 허물이고, 중생 성불의 길이 있는데 그 길을 가지 않는다면 중생의 허물이다.
화엄경에서는 고산高山에 연꽃이 필 수 없듯이 이승二乘은 성불할 수 없고, 또 여인은 지옥의 사도使徒라 하여 여인성불의 문을 닫았으나, 법화경에 와서 이승작불二乘作佛과 여인성불의 문이 활짝 열렸으니, 어찌 이승과 여인이 법화경을 떠나리오.
만약 이승과 여인이 이 경을 떠난다면 물고기가 물을 떠남과 같으리라.

"한량없고 가이없는 불가사의 아승지 겁을 지날지라도 마침내 아뇩다라삼먁삼보리를 얻지 못하리니, 왜냐하면 깨달음의 크고도 곧은 길을 알지 못하는 까닭으로 험한 길을 가는데 고난이 많은 까닭입니다."
_『무량의경』

이 경문을 어떻게 해석할 것인가.
묘법연화경은 법계 모든 중생 성불의 직도이니라.
모든 부처님의 성제지어誠諦之語를 금생에 만났으니 애꾸눈 거북이가 바다에 뜬 널빤지 구멍을 만난 것과 같으리라. 금생에 이 몸을 제도하지 못한다면 또 어느 생을 기약하리오.

여시호약如是好藥 이불긍복而不肯服
이와 같은 좋은 약을 먹지 않으니,
묘법의 양약을 먹음으로서 전도된 중생의 병은 반드시 나으련만이 양약을 좋지 않다고 생각하고 이 양약을 먹지 않으니 기막힌 노릇이다.
묘법의 양약을 먹으면 반드시 본래시불本來是佛을 회복하련마는…

이 약을 먹되 차도가 나지 않을까 근심하지 말아라.

전도된 중생의 병만 나으면 바로 그냥 불성은 드러나리라. 오역죄인 조달이가 천왕여래天王如來 기별 받고 비기오장非器五障 용녀가 돈초성불頓超成佛함도 한결같이 법화경의 힘이로다.

부처님의 성교聖教가 아니면 무엇으로 불사佛事를 행하겠는가. 만약 법화경이 없다면 뿌리가 없는 나무와 같으리라.

"나무묘법연화경" 제목을 소리 높여 부를 때 저마다 자신 가운데 잠들고 있는 부처가 깨어나는 때이니라.

실상이란?

일체 만법一切萬法이 불리자성不離自性이니
중생심衆生心이 일체만법一切萬法이라
여래불리자성如來不離自性이니
중생심중衆生心中 여래상재如來常在이라.
일체만법이 자성을 여의지 않고
중생심이 일체만법이며,
여래는 자성을 여의지 않고
중생심 가운데 여래는 항상함이라.

무상불상불상무상명위실상無相不相不相無相名爲實相
즉시여래진실상卽是如來眞實相
무상은 불상이라, 불상은 무상이라, 이름하여 실상이요,
이것이 곧 여래의 진실한 모습이로다.

제법실상諸法實相
존재한다는 모든 것의 참모습.
마음을 떠나 한 법도 없다. 따라서 마음 그 자체가 곧 실상이다.

일색일향一色一香이라도 중도실상中道實相이 아님이 없다.

제법실상은 눈이 보는 대상이 끊어진 것이며, 마음으로 헤아려 분별할 수 있는 것이 아니라 적멸의 모습이다. 이러함을 제일의공第一義空 진여법성眞如法性 열반적정涅槃寂靜이라 한다.

순일실상純一實相이니 실상외갱무별법實相外更無別法이니라. 순전히 하나의 실상이니 실상 외에는 다시 별도의 법은 없다.

여래해탈如來解脫은 당어중생심행중구當於衆生心行中求하라. 여래의 해탈은 마땅히 중생의 심행心行 가운데서 구하라. (『정명경』)

제법종본래諸法從本來이니 상자적멸상常自寂滅相이라.

세존께서 수행을 통해 자신 밖에 진리를 얻으신 것이 아니라,

이미 자기 안에 갖추어 있던 진리를 깨달아 드러내신 것이다.

무일상가득자無一相可得者는 즉시실상卽是實相이니

실상자實相者는 즉시여래묘색신상야卽是如來妙色身相也라.

한 형상도 얻을 수 없다 함은 곧 진여의 실상이니라.

실상이란 곧 여래의 묘한 색신의 형상이니라.

돈오頓悟란 양변을 여읜 중도실상이며,

무념이며 구경각이며 성불이며,

열반임을 전체적으로 표현함이다.

실상은 법화경의 본체이며 일체경의 본체이며,

나아가 모든 수행의 본체가 되며 또한 두루 일체법의 본체이며,

중도실상의 이치는 범부의 마음과 부처님의 깨달음이 다르지 않고,

일색일향이 중도 아님이 없다.

실상의 본체는 다만 한 법이지만,

세존께서 여러 가지 이름으로 말씀하셨다.

묘유妙有 진선묘색眞善妙色 실제實諦 필경공畢竟空 여여如如

열반涅槃 허공불성虛空佛性 여래장如來藏 비유비무중도非有非無中道

제일의제第一義諦 미묘적멸微妙寂滅 등이라 한다.

마음은 본래 이름이 없고, 또한 이름이 없는 것조차 없다.

마음은 생기지 않고 또한 멸하지 않는다고 하니

마음은 곧 실상이고, 마음은 곧 묘법이다.(心卽妙法)

마음은 모든 법의 근본이니 마음은 곧 전체이다.

마음으로부터 해탈을 얻기 때문이다.

『열반경』에서 이르시길,

만약 어떤 사람이 무엇이 일체 모든 선근의 근본인가?

자심自心이 이것이라고 말해야 한다.

자심이 이미 수행의 근본이기 때문에 범행梵行이라고 말한다.

만약 원교圓敎에 의해서 말하면

또한 열반경과 같이 자심이 곧 대열반이다.

자심의 힘은 크고 깊어서 일체 복덕장엄을 구족한다.

그러므로 범행이다.

심즉여래장心卽如來藏

모든 부처님의 해탈은 중생의 심행 중에서 구하라.

일심을 관찰하면 즉 삼심이니,

이 세 가지 마음을 가지고 일체심을 거치고,

일체법을 거치니 일체법은 이 마음을 포섭하며,

일체심이 일체법을 포섭한다.

일체심이 두루하여 경이 아닌 것이 없다.

자아득불래

심즉자성心卽自性 자성시불自性是佛
자적멸상自寂滅相 자수견성自修見性
자성불도自成佛道 자아득불래自我得佛來
마음이 곧 자성이라, 자성이 부처이니라.
스스로 적멸상이요, 스스로 닦아 견성하여
스스로 불도를 이루어 스스로 성불해 옴이니라.

마음이 곧 자성이요, 자성이 곧 부처이니라.

이 자성이 스스로 적멸상이라 함은 공空하다는 생각마저 멸한 상
태이다. 이를 일체어언도단—切語言道斷이요, 심행처멸心行處滅이라
한다.

깨친 부처님이나 못 깨친 중생이나, 자성이 적멸함은 꼭 같다. 본
래 자성은 청정무구淸淨無垢하여 파괴되거나 변질되거나 생멸이
있는 것이 아니다. 또 어떤 형상이 있거나 색깔이 있거나 향기가
있는 것도 아니다.

오거나 가는 것도 아니요, 나거나 죽는 것도 아니다. 그러면서 법
계에 두루하고 삼세에 걸쳐 있다. 그냥 여여如如하여 시간과 공간

을 초월하여 그냥 항상할 뿐이다.

스스로 닦아 견성(自修見性)한다 함은 저마다 참 성품이 있다 해도
닦지 않으면 드러나지 않는다. 또 남이 대신 닦아줄 수 없다. 스스
로 닦아 견성하는 것이다.
자신이 배고픈데 남이 밥을 먹는다고 해서 자신이 배부를 수 없고,
내가 아픈데 누가 약을 대신 먹는다고 나의 병이 나을 수 없다.
오로지 내가 스스로 닦아 견성하게 된다.
수행함에 의해 스스로 불도를 이루게 된다.(自成佛道)

스스로 불도를 이룬다 함은 자신의 참 성품인 진여법성眞如法性을
깨달아 증득함이니, 곧 제법실상諸法實相의 진리를 깨달아 안주함
을 말한다.
앞서 심즉자성心卽自性이라 언급하였으니, 마음이 곧 자성이요, 이
자성이 곧 부처이다. 부처는 자성을 떠나지 않는다. 심외무불心外
無佛이라, 마음 밖에는 부처가 없다. 중생이 성불한다는 것은 자신
의 마음을 깨달아 회복함이다. 깨쳤든지 못 깨쳤든지 마음의 참 성
품은 상자적멸상常自寂滅相이다. 극대승경인 법화경의 구경의 진리
가 바로 이런 도리이다.
스스로 적멸상自寂滅相은 곧 저마다 자성불自性佛이요, 법신불法身
佛의 자리이다.

자아득불래自我得佛來는 내가 스스로 성불해 옴을 밝히신 말씀이

요, 법화경의 핵심인 여래수량품 자아게自我偈의 첫 구절이다. 여기서 자아自我는 석가세존이시다. 내가 스스로 성불해 옴이 무량무변 백천만억 나유타 아승지 겁이라는 대목이다.

이는 부처님의 정요精要요, 골수요, 부처님의 혼魂이요, 부처님의 생명이다. 그리고 우주법계의 생명이요, 수명이요, 사연이다.

만약 자아득불래自我得佛來가 없었다면 불교가 부평초와 다름이 없을 것이다. 자아득불래는 불교의 뿌리이며 근본이며 영원한 생명이요, 모두가 의지할 법이 된다.

여기서 자아自我는 석가세존 자신인 동시에 십법계十法界의 자아이며, 우리 모두의 자아이다. 따라서 내 자신의 자아이다.

내 자신이 스스로 성불해 옴이 한량없고 가이없는 백천만억 나유타 아승지 겁이니라. 본래부터 부처였다는 뜻이다.

심즉자성心卽自性이요, 자성즉시불自性卽是佛이다.

마음이 곧 자성이요, 자성이 곧 부처이니, 자아득불래는 저마다 자성自性이 부처요, 본래시불本來是佛이라는 뜻이다. 본래시불을 알지 못하고 밖으로 부처를 찾아 분분히 헤매고 있다. 중생이 성불한다는 것은 본래시불을 회복하는 것이요, 수행함에 의해 별도로 변하거나 생긴 것이 아니다.

그러므로 본래부터 갖추고 있는 자성을 회복하라.

자아득불래自我得佛來는 십법계十法界의 사연이요, 또한 저마다 자신의 사연이다. 석가세존께서 구경의 진리인 여래수량품의 도리를 깨달으시고 처음부터 설하고자 하시나 알아들을 근기가 없었기에

뒤로 감추시고, 40여 년간 방편으로 설하시어 중생의 근기를 키우신 후에 비로소 영산회상에서 무상도인 법화경을 설하신 것이다.
세존께서는 '여래비밀如來秘密 신통지력神通之力을 잘 들어라' 다짐하시고 구경의 진리인 여래수량품을 설하시어 중생성불의 직도를 밝히신 것이다.
부처님의 금쪽같은 진리의 말씀으로 저마다 본래시불을 회복하지 못한다면 또 무슨 도리를 가지고 성불하겠는가.
자아득불래自我得佛來는 저마다 자신의 사연임을 결코 놓쳐서는 안될 것이다.

열린 마당 ⑦

진여자성시진불眞如自性是眞佛

사견삼독시마왕邪見三毒是魔王

사미지시마재사邪迷之時魔在舍

정견지시불재당正見之時佛在當

_ 금오 스님

진여 자성이 참된 부처요,

삿된 견해와 삼독심이 마왕이라.

삿된 견해는 마군의 집에 있고,

바른 견해는 부처가 있는 집이라.

중생들의 마음에 부처가 상재常在하고

부처님의 마음속에 중생을 섭취攝取한다.

중생들의 마음속에 십법계十法界를 구족하고

부처님의 마음속에 중생계를 함장함이라.

마음이 미혹한 자를 중생이라 하고

마음을 밝게 깨달은 자를 부처라 하니,

마음을 떠나 중생도 부처도 없음이라.

마음 가운데 중생과 부처와 묘법妙法이 상재함이니라.

사람들은 이를 알지 못하고 색상色相에 마음을 팔았거늘,

이제 새삼 혼자 슬퍼해서 무엇하랴.

_혜성 스님

세존의 법재法財

세존께서는 사십여 년 중생들에게 농사짓는 법을 가르치시니, 소위 방편方便이라. 사람이 바르게 사는 법을 설하셨도다.

세존께서는 법화경을 설하심으로써 농사짓는 법은 물론이고 감추어 두셨던 모든 법재法財를 양여하시니, 소위 진실법眞實法이라. 중생이 이미 무량무변한 겁에 성불해 오고 있다는 구경의 진리를 설파하셨다.

"곧바로 방편을 버리고 다만 무상도를 설하노라."

"내가 대승의 평등법을 증득하고도 만약 소승으로 교화함이 단 한 사람에 이를지라도 내가 간탐에 떨어지리라."

세존께서는 이렇게 농사짓는 법을 가르치시고, 법화경 본문本門에 와서 농사짓는 법과 더불어 전 재산을 양여하여 마음대로 쓰게 하심이라.

소위 자아득불래自我得佛來이니라.

자아득불래는 부처님의 전 재산이요, 모든 부처님의 근본이요, 모든 부처님의 생명이요, 수명이니라.

자아득불래를 받아지니고 신용하는 자는 부처님의 전 재산(法財)를 양여 받은 자이니라.

자아득불래는 불교의 뿌리요, 생명이요, 중생성불의 직도이니라.

자아득불래의 공덕을 사사로이 말하지 말라. 분별공덕품의 전체가
자아득불래의 공덕을 설하셨도다.

자아득불래는 중생계즉불계衆生界卽佛界요, 사바즉적광娑婆卽寂光
이요, 생사즉열반生死卽涅槃이요, 번뇌즉보리煩惱卽菩提이니라.

자아득불래와 중생과 부처의 셋은 차별이 없느니라.

자아득불래는 십법계의 진여법성眞如法性을 노래하심이니라.

이러함에도 화두를 들지 않으면 성불 못한다는 말이 정당하겠느냐.

번뇌를 멸진하고 성불한다 함은 방편법의 입장이요,

번뇌즉보리煩惱卽菩提는 원교圓敎의 도리이니라.

설산인욕초雪山忍辱草 설산의 인욕초를

우음제호득牛飮醍醐得 소가 먹으면 제호를 얻고

원교불방편圓敎佛方便 원교보살은 방편을 거치지 않고

찰나여래지刹那如來地 찰나에 여래지에 든다.

번뇌가 죽 끓듯 하는 중생을 떠나 성불할 자는 없느니라.

자아득불래가 십법계의 사연이니

저마다 자신의 사연임을 속히 깨달을지니라.

무가보주無價寶珠

부자가 나눔을 실천하지 못하고
가진 상태로 죽으면 매우 어리석은 사람이다.
수행자가 재물을 축적함이 있으면
참으로 부끄러운 일이다. 가난 가운데서 넉넉함을 익힌다.
나눔은 나와 더불어 이웃을 윤택하게 한다.
나눔을 실천하는 사람은 몸과 마음이 건강한 사람이다.
재물에 애착을 가진 사람치고 고통에서 벗어난 사람은 없다.
재물의 가치성은 활용하는 데 있는 것이지
모으는 데 가치성이 있는 것이 아니다.

나눔에는 세 가지가 있다.
첫째, 법보시는 진리를 베풀어 사람들로 하여금
생사를 여의고 불도에 이르게 하는 것이요,
둘째, 재보시는 가난한 자에게 의식주를 베풀어
생활에 안정을 갖게 하는 것이요,
셋째, 무외시는 생로병사에 대한 두려움을 여의게 하고
삼재三災 등 온갖 재난에서 벗어나게 하는 것이다.

구고구난救苦救難하는 일이다.

나눔은 단순한 나눔이 아니라 자신을 위한 저축이다.
자신이 행한 보시는 자신에게 돌아오기 때문이다.
지금의 부자는 지난날에 베푼 결과이고,
지금의 가난은 지난날에 인색한 결과이다.

모든 고통의 원인은 애탐愛貪과 집착 때문이다.
애탐과 집착을 내려놓으면 고통은 사라지리라.
공중에 바람이 머물 수 없듯이…

인색한 마음은 고통과 짝하고
보시하는 마음은 즐거움과 짝한다.
인색한 마음은 베풀고 나눔(布施)으로써 풀고
교만한 마음은 지계持戒로써 풀고,
성내는 마음은 인욕忍辱으로써 해결하고
게으른 마음은 정진精進으로써 해결하고,
산란한 마음은 선정禪定으로써 조복 받고
어리석은 마음은 지혜智慧로써 해결해야 한다.

백년탐물일조진百年貪物一朝塵
삼일수심천재보三日修心千載寶
백 년 동안 탐낸 재물은 하루아침 티끌이요

236

삼일 동안 닦은 마음은 천 년의 보배이니라.

얻어먹을 힘이 있으면 남을 도울 힘이 있다고 한다.
수행자 자신을 돌아보게 하는 말이다.
부끄러움이 앞선다. 과연 나는 보시행이 얼마나 있었는가.
무가보주無價寶珠의 법재를 끝없이 베풀 일만 남았구나.
써도 써도 다함이 없는 무가보주를 공짜로 주리라.

법화경은 중생 성불의 직도

화두선을 36년간 수행했다는 어떤 스님이 법화도량 삼불사를 찾았다. 그 스님 왈, '화두선으로 성불하신 분은 많은데, 법화경으로 성불하신 분은 누가 있느냐'고 따지듯 물었다. 이 답답한 사람 보았나, 법화경 받아지닌 자 무일불성불無一不成佛이라, 성불 못함이 한 사람도 없다 하셨는데 어떻게 몰랐느냐.

그 선객은 '그것은 경전의 말씀이고, 실제 성불하신 분이 누구 있느냐'고 물었다.

스님이 나에게 묻는 것은 스님의 마음이고, 답을 하고 있는 것은 나의 마음이다. 마음이 곧 부처요, 또 묘법妙法이다.

"스님 잡았습니까?"

마음과 부처와 묘법은 차별이 없는 것이니, 셋이 상자적멸상常自寂滅相이니라.

과거에 일월등명불日月燈明佛께서 계셨으니 출가하기 전 슬하에 여덟 왕자를 두셨다. 아버지가 출가하며 법화경을 받아지니고 수행하여 마침내 무상보리를 얻어 성불하셨다. 여덟 왕자가 따라 출가하여 법화경을 수행하여 모두가 차례로 성불하시니, 그 마지막 부처님이 곧 연등燃燈부처님이시다.

또 과거에 대통지승여래불大通智勝如來佛께서 계셨으니 출가하기
전 16 왕자를 슬하에 두셨다. 아버지가 출가하여 불도를 이루셨다
는 말을 듣고 모두 따라 출가하여 부처님으로부터 묘법연화경을
듣고 받아지니고 수행하여 열여섯 보살이 모두 불도를 이루셨는
데, 그 마지막 왕자가 오늘날 석가세존이시다.
이렇게 시방제불께서 한결같이 묘법연화경력으로 성불하셨고, 또
미래 모든 부처님께서도 묘법연화경력으로 성불하시게 된다.

부처님의 십대 제자 및 일만 이천 아라한들이 영취산에서 석가모
니 부처님으로부터 법화경을 듣고는 한결같이 성불수기를 받게 된
다. 지혜제일 사리불도, 두타제일 가섭존자도 법화경을 듣고 성불
수기를 받게 된 것이다.
염화미소拈花微笑의 주인공인 가섭존자가 법화회상에서 성불수기
를 받는 것은, 염화미소 당시 부촉받은 법은 아라한의 수준에 맞는
작은 법임을 유추할 수 있다.

근간에 어느 스님이 화엄경과 법화경이 가장 높은 대승경이지만,
화두를 들지 않으면 성불 못한다고 하였다. 이것을 책으로 출간했
는데, 이는 불교를 망치는 소리다.
시방 삼세제불께서 한결같이 묘법연화경으로 성불하셨고, 또 미래
모든 부처님께서도 묘법연화경력으로 성불하실 것이다. 헌데 화두

를 들지 않으면 성불 못한다는 말이 어찌 정당하겠는가.

경전 밖의 말은 불교가 아니라 외도이다.
경전 이외 다른 법이 있다고 하면 마설이라 하셨고, 문수보살 같은
대보살도 손에 경전을 들지 않았거든 믿지 말라고 『열반경』에서
밝히셨다.
구법계九法界 모든 중생이 오로지 묘법연화경력으로 성불함이 밝
은 태양과 같아 명명백백한 일이다.

다음 생에 성불하실 미륵보살도 도솔천 내원궁에서 묘법연화경을
설하고 계신다고 하셨다.

선종에서 '경전 공부는 근기가 하열한 사람이 하는 것이다. 경전은
달을 가리키는 손가락과 같다' 하며 부처님의 금언金言을 가볍게
여기는 작태는 시방제불의 혀(舌)를 자르는 것과 같다.
선객들의 주장대로 한다면 부처님의 팔만 사천 법문이 왜 필요하
며, 부처님의 50여 년간 설법이 왜 필요한가.
조사 스님의 말씀이 부처님의 지혜를 뛰어넘는다는 말인가.

묘법연화경은 부처님의 구경의 진리이고, 중생 성불의 직도이며,
부처님의 혼魂이요, 골수요, 생명이요, 근본이며, 모든 부처님을 낳
는 모태母胎이다. 부처님의 삼종신三種身은 대승경으로부터 났으
며, 열반성에 드는 일도 대승으로부터 비롯된다.

모든 부처님께서 묘법연화경으로부터 아뇩다라삼먁삼보리를 얻으시고, 여기에서 법륜을 굴리시고, 여기에서 열반에 드시는 것이다.
부처님의 일대사—大事가 모두 이 경에 속함이라.
법화경은 모든 부처님께서 세상에 출현하시는 근본이라. 이를 출세본회설出世本懷說이라 하고, 일대사인연—大事因緣이라 함이라.

뜻이 이렇게 분명한데 화두 아니면 성불 못한다 하겠는가.
경전 불교가 중심이 될 때 불교가 바로 서게 될 것이다.
불교가 타종교에 계속 잠식당하고 있다.
화두선이 불교의 전체인 양 기울어지고 있음이 너무 안타깝다. 공갈불교, 절름발이 불교는 막아야 한다.

바람결에 들자 하니, 법화경으로 성불하신 분이 누구 있느냐고 따지던 스님이 불자들에게 이제 법화경을 수행해야 한다고 하니 얼마나 다행한 일인지 모르겠다.
부처님 재세시 상수제자인 사리불을 비롯한 모든 아라한들이 자신들도 부처님과 같은 열반을 얻었다고 생각하고 있었으나, 법화회상에서 제법실상諸法實相의 법을 듣고는 자신들이 얻은 열반은 진정한 열반이 아니고 겨우 생사를 여읜 것임을 깨닫게 된다.
부처님 재세시에도 이러했거늘 항차 오늘날이랴.
오직 일불승—佛乘으로 진정한 멸도를 얻을 수 있음을 결코 잊어서는 안 될 것이다.
경전 공부로써 성불할 수 없다는 생각을 가진 사람은 시방제불과 자신의 자성불自性佛을 모독함이 된다.

법화경 여래수량품은 심즉본래시불心卽本來是佛임을 은근히 밝히
신 구경의 법이다. 이는 십법계十法界의 사연이다.
일체법이 곧 중생심衆生心이요, 중생심이 곧 제법실상諸法實相이라.
중생심을 떠나 한 법도 없느니라. 따라서 중생계즉불계衆生界卽佛
界이니라.

일체중생이 평등성과 존엄성을 갖추고 있다

"일체중생 실유불성一切衆生 悉有佛性"

일체중생이 모두 불성이 있다. 『열반경』의 부처님 말씀이다.

이 말씀은 모든 중생이 평등성과 존엄성을 함장하고 있다는 뜻이다. 불교는 인간의 본래부터 평등의 지혜와 거룩한 존엄성을 갖추고 있다고 한다. 무명無明 우치愚癡에 덮혀 있는 중생을 빼고 과연 누가 성불하겠는가.

어리석음에 묻혀 있는 모든 중생이나 진리를 대각하신 부처님이나 본래부터 갖추고 있는 불성佛性은 차이가 없다,

중생이라 모자람이 있거나 부처님이라 더함이 있는 것이 아니라 평등한 존엄성을 구족하고 있다.

부처님께서 세상에 탄강하시면서 "천상천하 유아독존天上天下 唯我獨尊"이라 선언하셨다.

이 말씀은 인간의 평등성과 존엄성을 일깨우는 진리의 말씀이다. 여기서 유아독존唯我獨尊은 일체중생이 다 있다는 불성佛性을 두고 하신 말씀이다. 따라서 유아는 십법계十法界의 유아요, 우리 모두의 유아이다. 저마다 자신의 유아이고 사연이다. 이런 도리가 바로

인간의 평등성과 존엄성을 잘 일깨우는 말씀이다.

어떤 절대신이나 창조주가 있어 인간의 길흉화복吉凶禍福을 좌지
우지 한다면 바로 인간의 평등성과 존엄성을 짓밟는 폭도와 같은
무리일 것이다.
누구나 갖추고 있는 불성은 무엇에 의해 파괴되거나 변질되거나
오염됨이 있을 수 없고, 또 어떤 절대자에게 속박 당하거나 묶일
수 없다.

이를 진여법성眞如法性이라 하고, 중도실상中道實相이라 하며, 청정
자성淸淨自性이라 하고, 법신불法身佛이라고도 한다. 이 진여의 성
품은 어느 날 갑자기 생긴 것도 아니고, 어느 날 홀연히 없어질 것
도 아니다. 한량없는 겁 이전부터 이어져 왔고 한량없는 겁이 다하
도록 이어질 것이다.

일체중생의 해탈법문이 있으니, 평등대혜平等大慧 교보살법敎菩薩
法 불소호념佛所護念의 묘법연화경妙法蓮華經이다. 누구나 제법실상
諸法實相의 도리를 깨달아 성불하는 법이다. 이 경은 인간의 평등성
과 존엄성을 여실히 드러내고 있다.

선善과 악惡의 두 편견을, 중생과 부처의 두 편견을, 생사와 열반의
두 편견을, 번뇌와 보리의 두 편견을 뛰어넘고 있다. 바로 중도실
상의 도리요, 대승大乘의 큰 뜻이다. 사람의 본래 성품은 평등하고

존엄하다.

이 평등하고 존엄함을 깨달아 행하는 것이 바로 대승의 행이다.

평등대혜平等大慧는 성인과 범부의 차별이 없다.

그야말로 천상천하 유아독존이다. 평등대혜는 곧 부처님의 지혜이다.

여래의 지혜는 평등하시어 차별심이 없다.

평등한 부처님의 지혜에 의지하면 청정하지 않음이 없다. 대승평등법인 묘법연화경을 받아지녀 수행하면 누구나 불도를 이룰 수 있다. 본래부터 구족하고 있는 불성을 회복하게 된다. 사람의 겉모습을 보고 사람을 평가한다면 인간의 존엄성의 모독이다. 불성은 상하上下가 없고 귀천貴賤이 없다.

옛적에 상불경보살이 있었는데 만나는 사람마다 말하기를,
"나는 그대들을 깊이 공경하여 감히 가볍게 여기거나 업신여기지 않노라. 왜냐하면, 그대들은 모두 보살도를 행하여 마땅히 성불할 것이기 때문이니라." 하심이라.

이는 저마다 갖추고 있는 불성佛性을 두고 하신 말씀이다.

일체중생이 영원한 생명력과 존엄성을 갖추고 있기 때문에 여러분을 공경하고 감히 가볍게 여기거나 업신여기지 않노라 하신 것이다.

지금은 무명번뇌에 덮여 있다 할지라도 수행에 의해 불성을 회복하게 될 것이다. 그때 자신에게 본래부터 영원성의 수명과 거룩한

성인이 될 수 있는 존엄성을 갖추고 있는 것을 깨닫게 되리라.

어떤 보물과도 바꿀 수 없는 귀중한 법재法財가 모두에게 평등하게 갖추어져 있는 것이다.

만약 무명無明 번뇌의 중생이 성불할 수 없다면 어찌 대승평등법大乘平等法이라고 말할 수 있겠는가.

오늘의 난국을 묘법연화경 수행으로

나라 안에 삿된 법, 작은 법이 유통되면 칠난七難이 일어난다고 한다. 동북방에 위치한 우리나라는 극대승克大乘인 묘법연화경과 깊은 연이 있는 나라이다.

대승이 나라에 널리 유통되면 국운번창하고 국태민안하며, 국민이 안온하고 행복해진다.

반면 삿된 법, 소승小乘법이 유통되면 칠난이 일어나 나라가 어지럽고 혼잡해진다.

一. 일월박식난日月薄蝕難　一. 성숙변괴난星宿變怪難

一. 인중질역난人衆疾疫難　一. 과시불우난過時不雨難

一. 비시풍우난非時風雨難　一. 자국반역난自國叛逆難

一. 타국침핍난他國侵逼難

일월박식난은 일식 월식이 일어난다는 것이니, 그 국토에 변괴가 일어나고 일기가 순조롭지 않아 흉년이 들고 대형 사고가 일어난다고 한다.

성숙변괴난은 별자리가 어지러워져서 역시 그 국토에 변괴가 일어나고 일기가 순조롭지 못하여 흉년이 들고 유행성 질병이 널리 퍼져 사람들이 고통을 받게 된다고 한다.

인중질역난은 메르스 같은 유행성 질병이 국토에 퍼져 인명 손실이 따르고 경제적 손실이 따른다.

과시불우난은 때가 지나도 비가 오지 않아 가뭄으로 인해 흉년이 들고 기근으로 사람과 더불어 모든 동식물이 생활에 큰 지장을 받게 된다.

비시풍우난은 때 아닌 때 비바람이 불어 농사를 망치는 어려움이다. 자국반역난은 그 국토에 국민이 화합하지 못하고 갈등, 반목, 폭동, 데모 등이 일어나는 것이 여기에 속한다. 정부와 국민과의 갈등, 노사 간의 갈등, 사람과 사람과의 갈등, 또 흉악한 범죄 등이 여기에 속한다.

타국친핍난은 타국에서 자국으로 침입해 옴이니, 북한에서 핵무기와 미사일을 만들어 계속 위협을 하는 것과 타국 어선들이 우리 영해에 들어와 싹쓸이 조업으로 국민들이 피해를 입는 경우이다. 군사적 위협, 경제적 위협이 모두 타국친핍난에 해당된다.

이렇게 칠난이 일어나는 것은 앞서 언급한 바와 같이 삿된 법, 작은 법이 유통되면서 대승법으로 옮겨지지 않을 때 일어나게 된다.

묘법연화경은 대승 가운데서도 가장 거룩하고 위없는 극대승이다. 이 경이 여설수행如說修行 광선유포廣宣流布 될 때 국운번창하고 국태민안하며, 경제가 발전하고 온 국민이 화합하고, 안온하고 행복해지는 것이다.

도대체 묘법연화경이 어떤 진리를 설하셨기에 국운을 밝은 쪽으로 이끌어 가는가?

이 경은 사람이 사람답게 사는 법을 가르치고 있다. 사람이 사람답게 살기 위해서는 저마다 자성自性을 깨달아 세상 만유萬有의 참모습(實相)을 깨달아야 한다. 참 진리를 깨닫지 않고서는 사람이 사람답게 사는 법을 진정코 알기 어렵다.

우리는 눈에 보이는 것, 귀로 듣는 것, 향기 맡고, 맛보고, 촉감으로 아는 것 등 현실에만 쫓아가고 있다. 오욕락에 젖어 육신의 노예가 되어 한 평생을 보내고 있는 것이다.

육신의 시종이 되었기에 잘 먹어야 하고, 잘 입어야 하고, 좋은 집에 살아야 하고, 재물을 축적해야 하고, 온갖 것에 집착하여 구하는 욕심이 생긴 것이다.

탐내고 성내고 어리석은 마음을 삼독심이라 한다. 이 삼독심은 사람을 망가뜨리는 요인이다. 삼독심을 버리지 않고서는 사람이 사람답게 사는 법을 터득할 수 없다. 높은 데 있으면 떨어지기 쉽고, 차면 넘치기 쉽다.

이러함이 세상살이의 순리다. 사람이 순리를 거스르면 여러 가지 무리수가 따르고 필경에 사람들로부터 지탄을 받는다. 지금과 같은 난국難國이 초래된 것도 세상 순리를 등졌기 때문이다. 범부는 경계境界를 취하고, 성인聖人은 마음을 취한다. 모두가 자심自心을 단속했더라면 오늘과 같은 난국이 발생했겠는가. 마음이 청정하면 시방국토가 청정하리라.

모든 것을 내려놓아야 한다.

정치는 밝고 밝아야 하고 국민을 경애하고, 지극한 선善에 이르러 머물러야 한다. 사서삼경 『대학大學』의 첫 구절에,
"선수신제가先修身齊家 치국평천하治國平天下"라 했다.
오늘의 이 난국은 삿됨으로부터 비롯된 것이다.
정도에서 너무 많이 벗어났음이라.

온 국민이 묘법연화경을 받아지니고 수행할 때 이 국토가 청정불 국토가 되리라. 복지국가가 현전하여 모든 국민이 안온하고 행복 하리라.
묘법연화경은 사람이 사람답게 사는 법을 가르치고 있기에 우리 모두에게 해당되는 진리요, 광명이요, 길이요, 또 거룩하고 방대한 인문학人文學이다.

"나무묘법연화경" 소리 높여 불러갈 때 국운번창하고 국태민안하 며 불국토 재창출하리라.
이 경이 국토 안에 광선유포 될 때 이런 난국은 아침햇살에 이슬 사라지듯 하리라.

생사윤회와 수의수생隨意受生

무명無明은 밝음이 없다는 뜻이니, 진리法에 무지無知하다는 뜻이다. 법을 알지 못하기 때문에 곳곳에서 가지가지 애탐을 갖게 된다. 재물과 명예와 배우자 자식 등 곳곳에 탐착하고, 그 탐착심으로 인하여 필연적으로 고통이 따르며, 마침내 악도에 들게 되는 것이다.

이렇게 윤회의 고통을 받아 옴이 무량하고 끝이 없는 것이다.

윤회의 고통에서 벗어나고자 한다면 먼저 모든 것에서 탐착심을 내려놓아야 한다,

그동안 윤회 중에 받은 몸의 뼈를 모으면 수미산을 이루고 피를 모으면 대해大海를 이룬다고 한다.

이 고통의 윤회 길에서 벗어남을 생사해탈이라고 한다.

법화행자는 윤회의 닻줄을 끊고 수의수생隨意受生의 몸을 받아야 한다. 수의수생이란 자신의 뜻에 따라 몸을 받는 것을 말한다. 자신이 세운 원에 의하여 자신이 세운 원과 같이 몸을 받음을 수의수생이라 한다.

시방 불보살님은 한결같이 자신이 나고자 함에 자유자재하시다.

중생을 제도하기 위하여 몸을 받으시니 자유자재한 것이다.

우리가 몸을 받고 태어나는 것도, 또한 몸을 버리고 죽는 것도 삶의 한 부분이다. 몸을 받았다면 죽음은 필연적으로 오는 것이다. 몸을 받고 또 받음이 끝이 없으니 삶의 한 부분이다.

일반적으로 사람이 몸을 잃을 때 죽었다고 하고, 성인이나 큰스님이 몸을 버릴 때 열반에 드셨다고 한다. 죽음과 열반은 어떻게 다를까? 죽음은 윤회가 다시 시작되는 것이고, 열반은 진리의 몸으로 들어가 계합이 된다는 의미이다. 죽음이나 열반이 몸을 버림은 같으나, 결과는 전혀 다르기 마련이다.

앞서 언급한 바와 같이 생사윤회는 무명無明이 근본이 되어 탐욕심과 집착과 애탐愛貪에 의해서 나쁜 업業을 지어 고통스러운 윤회의 바퀴돌이에 빠지게 된다.

성냄과 분노, 미움, 집착, 어리석음 등이 작용하여 자신의 참모습(實相)을 전혀 이해하지 못한다.

열반은 진리에 계합함이니 자신의 자성自性으로 돌아감, 즉 진리의 몸으로 돌아감을 의미한다. 진리의 몸은 곧 법신法身이다.

열반에 드시는 성현은 열반의 상태에 영원히 머무는 것이 아니라, 중생을 제도하기 위해서 가지가지 몸으로 가지가지 이름으로 온갖 곳에 몸을 나투어 중생들을 제도하여 고통에서 건져내고 마침내 열반성涅槃城에 들게 한다.

예를 들어, 묘음妙音보살은 34응신을 나투어 중생들의 근기 따라 법으로 제도하시고, 관세음觀世音보살은 33응신을 나투어 중생들을 구고구난救苦救難하시는 것이며, 석가세존께서는 천백억 화신을 나투시어 온갖 중생들을 제도 해탈케 하시는 불사佛事를 잠시도 그치는 일이 없으신 것이다.

또 법화행자는 수의수생隨意受生할 수 있으니, 나고자 함에 따라 몸을 받음이 자유자재함을 경에서 밝히고 계신다.
윤회는 자신의 뜻과 상관없이 지은 업에 의하여 몸을 받는 것이고, 수의수생은 자신의 원에 의해 몸을 받음이 자유자재함이다. 이 몸을 버림은 다음 생으로 가는 과정이다. 생사불이生死不二이다.
실상實相을 깨달아 증득하면 생사즉열반生死卽涅槃이다. 나고 죽음이 둘이 아니다.
참성품實相은 불생불멸不生不滅이다. 남이 없는데 죽음이 어디 있겠느냐. 자성自性은 본래부터 생사가 없었다.
묘법妙法을 수행하여 윤회의 닻줄을 끊고 생사문제를 반드시 해결해야 한다. 이때 비로소 이 세상에 온 밥값을 한 것이 된다.

경전불교가 중심이 되어야 한다

불교佛教가 팔만대장경八萬大藏經 밖으로 나가면 이는 불교가 아
니다.

열반경에서 이르시기를, "문수文殊 같은 대보살도 손에 경전을 들지
않았거든 믿지를 말라. 경전 이외 다른 법이 있다고 하는 것은 곧
마설魔說이니라. 법에 의지하고 사람에 의지하지 말라(法依不人依)."

시방제불께서 묘법연화경妙法蓮華經에 의지하여 불도를 이루셨도다.
묘법에 의지하지 않고 성불하신 분은 단 한 분도 안 계신다.
따라서 묘법妙法은 제불의 스승이요, 모태母胎이며, 정요精要이다.

약유문법자若有聞法者 무일불성불無一佛成佛
만약 법을 듣는 자가 있으면 성불 못함이 하나도 없으리라.
실상법實相法인 묘법연화경을 받아지니는 자는 성불 못함이 한 사
람도 없다는 세존의 금언金言이시다.

성문약보살聲聞若菩薩 문아소설법聞我所說法
내지어일게乃至於一偈 개성불무의皆成佛無疑

254

성문이나 혹은 보살들이 내가 설한 법을 한 게송이라도 들을지라도 모두 성불함이 의심이 없느니라.

묘법연화경을 받아지닌 자 진실한 불자이다.

경에서 중생 성불을 보장하고 계신다.

선객禪客들이 "선은 부처님 마음이요, 경전은 부처님 말씀이다.", "경전은 달을 가리키는 손가락이다." 하고 부처님의 금언을 가볍게 여기고 있다. 불교의 병폐가 여기에 있다.

지옥 중생은 성불할 수 있어도 성문 연각은 성불 못한다고 한다.

볶은 종자와 같은 이승二乘이 이 경에서 전부 성불 수기를 받게 된다. 이는 볶은 종자가 싹을 틔우는 것과 같다.

사리불을 비롯한 천이백 아라한들이 모두 자신들이 부처님과 같은 열반을 얻었다고 착각하고 있었다.

묘법연화경을 듣고는 자신들이 머문 지위는 겨우 허망함을 여읜 것과 같고, 진정한 열반을 얻지 못했음을 깨닫게 된다.

지혜제일 사리불이 화광여래華光如來 기별 받고,

두타제일 가섭존자가 광명여래光明如來 기별 받고,

다문제일 아난이 산해혜자재통왕여래山海慧自在通王如來 기별 받고,

오역죄인 제바달다도 천왕여래天王如來 기별 받고,

팔세 용녀도 돈초 성불함이라.

모든 아라한이 법화경에서 성불 수기를 받게 됨을 새겨보자.

이승작불二乘作佛은

영산회상靈山會上에서 부처님으로부터 법화경을 듣고 가능한 일이었다. 교외별전敎外別傳이니 염화미소拈花微笑니 함이 어찌 이치에 맞겠는가. 모두가 허튼 소리로다.

중생이 성불하는 법이 곧 구경의 법이요, 시방제불께서 세상에 출현하시는 근본이다. 이를 일대사인연一大事因緣으로 세상에 출현하신다 함이라.

다른 둘은 진실이 아니다.

헌데 화두를 들지 않으면 성불하지 못한다고 한다면, 묘법연화경을 비롯한 팔만대장경이 왜 필요하겠는가. 불교를 불교 밖으로 몰아가는 말이다.

팔만대장경 밖의 불교는 이미 불교가 아니다.

시방 삼세 모든 부처님께서 한결같이 법화경을 받아지니고 수행하시고 성불하셨다. 그리고 모든 중생들이 이 묘법을 믿고 수행하여 성불할 것이다.

여래의 십호十號는 법화경으로부터 나오는 것이다.

경전 불교가 중심이 될 때 불교가 바로 설 것이다.

참선·염불·간경·주력을 사대 수행문이라 한다.

이 사대 수행문도 경전이 바탕이 되고 중심이 되어야 한다.

저마다 자신의 환경과 근기에 따라 수행하겠지만, 교敎가 바탕이
되고 경전이 중심이 되어야 불교가 바르게 발전 유지될 것이다.
염화미소拈花微笑의 장본인 가섭존자가 법화경에서 광명여래의 수
기를 받는 것을 새겨보면 불교의 정답이 나올 것이다.

일월사전광日月似電光

일월사전광日月似電光 광음량가석光陰良可惜
차신불향금생도此身不向今生度 경대하생도차신更待何生度此身

세월이 번개처럼 빠르니,
시간을 어찌 아끼지 않을손가.
이 몸을 금생에 제도하지 못한다면
다시 어느 생을 기다려 제도하리오.

수행자가 수행한다는 것은 본래부처인 자신의 부처에 귀의하는 것이
다. 밖에서 새롭고 별다른 법을 구하고자 함이 아니다. 본래부터 부
처는 어느 날 문득 생긴 것도 아니고 또 어느 날 없어질 것도 아니다.
그냥 그대로 무량겁으로부터 자신 가운데 머물고 있을 뿐이다. 그
어느 누가 성불했다 함은 중생이 변하여 부처가 된 것이 아니라, 무
량겁으로부터 자신 가운데 머물고 있는 부처를 회복했을 뿐이다.
본래시불本來是佛을 회복하라.
한 톨의 쌀을 얻기 위해 밖을 헤매지 말라.
만겁의 식량을 잃게 되리라.

절에 왜 가느냐?

절에 왜 가느냐 누가 묻거든, 버리려고 간다고 말하라.

절에 왜 가느냐 누가 묻거든, 비우려고 간다고 말하라.

절에 왜 가느냐 누가 묻거든, 내려놓기 위해서 간다고 말하라.

절에 왜 가느냐 누가 묻거든, 얻을 것 없는 것을 얻기 위해서 간다고 말하라.

절도량 일주문一柱門을 들어서면서 "나"라는 아집을 버리고, 세상 오욕락에 젖은 무명無明을 버리고, 탐진치貪瞋癡 삼독심을 버리려고 절에 간다고 일러라.

아집을 버리지 않고, 오욕락을 버리지 않으며, 탐진치 삼독심을 버리지 않고 성인이 되었거나 불도를 이룬 자 세상에서 단 한 사람도 없느니라. 아집과 탐욕심은 모든 고통을 부르는 원인이 됨이라. 어디든지 집착하면 고통은 필연적으로 따르게 되느니라. 모든 고통의 원인이 되는 집착과 탐욕심을 버리면 고통은 머물 자리가 없느니라. 바람이 허공에 머물 수 없듯이.

절에 왜 가느냐 누가 묻거든, 비우려고 간다고 말하라.

마음의 잔에는 온갖 잡동사니로 가득 찼느니라.

마음의 잔을 비워라. 그리고 비웠다는 생각마저 버려라.

마음의 잔을 비우지 않고서는 담을 수 없느니라.

마음의 잔이 지금 넘치고 있으니 진리(法)를 담을 수 없느니라.

마음의 잔을 비워라. 아니 마음의 잔을 치워버려라.

그때 비로소 성현聖賢을 만나게 되리라.

버릴 것 다 버리고 비울 것 다 비우고 나면

그때 비로소 자신의 참 모습이 현전하리라.

실상實相의 고향으로 돌아가는 길이 열리게 되고

성인과 동행하는 인과因果가 되리라.

절에 왜 가느냐 누가 묻거든, 내려놓기 위해서 간다고 말하라.

먼저 분별심을 내려놓아야 한다. 분별심은 마魔의 그물이라 함이라.

대승大乘적 차원에 보면

선악불이善惡不二 인과불이因果不二

색심불이色心不二 내외불이內外不二

자타불이自他不二 권실불이權實不二

번뇌즉보리煩惱卽菩提 생사즉열반生死卽涅槃이다.

분별심을 짊어지고서는 수행에 진전이 없다. 마의 그물에 걸렸으니 삿됨만 증장할 뿐이다.

모든 분멸심을 내려놓으면 저 하늘을 나는 도요새와 같으리라.

절에 왜 가느냐 누가 묻거든, 얻을 것 없는 것을 얻기 위해서 간다고 말하라.

절 도량 가서 무엇을 얻었다 하면 문제가 있음이라.

일체법이 공적空寂하니 얻을 것도 없고 또한 잃을 것도 없느니라.

일체법이란 곧 자신의 마음이다.

일체법이 본래부터 항상 스스로 적멸상寂滅相이거늘, 새삼스럽게 또 무엇을 얻겠는가. 사람들은 이것을 얻었다 혹은 이것을 잃었다 하고 온갖 것에 집착하여 모진 고통을 받다가 마침내 악도에 들게 되느니라.

얻을 것 없는 것을 얻었기에 진정 얻었다 함이니라.

일체 법이 스스로 적멸상이나 그 마음 역시 스스로 적멸의 모습이니라.

모든 부처님께서 그 마음 참 모습(實相)을 깨달아 불도를 이루셨느니라.

탐착심이 생기면 고통이 따르고 끝내 악도에 드는 문이 되리라.

열반涅槃을 얻겠다고 애쓰는 마음이 오히려 생사윤회의 인과가 되리라.

세상살이의 참뜻을 깨닫고자 한다면 먼저 탐착심을 내려놓고 모든 분별심을 버리면 무시이래 자신 가운데 머물고 있는 여래가 현전하리라.

버릴 것 버리고 내려놓을 것 내려놓고 나면 평상심平常心이 곧 도道이니라.

여래는 그대의 마음을 떠나지 않으리라.

마치 파도가 바다를 떠나지 않듯이…

법화경은 유일불승법

시방불토중十方佛土中 유유일승법唯有一乘法 무이역무삼無二亦無三
시방의 부처님 국토 중에 오직 일승법만이 있고, 이승도 없고 또 삼승도 없다. 이를 교일敎一이라 한다.

모든 중생이 근기의 차이를 불문하고 모두 하나의 가르침을 통해 불도를 이룰 수 있다. 법화경에서 오직 일불승법唯一佛乘法이라 하니, 곧 제법실상諸法實相의 도리이다.

성문聲聞 연각緣覺 보살菩薩 등 모든 근기가 각자 능력에 맞는 수타의설법隨他意說法이 아니라, 부처님의 지혜가 온전히 설해진 법화경의 유일불승법으로 모든 중생이 성불할 수 있는 절대 유일의 가르침이기에 교일敎一이라 한다. 법화경 이전의 모든 법은 중생의 근기 따라 설하신 방편方便일 뿐이다.

정직사방편正直捨方便 단설무상도但說無上道
바르고 곧게 방편을 버리고 다만 무상도를 설하노라.

부처님께서 법화경을 설하시면서, 중생의 근기 따라 설하신 방편을 버리고 다만 무상도無上道를 설하노라 하고 선언하신다. 이를 행일行一이라 한다.

방편행을 버리고 다만 무상도인 법화경을 믿고 수행함을 행일行一
이라 하며, 어떤 방편의 법도 법화경으로 들게 하는 수단일 뿐이
다. 오로지 법화경을 행함에 의해 불도를 이루게 된다.

무상도인 법화경을 수행하여 불도에 들게 함이 시방제불께서 세상
에 출현하시는 근본이다.

단위보살但爲菩薩 불위소승不爲小乘
다만 보살만을 위할 뿐 소승을 위하지 않는다.
교화제보살教化諸菩薩 무성문제자無聲聞弟子
모든 보살을 교화하되, 성문제자는 없느니라.

부처님께서는 중생을 교화하여 불도를 이루게 하기 위하여 방편으
로 성문 연각 이승二乘 삼승三乘을 허락하셨지만 부처님의 본래 뜻
은 처음부터 끝까지 보살을 가르쳐 불도에 들게 함이다.

법화경은 교보살법教菩薩法 불소호념佛所護念하시는 법法이다.

오직 보살을 가르쳐 불도에 들게 하는 법이며, 모든 부처님께서 호
념 하시는 법이기에 하나의 대상 인일人一이다.

스스로 무상도인 대승 평등법을 증득하고도 만약 소승으로 교화함
이 한 사람에 이를지라도 부처님은 곧 간탐에 떨어진다 하셨다.

부처님께서 소승을 설하심은 근기에 따름이요, 진실로는 법화경으
로 인도하고자 하는 방편일 뿐이다. 인일人一뿐이다.

시법주법위是法住法位 세간상상주世間相常住
이 법은 법法의 위치에 머물며 세간의 형상에도 항상 머문다.

이일理一이다. 세상에 있다는 모든 것이 세간법이든 출세간법이든 참 모습인 실상實相이다.

이러한 입장에서 보면 세간법즉출세간법世間法卽出世間法이라, 모든 현상계가 실상實相이므로 이치가 하나(理一)인 것이다.

돌멩이 하나 나무 한 그루까지 그 본성은 실상이라, 곧 적멸寂滅이라는 뜻이니 이를 세간상상주世間相常住라 한다.

교일教一·행일行一·인일人一·이일理一은 법화경만이 함장하고 소유한 바 특별한 법이다.

천경만론千經萬論이 있다 할지라도 모두 법화경으로 들게 하고자 하는 수단이요 방편이다. 팔만 사천 법문이 법화경으로 이끌어 들이고자 하는 과정이다.

법화경은 이승二乘 삼승三乘을 융섭하여 불도에 들게 하므로 오직 일불승一佛乘만 있다고 하신 것이다.

제불출세본회설諸佛出世本懷說인 법화경은 모든 부처님께서 세상에 출현하시는 본의인 것이다.

법화경은 평등대혜平等大慧·교보살법敎菩薩法·불소호념佛所護念하시는 법이다.

교일教一, 법화경의 가르침으로 중생이 불도를 이룰 수 있고,

행일行一, 법화경 수행으로 중생 성불의 직도가 열리게 되고,

인일人一, 오로지 보살만을 가르치는 법이요, 이승 삼승을 위하지 않는 법이기에 인일이요,

이일理一, 세상에 있는 모든 것이 본성은 실상이라는 뜻이다.

264

법화경의 도리는 세간의 모든 형상의 참 모습이 곧 실상實相이라는
뜻이다.

법화경 안락행품에서 이르시기를
"문수사리여, 이 법화경은 모든 여래의 제일의 말씀이라.
모든 설하심 가운데서 가장 깊고 깊어서 뒤끝에야 베풀어 주시나
니, 저 힘센 왕이 오랫동안 보호하던 밝은 구슬을 지금에야 주는
것과 같으니라.
문수사리여, 이 법화경은 모든 부처님 여래께서 비밀히 감추어 두
셨던 바라, 모든 경 중에서 가장 으뜸에 있음이라."

이렇게 법화경은 모든 부처님의 정요精要요, 혼魂이요, 비밀지장秘
密之藏이라, 이 경을 떠나 달리 무상도는 없느니라.
토끼를 떠나 토끼의 간肝을 찾지 말라.

불교의 본질

불교가 본래부터 가진 본질을 회복하기 위해 몇 가지 개선점을 제시하고자 한다.

첫째, 조사불교가 부처님불교로
둘째, 논소불교가 경전불교로
셋째, 조사선이 여래선으로
넷째, 기복불교가 수행불교로
다섯째, 받는 불교에서 베푸는 불교로

불교가 바로 서기 위해서, 그리고 본질을 회복하기 위해서는 위의 다섯 가지 문제점을 바로잡아 개선해야 한다고 본다.

첫째, 조사불교가 부처님불교로
안거 결제나 해제 때 큰스님들의 법문이 신문에 실리곤 한다. 조사 스님의 말씀은 많이 인용되나 부처님의 말씀은 거의 인용되지 않는다.
부처님 불교는 뒷전으로 밀리고 조사불교가 앞서 등장함이 오늘날의 현실이다.

석가모니 부처님이 불교의 교주敎主임을 삼척동자도 아는 사실인데, 가까운 나라 일본 불교는 일련 본불이니, 이케다 본불이니 하면서 불교의 교주를 바꾸어 놓는 우를 범하고 있다.

불교가 바로 서기 위해서는 조사불교가 부처님불교로 회복되어야 한다.

둘째, 논소불교가 경전불교로

논과 소는 대부분 부처님 경전을 해설하고 논이나 소를 붙여 엮은 책이다. 마명보살의 대승기신론大乘起信論, 용수보살의 중론中論, 대지도론大智度論 등이 있다.

이러한 논소는 부처님 경전에 바탕을 두고 유출된 것이다. 이런 논소가 경전보다 우월한 법이라 생각하면 위험한 일이다.

팔만대장경 밖의 법은 외도外道이다.

부처님의 경전이 근본이 되고 수행의 잣대가 되어야 한다.

경전이 여설수행如說修行 광선유포廣宣流布 될 때 불교가 제자리에 바로 설 것이다.

열반경에서 이르시기를,

"문수 보현과 같은 대보살도 손에 경전을 들지 않았거든 믿지 말라. 경전 이외 다른 법이 있다고 하면 이는 마설魔說이라" 하셨다.

논소불교가 경전불교로 자리잡아야 한다.

항하사와 같은 부처님께서 출현하신다 해도 대승경의 극치인 묘법연화경을 수행하시지 않고 깨달아 성불하신 부처님은 단 한 분도 안 계신다.

묘법연화경은 시방제불께서 출생하시는 종자種子이며 모태母胎이다. 이 경을 받아지닌 자 성불 못함이 한 사람도 없다고 하셨다.

셋째, 조사선이 여래선으로

간화선 화두선이 우리나라 불교를 대변하고 있는 것이 현실이다. 간화선이든 여래선이든 경전을 바탕으로 두고 행해야 한다. 경전 없는 선禪을 암증선사暗證禪師라 하고, 선 없는 경전 수행을 문자법사文字法師라 한다.

둘다 허물이 있다는 말이다.

법화경에서 이르시되,

재어한처在於閑處 수섭기심修攝其心

안주부동安住不動 여수미산如須彌山

관일체법觀一切法 개무소유皆無所有

유여허공猶如虛空 무유견고無有堅固

불생불출不生不出 부동불퇴不動不退

상주일상常住一相 시명근처是名近處

한적한 곳에 머물면서 그 마음 닦아 다스리고,

편안히 머물러 움직이지 않기를 수미산과 같이 하라.

일체 법을 관하되, 모두 있는 바가 없으니,

마치 허공과 같아서 견고함이 있을 수 없으며,

불생불출하고 부동불퇴하여

항상 한 모양實相에 머문다 함을

이것이 친근할 곳이라 이름하느니라.

법화경에서 선정 닦고 마음 닦는 법을 설하고 있다.

헌데 화두선이 아니면 견성할 수 없고 성불할 수 없는 쪽으로 몰아가고 있다. 또, 경전 공부는 근기가 하열한 사람이 하는 것으로 인식하고 있다. "교외별전이다", "경전은 달을 가리키는 손가락이다" 하면서 부처님의 금언金言을 가볍게 여기고 있음이 오늘의 불교의 현실이다.

"나무묘법연화경" 제목을 일심으로 불러갈 때 선정과 온갖 삼매를 얻는 때이다. 참선·염불·간경·주력의 사대 수행문을 동시에 행하는 때이다. 온갖 신통력을 얻어 부려쓰는 때이다.

어떤 스님의 법문집에서 화엄경, 법화경이 가장 수승한 대승경전이지만 화두를 들지 않으면 견성할 수 없다고 밝혔는데 아연실색하지 않을 수 없다.

시방삼세 제불께서 한결같이 법화경을 여설수행 광선유포하시고 성불하심을 결코 잊어서는 안 된다.

넷째, 기복불교가 수행불교로

타종교에서 불교를 두고 말하기를 다신교多神敎, 기복종교, 비는 불교, 미신불교라 한다. 이에 대하여 나는 말한다. 불교는 진리가 비단옹단처럼 씨줄 날줄로 질서정연하게 짜여 있어 한 치의 어긋남이나 허망함이 없다.

과학이 발달하면 불교에 접근해 올 수 있다.

불교는 방대한 인문학이다. 사람이 사람답게 사는 법을 가르치고 있다. 부처님의 가르침을 믿고 수행한다면 모든 고통에서 벗어나고 생사의 강을 건너 마침내 불도를 이루게 된다. 불교는 평등대혜平等大慧이다. 누구나 믿고 수행한다면 부처님의 지혜인 일체종지一切種智를 얻을 수 있다.

이렇게 거룩한 진리를 수행하지 않고, 절에 가서 복이나 빌고, 명命이나 빌고, 내 자식 좋은 대학에 합격하고 등등 기복불교, 빌고 매달리는 불교가 행해지고 있다. 이는 내 자신은 물론 스님들의 책임이다.

모든 불자를 법답게 수행하도록 해야 한다.

기복불교, 비는 불교, 미신불교로 기울어진 현실을 수행불교, 깨닫는 불교, 공부하는 불교로 바로 세워야 하고, 중생들을 제도 해탈케 해야 한다.

부처님의 가르침을 따르지 않는다면 진정한 불자라 할 수 없다. 법화경을 받아지닌 자를 진정한 불자라 하셨다.

다섯째, 받는 불교에서 베푸는 불교로

도량에서 보시를 받지 말라는 것이 아니라, 받은 보시물을 어렵고 그늘진 곳으로 되돌려 베풀어야 한다는 뜻이다.

내 자신부터 받는 것에는 익숙해져 있다.

법답게 받고 법답게 사용해야 한다.

도량의 수행자는 응공應供자(응당 공양을 받을 자)가 되어야 하고, 수행자는 불자들의 복전福田이 되도록 청정행이 따라야 한다.

우리 불교가 타종교에 밀리고 있는 부분이 이러한 부분이다. 또 불교계에서 가장 시급한 일이 저변확대이다.

교구본사 같은 큰 절에서는 어린이집, 유치원 등을 곳곳에 설립하여 어린 불자들의 저변확대를 기해야 한다.

어린이들에게 어려운 불교를 어떻게 가르치느냐고 반문하겠지만 부처님 전에 삼배하고, 친근함을 느끼게 하는 것만으로도 족하다.

이상으로 불교가 당면한 다섯 가지 문제점을 살펴보았다.

법화경을 제불출세본회설諸佛出世本懷說이라 한다. 모든 부처님께서 세상에 출현하시는 근본이요, 일체중생을 불도에 들게 함이니, 중생 성불의 직도이다.

나라 안에 법화경이 유통되지 않고 수행하지 않으면 불교는 빛을 잃을 것이다. 나라 안에 칠난七難이 일어나게 된다.

대승불교의 극치인 법화경이 유통되면 칠난이 사라지고, 국운번창하고 국태민안하며, 전쟁 기근이 사라지고 풍우 순조롭고 모든 사람들이 안온하고 행복하게 된다.

역사적으로 신라가 삼국을 통일한 것도 법화경 유통의 경력이라고 본다.

"나무묘법연화경" 제목을 일심으로 부를 때 모든 갈등과 반목이 사라지고 저마다 가진 부처를 회복하는 때이다.

본래진면목本來眞面目

있다는 모든 사물의 참모습實相은 상주불멸常住不滅이요, 불생불멸
不生不滅이다. 생멸生滅의 세계가 곧 참모습實相이요 불생불멸이다.
모든 중생이 본래부터 부처였다.

본래진면목本來眞面目, 본래부터 성불한 참모습
본지풍광本地風光, 본래부터 불국토라는 것
위의 두 가지만 깨치고 증득했다면 불교의 전체를 알았다는 것이다.
본래부터 부처였고 본래부터 여기가 불국토라고 하면서 닦지 않으
면, 쥐가 찍찍거리는 것과 같고 새가 조잘거리는 것과 같다고 천태
대사天台大師께서 지적하셨다. 마치 진흙 속에 묻혀 있는 진주와 같
아 캐내지 않으면 영원히 캄캄한 밤중이다.
본래부터 부처였고 본래부터 불국토라 할지라도 수행하지 않고 증
득하지 않으면 진흙 속에 묻혀 있는 진주와 같음이라.
본래부터 부처였고 본래부터 불국토임을 깨쳤다면 현실 이대로가
불생불멸이요, 생사즉열반生死卽涅槃이요, 사바즉적광娑婆卽寂光이
며, 번뇌즉보리煩惱卽菩提이다.

석가세존께서 법화경 여래수량품에서 "내가 진실로 성불하여 옴이 무량무변 백천만억 나유타 겁이니라."고 선언하셨다. 다음에 미륵불께서도 본래 성불을 밝히시고 상주불멸을 선언하시고, 여기가 곧 불국토임을 설할 것이다.

본래부터 성불함과 여기가 불국토라고 한다면 착한 일 해서 천당 가고 극락세계에 간다는 것은 방편일 뿐이다.

본래부터 부처였고 사바세계가 곧 불국토인데, 또 다시 불국토를 찾겠는가. 중생을 제도하기 위한 것이지, 모두 방편이다.

부처님 세존께서 보리수 밑에서 육 년간 고행을 하시고 성도하심을 보이심도 방편이요, 성수聖壽 팔십에 사라쌍수 밑에서 열반의 모습을 보이시는 것도 방편이다.

한결같이 중생을 제도하기 위한 교묘하고 거룩한 불사佛事이시다.

보리수 아래에서 성도하심을 방편보리方便菩提라 하고, 사라쌍수 밑에서 열반에 드심을 방편열반方便涅槃이라 한다.

위도중생고爲度衆生故 방편현열반方便現涅槃
중생을 제도하기 위한 고로 방편으로 열반의 모습을 보인다.
이실불멸도而實不滅度 상주차설법常主此說法
이에 진실로는 멸도하지 않고 항상 여기 머물면서 법을 설하노라.
근성신近成身으로 성도하심과 또 열반의 모습을 보이심도 중생을 제도하기 위한 방편이라는 말씀이다.

부처님께서는 진실로 구원 겁 전에 성불하시고 미래 겁이 다하도록 상주常主하시는 것이니, 이러한 진리가 불교의 구경의 진리이다.

구원실성久遠實成 상주불멸常主不滅하심이 석가세존만 해당되는 법이 아니고 십법계十法界의 한결같은 사연이다.

중생이 본래부터 부처라고 외쳐 봐도 중생은 중생일 뿐이다. 왜냐하면 눈을 감았기 때문이다. 진리의 눈을 감았기에 자신의 참 부처의 성품을 보지 못하고 있는 것이다.

일체중생一切衆生 실유불성悉有佛性

일체중생이 모두 불성이 있다고 한다.

불성佛性은 부처가 될 가능성의 씨앗이 아니라, 완전히 이루고 있는 부처님 성품이다. 작은 솔씨가 아니라 낙락장송 그 자체이다.

부처님이라 더하고 중생이라 덜함이 없다.

눈을 감은 중생들은 이 불성을 번뇌망상 속에서 오욕락과 탐진치에 묻어 놓고 있다. 수행하지 않으면 진흙 속에 묻혀 있는 진주와 같다.

지금 당장 시급한 일은 자기의 본래 부처를 회복하는 일이다. 자신 가운데 본래 부처가 상재常在함을 깨달아야 하고 증득해야 한다.

"나무묘법연화경" 제목을 소리 높여 불러갈 때 생사가 곧 열반이요, 사바가 곧 적광토임을 깨닫게 되는 때이다.

"나무묘법연화경" 제목을 일심으로 불러갈 때 본구무작삼신불本具無作三身佛을 깨닫게 되리라.

수행자가 수행한다는 것은 본래부처를 회복하는 일이다.

밖에서 새롭고 별다른 법法을 구하고자 함이 아니다.

본래부터 부처는 어느 날 문득 생긴 것도 아니고, 또 어느 날 없어질 것도 아니다. 그냥 그대로 무시겁으로부터 미래 겁이 다하도록 상주할 뿐이다.

그 어느 누가 성불했다 하면 중생이 변하여 부처님이 된 것이 아니라, 본래부터 자신 가운데 머물고 있는 부처를 회복했을 뿐이다. 깨쳤다고 하는 구경의 진리가 바로 이러한 도리이다. 본래부처를 회복하면 이곳이 곧 적광토寂光土이니, 당처가 불국토이다.

사회 대중들아! 알겠느냐. 내생에 미루지 말라.

불교는 인문학

불교는 사람이 중심이 되는 교리이다.

석가세존께서도 성도成道하신 후 "나는 사람이다."라고 선언하셨다.

아버지는 정반왕이요, 어머니는 마야부인이시다.

부처님께서도 사람으로부터 몸을 받은 사람이라고 선언하심은 모든 사람이 부처가 될 수 있음을 암시하는 말씀이다.

사람이 깨달으면 부처요, 부처가 미혹하면 중생이다.

팔만 사천 법문이 사람이 중심임을 알 수 있다.

모든 사람이 부처가 될 가능성을 가지고 있는 부처 후보생이다.

그러나 닦지 않고 개발하지 않으면 진흙 속에 묻혀 있는 진주와 같다.

일체중생一切衆生 실유불성悉有佛性

일체중생에겐 다 불성이 있다. 모두가 갖추고 있는 불성도 닦지 않으면 드러나지 않는다. 닦음에 의해 자신의 불성을 회복하게 되며, 불성을 회복함으로 인해서 마침내 부처가 되는 것이다.

저마다 불성을 소유하고 태어난다고 하지만, 닦음에 의해 금생에 회복하는 경우와 수백 생이 지나도록 회복하지 못하는 경우가 있다.

불성을 회복하기 위해서는 반드시 보살도菩薩道라는 자리이타행自
利利他行이 따라야 한다. 이는 선천적인 능력보다 후천적인 노력이
중요하다는 뜻이다. 능동적이고 적극적인 사람은 자신이 주인공이
되고 창의성이 뛰어나 남들을 이끌어갈 수 있으나, 피동적이고 소
극적인 사람은 남의 지시를 받아 움직이거나 매사에 의존적인 삶
을 살게 된다.

이러함은 태어나면서부터 정해진 것이 아니라, 성장하고 생활하는
과정에서 저마다 자신의 길을 스스로 선택하고 형성해 간다.

대승불교는 교보살법敎菩薩法이라 한다. 보살을 가르치는 법이란
자신의 주변을 윤택하게 하고, 중생의 어두운 곳을 지혜의 빛으로
밝게 비추게 하는 법이다.

자신이 법의 윤택을 입었다면 주변을 윤택하게 하여야 함을 보살
도라 하고 자리이타행이라 한다.

팔만 사천의 모든 법문이 사람이 사람답게 살아가는 도리를 가르
치고 있다. 그러므로 불교의 가르침은 곧 인문학이다. 우리 인간이
가장 바르게 사는 법이 곧 불교인 것이다.

제악막작諸惡莫作 중선봉행衆善奉行
자정기의自淨其意 시제불교是諸佛敎
모든 악을 짓지 말고 많은 선행을 받들어 행하고
스스로 뜻을 청정히 하라. 이것이 모든 부처님의 가르침이다.

불교는 절대신絶對神을 인정하지 않는다. 진리를 깨달아 자신이 부처가 됨을 구경처로 삼는다. 어떤 절대신을 앞세워 은총 받고 구원받고 시종이 되는 종교가 아니라, 자신이 주인공이 되고, 자신이 부처가 되는 종교이다. 그러므로 인간이 중심이 되고 인본존人本尊이 중심이 됨이 불교의 특성이다.

사람은 심리적으로 자신보다 능력있고 힘있는 자에게 의지하려는 의타심이 있다. 어떤 초능력자가 자신을 이끌어주고 지배해주기를 바라고 있다. 이로 인하여 종교가 기복적으로 기울어진 절음발이 종교행이 여기저기서 행해지고 있다.

부처님께서 설하신 말씀 중에서 우리 인간이 넘볼 수 없는 진리나, 인간이 갖출 수 없는 법은 한 게송 한 구절도 없다. 우리가 이미 갖추고 있거나 또 도달할 수 있는 말씀들이다. 부처님의 가르침은 전체가 방대하고 거룩한 인문학이다.

사람이 중심이 되고 근본이 되는 법이기에 보살을 가르치는 법이라 하셨다. 물론 사람이 곧 보살이다. 사람답게 사는 법이 곧 불교이다. 사람으로 하여금 교양과 덕목을 갖춘 인격자로 나아가는 길을 가르치고 있다.

완전한 인격자가 곧 부처님이다.

삼대원리

"나무묘법연화경" 제목을 부르는 수행은 삼대원리의 도리에 의해서다. 삼대원리는 믿기 어렵고 이해하기 어려우며 깨치기 어려운 가장 높은 법이다.

삼대원리란
첫째 결요사구決要四句의 원리,
둘째 인법일여人法一如의 원리,
셋째 기법일체機法一體의 원리이다.
삼대원리를 경전의 내용으로 드러내고자 하나니, 이런 법문으로 인하여
"나무묘법연화경" 제목을 봉창함에 조금도 의심이 없이 일심으로 부르는
수행이 된다.

첫째 결요사구決要四句의 원리
이요언지而要言之
여래일체如來一切 소유지법所有之法

여래일체如來一切 자재신력自在神力
여래일체如來一切 비요지장秘要之藏
여래일체如來一切 심심지사深深之事
개어차경皆於此經 선시현설宣示顯說

법화경 여래신력품의 가장 중요한 결요사구게이다.
여래란 시방 삼세제불의 통호通號이시다.

여래 일체 소유지법이란, 여래께서 설하시는 모든 법이며, 모두 이 묘법연화경에 속한다는 뜻이다. 소위 팔만 사천의 법문이 묘법연화경에 모두 담겨 있다는 뜻이니, 찧고 체로 쳐서 먹기 좋도록 환丸을 만들어 내려놓으신 것이다. "묘법연화경" 다섯 자 제목 속에 부처님께서 설하신 모든 법이 녹아 있다는 뜻이다.

여래 일체 자재신력이란, 여래께서 중생을 제도 해탈케 하기 위하여 온갖 신통력을 모두 묘법연화경에서 나투셨다는 뜻이다.
여래수량품에서 설하시기를,
"혹은 부처님의 몸으로 법을 설하시기도 하고
혹은 타의 몸으로 법을 설하시기도 하고
혹은 부처님의 몸으로 보이시기도 하고
혹은 타의 몸으로 보이시기도 하고
혹은 부처님의 몸으로 불사를 짓기도 하고
혹은 타의 몸으로 불사를 짓기도 한다"는 말씀이 바로 자재신력이다.

또 실은 열반에 드시지 않건마는 열반의 모습을 보이시기도 함이 자재신력이다.

여래 일체 비요지장이란, 여래의 가장 요긴하고 비밀스런 법장이란 뜻이다.

여래수량품에서 설하시기를

"아실 성불이래 무량무변 백천만억 나유타 겁이니라." 선언하심이 비요지장秘要之藏이다.

부처님과 더불어 부처님만이 아시는 법이기에 비요지장이요, 아직 세상에 밝히시지 않은 법이기에 비요지장이다.

부처님께서 이미 무량무변 백천만억 나유타 겁 전에 성불하신 본불님의 도리가 곧 비요지장이다. 이를 구체삼신具體三身이라 하고 중생을 제도하기 위해서 몸을 나투신 부처님을 구용삼신具用三身이라 한다.

구체삼신 구용삼신의 도리가 여래비밀 신통지력이라 한다. 이러한 진리를 여래수량품에서 밝히시니, 곧 여래 일체 비요지장이다. 이 승 작불의 직도이니 비요지장이다.

여래 일체 심심지사란, 여래께서 중생을 제도 해탈케 하시는 불사佛事가 깊고 깊은 일이기에 심심지사라 하신 것이다.

여래수량품의 육혹六或의 진리가 바로 이 뜻이다.

혹설기신或說己身 혹설타신或說他身

혹시기신或示己身 혹시타신或示他身

혹시기사或示己事 혹시타사或說他事

혹은 자기의 몸을 설하고 혹은 남의 몸을 설하며

혹은 자기의 몸을 보이고 혹은 남의 몸을 보이며

혹은 자기의 일을 보이고 혹은 남의 일을 보인다.

부처님께서 온갖 법으로, 온갖 몸으로, 온갖 이름으로 불사를 짓고 계신다는 뜻이다. 중생들을 제도 해탈케 하여 성불의 직도로 인도 하심이 여래 일체 심심지사이다.

"나무묘법연화경" 제목을 일심으로 불러감이 곧 결요사구決要四句 의 원리에 의해서이다. "묘법연화경" 다섯 자가 곧 여래 일체 소유 지법이요, 여래 일체 자재신력이며, 여래 일체 비요지장이며, 여래 일체 심심지사이다. 이러한 깊고 깊은 도리를 이 경에서 모두 잘 나타내어 보이고 설하신 것이다.

둘째 인법일여人法一如의 원리

인人이란 인본존人本尊인 모든 부처님과 모든 보살이요, 법法이란 법본존法本尊인 묘법연화경이다.

인본존과 법본존이 일여라, 하나라는 뜻이다.

"그 어떤 이가 능히 이 경법을 수호하면, 곧 나와 다보부처님께 공 양함이 되느니라. 모든 분신 부처님께 공양드림이니라.

만약 이 경을 설하면 곧 나와 다보여래와 또 모든 화신 부처님을 뵈옵는 것이 되느니라."(『묘법연화경』「견보탑품」)

"능히 이 경을 지니는 자는 곧 이미 나를 본 것이며, 또 모든 분신 부처님을 뵈옵는 것이며, 또 내가 오늘날 교화한 모든 보살을 본 것이니라."(『묘법연화경』「여래신력품」)

경전의 이러한 말씀이 곧 인법일여人法一如의 도리이다.

이 경을 받아지닌 자 부처님을 뵈온 자요, 부처님 몸을 받아지닌 자이다. 따라서 "나무묘법연화경" 제목을 부르는 자는 시방제불께 공양함이요, 시방제불을 뵈옵는 자요, 시방제불을 머리에 인 자이며, 시방제불의 명호를 외우는 자이다.

인법일여의 원리에 의해서 "나무묘법연화경" 제목을 부르는 것이니, 곧 시방제불께 공양함이 된다.

셋째 기법일체機法一體의 원리이다.

기법일체機法一體의 기機는 중생의 근기이고, 법은 법본존인 "묘법연화경"이다. "나무묘법연화경" 제목을 일심으로 부르는 중생의 근기와 묘법연화경이 하나임을 뜻한다.

이런 도리는 설명보다 자신이 수행하여 체득함이 더 중요하다.

나무는 중생이요, 법본존인 묘법연화경과 일체가 됨이다.

기법일체의 도리를 경전에서 살펴보면,

"모든 부처님께서 도량에 앉으사 얻으신 비밀되고 요긴한 법을 능히 이 경을 지니는 자는 오래지 않아 또 마땅히 얻으리라.

내가 멸도한 뒤에 응당 이 경을 받아지니어라.

이런 사람은 불도에 이르기 결정코 의심이 없느니라."(『묘법연화경』「여래신력품」)

"나무묘법연화경" 제목을 일심으로 부를 때 중생이 성불함이 결정코 의심이 없으며, 머지않아 불도를 이루게 된다는 말씀이다. 이것이 기법일체의 원리이다.

결요사구決要四句의 원리
인법일여人法一如의 원리
기법일체機法一體의 원리

삼대원리에 의해서 "나무묘법연화경" 제목을 부르게 된다.

나무는 귀명례歸命禮함이니, 묘법에 귀명례함으로써 중생이 성불의 직도에 들게 되는 것이다.

이 법은 믿기 어렵고 이해하기 어려우며 깨치기 어려운 드높은 법이다. 지혜 제일 사리불도 믿음 하나로 들게 되었거늘, 항차 다른 제자들이겠는가.

털끝만큼도 허망함이 없으니 굳은 신심으로 나도 부르고, 다른 사람의 귀에다 걸어주고, 입에다 넣어 주어야 할 것이다.

시방 삼세제불께서 한결같이 묘법연화경에 의지하여 성불하셨고, 모든 중생이 묘법에 의지하여 성불하게 된다.

"나무묘법연화경" 제목을 봉창함은 곧 이 경에 의지함이며 귀명례함이니, 불도에 들기 결정코 의심이 없느니라.

"나무묘법연화경" 제목을 받아지닌 자는
여래일체 소유지법을 받아지닌 자요
여래일체 자재신력을 행하는 자요

여래일체 비요지장을 받아지닌 자이며
여래일체 심심지사를 행하는 자이다.
이렇게 결요사구를 비롯한 삼대원리가
제목 다섯 자에 오롯이 담겨 있는 것이다.
구원실성久遠實成의 석가세존과
개성불도의 법화경과
"나무묘법연화경" 제목을 부르는 중생의 셋은
전혀 차별이 없는 묘법연화경과 일여—如이니라.

출가의 의미

출가는 세상으로부터 도망친 것이 아니라 장부의 참된 삶을 위한 출격이다. 시방 삼세제불께서 한결같이 출가함에 의해 불도를 이루셨고 중생들도 출가 수도하여 성도할 것이다.

출가는 성불의 첫걸음이다. 출가는 자신으로부터 해방시키고 자유를 위한 도전이다.

육신의 시종이 되고 심부름꾼이 된 자신을 그 속박에서 벗어나 자신을 건지기 위한 도전이다.

출가는 단지 집을 나온다는 뜻이 아니라, 자신과 더불어 모든 사람들에게 자비심을 전하기 위한 출격 장부의 거룩한 시발점이다.

삼세제불께서 왕위를 버리고 출가함에 의해 삼계三界의 도사導師가 되신 것이다.

눈앞에 보이는 부귀영화를 버림에 의해 여래십호如來十號를 얻게 되신 것이다.

권위의 곤룡포보다 황금으로 된 좌대보다 한 벌의 발우와 가사가 백천만 배 더 수승함을 세상 사람들 누가 알리오.

부모와 처자식을 등지고 출가함에 의해 그 식솔들을 제도 해탈케 하는 인因이 됨이라.

따라서 출가는 장부의 당당한 길이요, 올바른 삶의 첫걸음이다.

도피성 출가는 목적을 달성할 수 없다.

진리를 간절히 갈구渴求하는 구도 정신이어야 한다.

세속의 명리名利를 버리고 출세간의 진리를 얻음으로써 출격장부의 기상이 드러나게 된다.

출가의 인因에 의해 득도의 과덕果德을 얻게 된다.

출가는 장부의 길을 가기 위한 첫걸음이다.

모든 고통에서 벗어나고 생사출리生死出離하고 불도에 들게 함이 곧 출가에서 비롯된다.

출가는 집에서 나오는 것이 아니다.

세속에 갇혀 있는 것에서 속박 당하고 있는 것에서 출리出離를 의미한다.

비록 출가했다 하더라도 자리이타自利利他행이 없다면 출가의 뜻을 이루지 못할 것이다.

열린 마당 ⑧

한 톨의 쌀을 얻기 위해
만겁의 식량을 잃지 마라.
한 톨의 쌀이란 금생의 명리名利요
만겁의 식량이란 묘법연화경이니라.

한 톨의 쌀과 같은 명리를 얻기 위해
인생의 전부를 낭비하게 되면
만겁의 식량을 잃게 되느니라.
만겁의 식량은 먼 곳에 있는 것이 아니니라.

금생에 명예와 이익을 얻었다 한들
만겁에 식량인 묘법에 비하면
작은 돌멩이와 같으니라.
묘법은 값도 모를 여의보주이니라.

한 톨의 쌀을 얻기 위해
오늘도 분분히 설치는 자여.

만겁의 식량을 얻음에는
그렇게 분분히 날뛰지 않아도 되느니라.
아주 가까이 아주 가까이 있도다.

세상 명리를 얻기 위해 마음을 팔지 마라.
뜬구름 같고 허깨비 같은 것
설사 세상 명리를 얻었다 한들
마치 한 톨의 쌀과 같으니라.
만겁의 식량인 묘법을 놓치지 말게나.

한 톨의 쌀을 얻기 위해
그동안 흘린 눈물이 큰 강을 이루고
세상 명리를 얻기 위해 허비한 세월이
무량겁을 지나도다.
이제 자신의 가장 가까이 있는
만겁의 식량을 거두는 것이 어떻소.

사자굴중무이수獅子窟中無異獸

사자가 살고 있는 굴에 다른 짐승이 머물 수 없다.
이와 같이 법화도량에 작은 법에 집착한 사람이 머물 수 없다.
부처님께서 이 법화경을 설하시고자 할 때 무리 중에 오천 사람이
자리에서 일어나 부처님께 예배하고 물러갔다.
이들은 죄의 뿌리가 깊고 무거우며 증상만增上慢이라,
얻지 못하고도 얻었다 하고, 증득하지 못하고도 증득했다 하는 이
런 허물이 있으니, 그러므로 머물지 못하고 물러갔던 것이다.

세존께서 말씀하시기를,
"나의 지금 이 대중은 다시 가지와 잎은 없고 순수한 열매만이 있다.
거만하고 아만심이 가득한 사람들은 물러감이 좋으니라." 하셨다.
"무리 중에 지게미糟糠들 부처님 위덕에 눌려 물러갔느니라."
법화도량에는 이러한 증산만의 사람들이 머물 수 없다.
자존심이 높고 한쪽으로 기울어진 마음 가진 자는 정법도량에 오
래 머물 수 없다. 왜냐하면, 아만심이 가득한 마음으로 무상도인
법화경의 뜻을 믿고 이해할 수 없기 때문이다.
딱딱한 물체는 아무 그릇에나 담길 수 없다.

그러나 부드러운 물은 아무 그릇에나 담길 수 있듯이, 부드럽고 지혜있는 자는 어떤 환경에서도 적응할 수 있으나, 아만심이 놓고 어리석은 사람은 환경에 적응하지 못하고 여기저기 기웃거리게 된다.

아상我相이 치성한 자, 아만심我慢心이 높은 자는 누가 내쫓지 않아도 보리수菩提樹 도량道場을 등지고 말 것이다.

마음이 아름다운 자 세상이 아름답고, 마음이 청정한 자 시방 세계가 청정하리라.

사자굴에 다른 짐승이 머물 수 없듯이, 법화도량에는 근기가 하열하고 업장이 두텁고 죄업이 무거운 자는 머물 수 없느니라.

이 법에 신명身命을 걸겠다는 대원이 없으면 법을 증득하기 어렵느니라.

수승한 근기는 등을 떠밀어도 도량에서 물러나지 않고, 근기가 하열한 자 도망갈 구실을 찾느니라.

지혜있는 자는 방법을 찾고, 어리석은 자는 핑계를 찾느니라.

아불애신명我不愛身命 단석무상도但惜無上道
저희들은 신명을 아끼지 않고 다만 무상도를 아끼오리다.

보살들이 세운 서원이다.

법화경을 여설수행如說修行 광선유포廣宣流布하는 대사에는 많은 고난과 훼방과 질시가 따른다.

부처님 재세시에도 정법시와 상법시에도 많은 고난과 비방이 따랐거늘 항차 오탁악세 지금이겠는가.

인욕의 갑옷을 입고當著忍辱鎧 신명을 잃을지라도 이 법을 놓치지
않겠다는 신심이 필요한 때이다.
오탁악세에는 사견邪見이 치성한 사람들이 많이 나오는 때이다.
사견을 가진 사람들이 정법을 훼방하고 삿된 법으로 무상도를 훼
손하는, 증상만의 사람들이 나타나는 때이다.

옛날 설산동자는 불법 반 게송을 듣기 위하여 자기 몸을 아귀에게
던지고, 혜가慧可스님은 달마대사 앞에서 자신의 팔을 잘라 보이고,
또 과거세에 부처님께서 국왕이셨을 때 대승을 듣기 위하여
임금 자리를 버리고 선인을 따라가 평생 시종이 되어
땔나무도 하고 과일도 따며 물도 긴고 음식을 만들면서
받들어 섬기기를 일천 년을 지났으나
법을 위하는 고로 정성스럽게 부지런히 모시되,
부족함이 없게 하셨다고 경전에서 전하고 있느니라.
그러나 지금 사람들은 왜 부지런히 법을 위하지 않는가.
받기 어려운 인간의 몸 받았을 때,
만나기 어려운 유일불승법 만났을 때,
고통의 생사 문제를 뛰어 넘지 못한다면
또 어느 생을 기약하리오, 만생에 어긋나리라.
보배산에 들어갔다가 빈손으로 돌아가는 자여.
황금을 버리고 돌을 찾는 자여.

진수성찬珍羞盛饌을 왜 마다하고 굶주리고 있는가.

먹기만 하면 영생永生하겠거늘

제발 신명을 잃을지라도 이법을 놓치지 말게나.

그 색심色心을 잘 굴리면 성인이 머무는 도량이요,

잘못 굴리면 마구니가 살고 있는 소굴이니라.

난신난해지법

제불흥출세諸佛興出世 현원치우난懸遠值遇難

정사출우세正使出于世 설시법부난說是法復難

무량무수겁無量無數劫 문시법역난聞是法亦難

능청시법자能聽是法者 사인역부난斯人亦復難

모든 부처님 세상에 출현하심은

멀고 멀어서 만나기 어렵나니,

세상에 출현하신다 해도

이 법을 설하시기는 또 어렵고,

한량없고 수없는 겁에

이 법을 듣기 또한 어렵나니,

능히 이 법을 알아듣는 자

이런 사람 또한 다시 어렵노라.

_『묘법연화경』「방편품」

묘법연화경을 만나기 어렵고, 믿기 어렵고, 이해하기 어렵고, 깨치기 어렵다고 한다. 금생에 이 법을 만난 사람은 과거에 모든 부처님으로부터 법을 들은 자이며, 법을 믿고 수행하고 부처님을 찬탄 공경한 사람이라고 한다. 지난 날의 법의 인연으로 오늘날 이 거룩한 법을 만나게 된 것이다.

인간의 몸 받기가 어려워 마치 바다에 빠진 바늘 찾기와 같다고 한다. 억억만 겁이 지난 뒤라야 모든 부처님께서 한 번쯤 설하실 수 있다고 한다. 이렇게 받기 어려운 인간의 몸을 받았고, 억억만 겁 동안 만나기 어려운 묘법연화경을 만났으며 이 법에 눈밝은 선지식 만났을 때, 생사의 바퀴돌이에서 벗어나야 하고 성불도의 기연을 보장 받아야 한다. 금생에 이 법을 증득하지 못한다면 또 어느 생을 기약하리오. 금생에 이 법을 놓친다면 만겁에 어긋나리라.

경에서 이르시기를, "마치 우담바라를 일체 모두가 즐거이 사랑하지만 하늘과 사람에게 희유한 바로 때때로 겨우 한 번 피는 것과 같으니라.

이 법을 듣고 기뻐하며 찬탄으로 한마디 이를지라도 곧 일체 삼세 부처님께 이미 공양함이 되느니라. 이런 사람은 매우 희유하여 우담바라보다 더 지나느니라."

이렇게 우담바라보다 더 희유하고 미묘한 무상도의 법을 만난 것은 묘법연화경의 혈맥血脈이요, 모든 부처님의 혈맥이다. 어찌 때를 놓치리오.

"만약 부처님께서 멸도하신 뒤에 모든 선남자 선여인이 이 경전을 받아지니고 읽고 외우는 자가 다시 이와 같은 착한 공덕이 있으면 마땅히 알지니라. 이 사람은 이미 도량에 나아가 아뇩다라삼먁삼보리에 가까워 도의 나무(보리수) 아래 앉는 것이니라."(『묘법연화

묘법연화경의 혈맥이 부처님으로 흐르고 부처님의 혈맥이 지금의 법화행자에게 이어짐을 의미한다. 임금 아들이 임금이 되듯이 부처님의 진실한 법자法子는 부처님이 되는 것이 순리이다.

어디서 무엇을 하더라도 묘법연화경을 여설수행如說修行한다면, 이는 축복받은 삶이요, 부처님의 혈맥을 잇는 자이다.

성불에 결정코 의심이 없는 자이다.

업장덩어리 몸으로서 이 거룩한 묘법을 만났다는 것은 마치 돌을 주고 황금덩어리를 바꾼 것과 같다. 억억만 겁이 지난 때라야 한 번쯤 만날 수 있는 거룩한 법을 만났으니 축복받은 삶이 아닐 수 없다. 인간의 몸 받기 어렵고 부처님 만나 뵙기 어렵고 묘법연화경 받아지니기 어렵고 이 법을 알아듣고 증득하기 또한 어렵다고 한다.

옥으로 된 좌대에 앉아 백 년 영화를 누린다 해도 때가 되면 아침 이슬같이 사라질 목숨이다. 육난구이지법六難九易之法을 받아지니고 여설수행如說修行 광선유포廣宣流布를 행한다면 인천人天의 공양을 받을 응공應供자가 된다. 이런 사람은 현세에서 좋은 과보가 나타나고 후생에 밝은 선처善處에 나서 부처님과 같이 동행하는 사람이 될 것이다.

묘법연화경의 혈맥

묘법연화경은 시방제불의 출세본회설出世本懷說이라 한다.

모든 부처님께서 이 경을 설하시어 일체중생으로 하여금 불도佛道에 들게 함이니, 부처님께서 세상에 출현하시는 근본이라는 뜻이다.

묘법연화경은 모든 부처님을 낳는 모태母胎이며, 근본이다.

물은 사물을 젖게 하고 윤택하게 함이 근본이며, 불은 사물을 따뜻하게 함이 근본이듯이, 묘법연화경은 일체중생이 불도를 이루게 함이 근본이다.

묘법연화경을 수행한 인행因行에 의해 성불하는 과덕果德을 얻게 된다. 묘법연화경은 시방제불을 낳는 비술秘術이 있다. 이를 묘법연화경의 혈맥血脈이라 한다.

과거 일월등명불께서 계셨는데, 출가하시기 전에 슬하에 여덟 왕자를 두셨다. 아버지가 출가하여 불도를 이루셨다는 말을 듣고 모두 따라 출가하여 묘법연화경을 받아지니고 수행하여 한결같이 성불하시니, 그 마지막 성불하신 분이 연등燃燈부처님이시다.

또 대통지승불께서도 열여섯 왕자를 두셨는데 아버지가 불도를 이루셨다는 말을 듣고 모두 따라 출가하여 아버지로부터 묘법연화경을 듣고는 경의 뜻을 통달하여 모두가 성불하시니, 열여섯 마지막 왕자가 오늘날 석가세존이시다.

이렇게 제불께서 묘법연화경 수행 공덕으로 한결같이 불도를 이루게 되시니, 묘법연화경은 시방제불의 혈맥血脈이라.

오늘날 묘법연화경을 받아지녀 수행하는 자는 제불의 명을 잇는 자요. 대승경전의 혈맥을 잇는 자이다.

"나무묘법연화경" 제목을 일심으로 봉창하는 자가 바로 묘법의 혈맥을 잇는 자요, 부처님의 혈맥을 잇는 자이다.

시방제불께서 묘법연화경력으로 성불하시고 모든 보살들이 묘법연화경력으로 앞으로 성불할 것이다.

묘법연화경의 혈맥이 오늘날 법화행자에게 이어짐이라. 대백우거大白牛車를 타고 도량에 이름이니라. 승차보승乘此寶乘 직지도량直至道場이니라.

물을 얻기 위해서 수맥水脈을 찾아야 하고,

금을 얻기 위해서는 금맥金脈을 찾아야 하며,

무상도無上道를 얻기 위해서는 성불의 혈맥血脈을 찾아야 한다.

중생 성불의 혈맥이 바로 묘법연화경이다.

시방제불께서 묘법연화경을 승乘하여 성불하시고,

모든 중생이 또한 묘법연화경 혈맥으로 성불하게 된다.

그러므로 묘법연화경은 일체중생의 성불의 혈맥이요.

곧고 바른 길이다.

질득疾得 아뇩다라삼먁삼보리阿耨多羅三藐三菩提

아뇩다라삼먁삼보리를 속히 얻게 됨이라.

일체보살一切菩薩 아뇩다라삼먁삼보리阿耨多羅三藐三菩提 개속차경

皆屬次經

일체 보살의 아뇩다라삼먁삼보리가 모두 이 경에 속해 있기 때문이다. 따라서 이 묘법연화경을 받아지닌 자 성불이 결정코 의심이 없음이라. 이러한 도리가 곧 묘법연화경의 혈맥이니라. 제불의 명을 잇는 것이다.

묘법연화경 제목 다섯 자가 성불의 대진언이요, 석가세존의 밀어이니라.

"나무묘법연화경"은 일체 제불의 모태母胎로다.

시방 삼세제불께서 여기에서 출생하네.

"나무묘법연화경"은 일체 불법 근원根源일세.

대소권실大小權實 현밀顯密교법 제목 속에 담겨 있네.

"나무묘법연화경"은 일체 승보僧寶 요람일세.

석가세존 모든 제자 이 속에서 길러지네.

묘법연화경은 본문삼보本門三寶의 혈맥이로다.

본문삼보가 이 경으로부터 출생하여 활동하게 된다.

제불어차諸佛於此 득아뇩다라삼먁삼보리得阿耨多羅三藐三菩提

제불어차諸佛於此 전우법륜轉于法輪

제불어차諸佛於此 이반열 반而般涅槃

모든 부처님께서 여기에서 아뇩다라삼먁삼보리를 얻으시고,

모든 부처님께서 여기에서 법륜을 굴리시며,

모든 부처님께서 여기에서 열반에 드시느니라.

묘법연화경은 모든 부처님의 일대사一大事요,

모든 부처님의 혈맥血脈이로다.

모든 부처님께서 여기에서 출현하시고,

법륜을 굴리시고 또 열반의 모습을 보이시도다.

따라서 이 경을 받아지닌 자 부처님의 혈맥의 제자로다.

부처님의 명을 잇는 자이다.

묘법연화경은 모든 부처님을 낳는 혈맥이고

또 일체중생이 불도에 드는 가장 곧고 바른 길이로다.

삶의 의미

삶이란 호흡이 계속되고 있는 그 자체가 곧 삶이다.

호흡이 끝나면 삶도 끝나게 된다. 잠자리에서 일어나 활동을 시작할 때 능동적인 삶이 되고 잠자리에 들 때 정적인(三昧的) 삶이 된다.

저마다 한평생 호흡하고 움직이는 그 자체가 곧 삶이다. 어떤 마음가짐과 어떤 환경에서 어떻게 생활하느냐에 따라 삶의 질은 천 갈래 만 갈래 갈라지게 된다. 살아 있는 모든 생명체가 보다 나은 삶을 영위하고자 함은 모든 생명체의 본능이다. 그러므로 보다 나은 삶을 위해 끝없이 갈구하게 된다.

재물을 많이 가졌다고 해서 양질의 삶을 산다고는 볼 수 없다. 자신 혼자 윤택한 삶을 영위한다고 해서 성공한 삶이라고 볼 수 없다. 사람이 혼자서는 살 수 없다. 사람들과 더불어 같이 살아야 한다.

혼자 윤택함을 누리고 있음을 소윤所潤이라 하고, 자신이 누리고 있는 윤택함을 남을 위해 돌려주는 것을 능윤能潤이라 한다. 소윤은 자리自利는 되지만 이타利他행이 없다. 이타행이 없는 삶을 성공한 삶이라 하지 않는다. 반드시 능윤이 되어야 한다.

자리이타自利利他의 실천행이 될 때 삶의 의미가 깊어진다. 이타행은 누구나 실천해야 하는 삶의 기본자세이다. 비록 가진 게 없다 해도 이타행을 하는 사람은 성공한 삶을 꾸려가고 있다고 보면 된다. 삶의 윤택함은 물질적인 것과 정신적인 것에서 엿볼 수 있다. 많이 가졌어도 만족함이 없다면 내면으로 궁핍한 사람이며, 비록 적게 가졌어도 만족할 줄 안다면 삶의 질이 윤택하게 된다.

스님은 교도소 재소자들에게 "지금 가장 시급한 것이 무엇이냐?"고 물었다. 그들이 대부분 답하기를, "먹고사는 것이 시급한 문제"라고 했다. 스님 왈, "어디 먹고사는 것이 가장 시급한 문제인지 짚어보자. 사람이 물만 마시고도 한 달은 살 수 있다. 그러나 목숨은 호흡을 내쉬고 들이쉬지 않으면 끝난다. 그래도 먹고사는 것이 시급한 문제냐?"고 물었다. 사람의 목숨은 호흡 순간에 있다. 사람의 목숨은 발등에 떨어진 불과 같다. 이 시급한 생사 문제를 해결하려고 하는 사람은 많지 않다.

저마다 사람들에게 늙지도 않고 죽지도 않는 도리가 있다. 참된 삶의 의미를 여기서 찾아보자. 자성自性을 깨달아 회복하면 자신 가운데 늙지도 않고 죽지도 않는 진아眞我가 있음을 깨닫게 된다.

오욕락五欲樂에 빠져 육신의 노예가 되어 백 년 영화를 누린다 해도 마침내 저승사자의 철퇴를 피할 수 없다. 진정한 삶의 의미는 자성自性을 깨달아 회복할 때 알게 된다. 육신은 한정된 삶이 있으나 자성은 생멸이 없고 영원성의 삶이 이어지고 있는 것이다.

눈으로 보는 세상의 모든 것이 꿈과 같고 허깨비와 같고 그림자와 같으며, 이슬과 같고 번갯불과 같다. 이러한 것에 집착하여 한 평생을 보내기 일쑤이다.

철학자들이 말하기를 인생에 정답이 없다고 한다. 태어나는 과정이 다르고 성장하고 생활함이 저마다 다르기 때문에 정답이 없다는 말이 틀리지는 않는다.

그러나 인생에 정답은 있다. 부처님의 가르치심대로 살아감이 인생의 정답이다.

제악막작諸惡莫作 중선봉행衆善奉行
자정기의自淨其意 시제불교是諸佛教
모든 악을 짓지 말고 많은 선을 봉행하고
스스로 그 마음을 청정히 하라.
이것이 모든 부처님의 가르침이다.
이렇게 부처님 가르침대로 생활할 수 있다면 곧 인생의 정답이요,
참된 삶의 의미가 될 것이다.

진정한 삶의 의미를 밖에서 찾지 말고 자신 가운데서 찾아야 하고,
자리이타自利利他의 실천행에서 찾아야 한다.
범부凡夫는 경계境界를 취하고 성인聖人은 마음을 취한다고 한다.
삶의 가치를 물질에서 구하지 말고 자신의 마음에서 구해야 한다.
자성自性이 공적空寂함을 증득하고 이런 도리를 남들에게 일러줄 때 삶의 가치가 상승하고 윤택해질 것이다.
육신을 법기法器로 활용하되 육신의 시종侍從이 되지 말라. 육신의

시종이 되면 평생 잘 먹어야 하고 잘 입어야 하고 편안히 쉬어야
하면서 육신의 심부름꾼이 되어 끌려 다니다가 한평생 헛되이 보
내게 되느니라.

두파작칠분頭破作七分

약불순아주若不順我呪 뇌란설법자惱亂說法者
두파작칠분頭破作七分 여아리수지如阿梨樹枝
여살부모죄如殺父母罪 역여압유앙亦如壓油殃
두칭기광인斗秤欺誑人 조달파승죄調達破僧罪
범차법사자犯此法師者 당획여시앙當獲如是殃

만약 저의 주문을 순종하지 않고
설법하는 자를 괴롭게 하면,
머리를 일곱 조각으로 부수어
아리수 가지와 같이 하리니,
부모를 죽인 죄와 같고
또한 기름을 짜는 재앙과 같고
저울과 말(斗)로 사람을 속임과 같고
조달이가 승단을 파한 죄와 같아,
이 법사를 침범한 자는
마땅히 이러한 재앙을 받으리라.
_『묘법연화경』「다라니품」

십나찰녀와 귀자모신이 부처님 전에서 주문을 설하고는 부처님께 게송으로 다시 다짐하고 맹세한 내용이다. 십나찰녀가 설한 다라니를 따르지 않고 또 이 법화경을 설하는 자를 괴롭게 하면 먼저 머리를 일곱 조각으로 부수어 아리수 가지와 같이 한다는 내용이다.

이 두파작칠분頭破作七分 내용을 읽고는 어느 성인聖人의 제자가 스승께 묻기를, "많은 사람들이 스승을 헐뜯어 비방하고 괴롭혀도 머리가 일곱 조각으로 부서진 사람을 보지 못했습니다. 이 십나찰녀와 귀자모신이 위로는 부처님을 속이고 지금의 법화행자를 속임이 됩니다."

이에 성인께서는 제자에게 이르시기를, "너의 눈에는 머리가 일곱 조각으로 부서진 사람이 보이지 않더냐? 머리가 겉으로 피를 흘리고 일곱 조각으로 부서지는 것이 아니라, 두뇌 세포가 가지가지로 파괴되고 부서졌느니라. 이러함에 정견正見, 정사유正思惟를 못하므로 사견邪見이 치성하여 정견正見을 헐뜯고 비방하고 괴롭게 하느니라."

두뇌 세포가 아리수 가지와 같이 갈라진다는 뜻이니, 이와 같은 사람들은 정법을 비방하고 정법을 받아지닌 자를 헐뜯어 비방하게 된다.

또 부모를 죽인 죄와 같고 조달이가 승단을 파한 죄와 같다 함은, 법화경을 설하는 법사를 괴롭게 하면 오역죄를 범하는 것과 같다는 뜻이다. 오역죄는 악업 중에 가장 무서운 악업으로 살부殺父, 살모殺母, 살아라한殺阿羅漢, 파화합승破和合僧, 출불신혈出佛身血 등이다.

옛날 어느 선지식은 차라리 오역죄를 지을지언정 법화경을 비방하거나 법화경 설하는 법사를 비방하고 훼방하지 말라고 하시고, 이는 즉단일체則斷一切 세간불종世間佛種 영불성불자永不成佛者가 되는 것이니 애석한 일이다.

"만약 어떤 사람이 가벼이 여겨 헐뜯는 말을 하되, '너는 미친 사람이다. 헛되이 이런 행을 하나니 끝내 소득이 없으리라.'고 하면 이와 같은 죄보로 마땅히 세세생생 눈이 없으리라. 만약 공양하고 찬탄하는 자가 있으면 마땅히 지금 세상에서 좋은 과보의 나타남을 얻고 나쁜 허물을 드러내면 혹은 사실이거나 혹은 사실이 아니거나 이 사람은 지금 세상에서 백라병白癩病을 얻게 되고, 만약 경멸하여 웃는 자가 있으면 마땅히 세세생생 이齒가 성글고 빠지며 입술은 추하고 코는 납작하고 손과 다리가 뒤틀어지고 눈동자는 한쪽으로 돌아가고 신체에서 더러운 냄새가 나고 나쁜 악창으로 피고름이 나며, 배에 물이 차고 숨이 가쁘며 모든 나쁜 큰 병에 걸리리라."

_『묘법연화경』「보현보살권발품」

극대승인 법화경을 비방하거나 법을 설하는 법사를 헐뜯어 비방하면 일체 세간의 불종을 끊음이 됨이라. 이런 사람은 영원히 성불할 수 없다는 말씀이다. 또 건강한 육신을 유지하지 못하고 불구가 되고, 특히 지금 세상에서 백라병을 얻게 되고 신체에서 더러운 냄새가 나며 나쁜 악창에 걸린다는 말씀이다.

"이런 까닭으로 보현이여, 만약 이 경을 받아지니는 자를 보거든 마땅히 일어나 멀리 가서 영접하기를 마땅히 부처님을 공경함과 같이 할지니라."

_『묘법연화경』「보현보살권발품」

법신사리法身舍利

혜성사문은 매일 한두 시간씩 붓으로 경전을 사경하고 있다.
이렇게 문방사우文房四友와 같이 해옴이 어언 30년을 넘긴 것 같
다. 묘법연화경 전체와 혹은 「여래수량품」 및 「자아게自我偈」와
「여래신력품」 등을 매일 먹을 갈아 붓으로 먹물을 화선지에 옮기
고 있다. 사경을 하다 보면 모든 시름과 망념을 잊고 오로지 사경
삼매寫經三昧에 들게 된다. 붓을 잡는 시간은 가장 안정된 마음이
유지되고 한 곳에 정신을 집중할 수 있다.
퇴필여산미족진退筆如山未足盡이라, 망가진 붓이 산과 같아도 만족
함이 없다는 서예가書隸家의 말이 있다.

혜성사문은 묘법연화경을 사경한 수행으로 여러 가지 불사佛事를
이루어 온 것 같다. 큰 불사를 앞두고 정성을 모아 사경하면 뜻한
바 불사가 원만히 성취됨이니, 정신일도하사불성精神一道何事不成
하는 마음으로 붓을 잡는다. 올해 병신년 1월에 「여래수량품」 10폭
병풍 2틀, 「자아게」 6폭 병풍 6틀, 「여래신력품」 8폭 병풍 2틀 등
을 사경하였다. 경전을 사경하면서 스스로 쓴 글씨와 내용에 자신
이 빠져든다. 신필神筆인가 선필禪筆인가 하고 정갈하고 단정한 수

행자의 마음이 오롯이 글씨에 담겨 있다. 이 글의 뜻을 누가 알아볼까. 아니야, 혜성사문이 세상에서 모습이 보이지 않을 때 그때 누가 알아보리라. 부처님께서 설하신 경전 중에서 가장 위없는 진리임을…. 묘법연화경은 모든 부처님의 정요精要이며 부처님의 혼魂이 담겨 있다는 것을 아는 자, 또 뜻을 새길 자가 가끔씩 나오리라.

혜성사문이 사경한 붓글씨로 인하여 한 사람이라도 묘법의 문에 들게 되고 한 사람이라도 이 법에 신심을 내는 동기가 된다면, 하고 오기를 부려본다. 또 묘법이 영법구주令法久住하고 광선유포廣宣流布되기를 기원해 본다. 한 자 한 자 글씨에는 부처님의 혼이 담겨 있는 법신불法身佛이며, 또 혜성사문의 절차탁마切磋琢磨의 정신이 담겨 있는지라, 이 경을 배견하는 자 한량없는 공덕을 짓고 신심을 내리라.
묘법연화경 사경 병풍은 수수백 년 법의 향기를 뿜으리라.

이 도량에는 보물 중에 아주 희귀한 보물이 장엄되어 있다.
대웅전과 장경각에 장엄되어 있는 묘법연화경 여래수량품 10폭 목각 병풍이다.
감히 언설하건대, 세상에서 가장 귀중한 보물이요, 한 자 한 자가 곧 법신사리法身舍利이시다.
수수백 년 수수천 년 동안 많은 사람들로 하여금 이 법에 신심을 내게 하리라.
불도에 들게 하는 기연이 되리라.

사람들을 불도에 들게 하는 길라잡이가 되리라.
사람들로 하여금 생사의 강을 건너게 하는 배가 되리라.
여래수량품 목각 병풍 앞에 서면 합장하고 경배하리라.

이 세상에 고귀한 법신사리를 남기고 간다는 일이 간단한 일이 아니로다. 이 세상에 나온 밥값은 한 셈이다. 아이들이 장난으로 부처님 상을 그린 이들도 성불한다 하셨는데, 하물며 이 거룩한 법신불을 조성한 공덕이 어찌 가볍다 하겠는가. 만약 공덕이 있다면 본문삼보님 전에 모두 회향하나이다. 중생의 성불함에 회향하나이다. 모든 중생이 법화경을 믿고 수행함에 의해 성불이 결정코 의심이 없으리라.

경전에 이르시기를,
"약왕이며, 곳곳마다 혹은 설하거나 혹은 읽거나 혹은 외우거나 혹은 쓰며 혹은 경권이 머무는 곳에는 모두 응당 칠보탑을 세우되 극히 높고 넓고 장엄하게 꾸미고 다시 사리舍利를 봉안하지 말지니라. 왜냐하면, 이 가운데는 이미 여래의 전신全身이 계시기 때문이니라."(『묘법연화경』「법사품」)

법화경권이 곧 법신사리임을 밝히신 내용이니라.
따라서 이곳 삼불사는 법화도량으로서 법신사리法身舍利가 모셔져 있는 거룩한 도량이니라.
오늘도 법신사리에서 광명을 놓고 계시지 않는가.

중생 성불의 대진언인 "나무묘법연화경"을 소리 높여 부르면 인법

일여人法一如 기법일체機法一體되어 즉신성불하느니라.

오늘도 사경하는 붓 끝에 혼을 실어 본다.

법화행자의 공덕과 신통력

법화경 「수희공덕품」에서 이르시기를,

"어떤 사람이 복을 구하려고 그들의 욕망에 따라 오락거리를 주는데, 하나하나 중생에게 염부제에 가득찰 만한 금·은·유리·자거·마노·산호·호박 등 모든 묘하고 진기한 보배와 또 코끼리, 말, 타는 수레와 칠보로 이룬 궁전과 누각 등을 주었느니라.

이 시주가 이와 같이 보시하기를 팔십 년을 채우고는 이런 생각을 하되,

내가 이미 중생에게 오락거리를 보시하여 하고자 하는 뜻에 따랐으나, 이 중생들이 모두 이미 쇠약하고 늙어서 나이 팔십이 넘은지라. 머리털은 희고 얼굴은 주름져 장차 오래잖아 죽을 것이니, 내가 마땅히 부처님의 법으로써 가르쳐 인도하리라.

이 중생을 모아 불법을 펴서 교화하여 이롭고 기쁜 것을 가르쳐 보이고, 일시에 수다원·사다함·아나함·아라한도를 얻게 하여 모든 번뇌를 다하게 하고 깊은 선정에서 모두 자재함을 얻어 팔해탈을 갖추게 하였다면 너의 생각에는 어떠하겠느냐? 이 큰 시주가 얻은 바 공덕이 많다 하겠느냐, 아니하겠느냐?"

"만약 이 큰 시주가 중생에게 오락거리만 보시하였더라도 공덕이

한량없을 것이온데, 하물며 아라한과까지 얻게 한 공덕이오리까?"
사백만억 아승지 세계의 육도 중생에게 보시하고 또 아라한과를
얻게 한 공덕이 법화경의 한 게송을 듣고 따라 기뻐한 공덕에 비교
하면 백분 천분 백천만억분의 일에도 미치지 못하며, 산수나 비유
로도 알지 못한다고 경에서 설하셨다.

이러한 뜻에 비추어 보면, 아라한이 육신통六神通·삼명三明·팔해
탈八解脫을 얻은 공덕이 법화경 한 게송이라도 믿고 이해한 공덕에
비교하면 백천만억분의 일에도 미치지 못한다고 밝혔으니, 법화
경이 거룩하고 위대한 경전임을 알 수 있느니라. 법화경을 여설수
행如說修行하고 광선유포廣宣流布하는 법화행자의 공덕과 신통력은
한량없어 부처님의 지혜로도 알 수 없다고 한다.

『묘법연화경』「견보탑품」에 이르시기를,
"혹은 유정천에 서서 대중을 위하여 한량없는 다른 경전을 연설하
기는 또 어렵다 할 수 없으나, 만약 부처님께서 열반하신 뒤 악한
세상 가운데서 능히 이 경을 설함이 이것이 곧 어려움이니라.
가령 어떤 사람이 손으로 허공을 잡아쥐고 자유로이 다니는 것은
또한 어려운 일이 아니지만, 내가 멸도한 뒤에 만약 스스로 써서
지니거나 혹은 남을 시켜 쓰게 하면 이것이 곧 어려움이니라.
혹은 큰 땅을 발톱 위에 올려놓고 범천에 올라가는 것은 또한 어
려운 일이 아니지만, 부처님 멸도하신 뒤에 악한 세상 가운데서 이
경을 잠깐 읽는 이것이 곧 어려우며, 가령 겁화가 활활 타는데 마

른 풀을 짊어지고 그 가운데 들어가서 아니 탐은 또한 어렵다고 할수 없으나, 내가 멸도한 뒤에 만약 이 경을 지니고 한 사람에게라도 설하기는 이것이 곧 어려움이니라.

혹은 팔만 사천 법장과 그리고 십이부경을 모두 다 받아지니고 사람을 위하여 연설하며 모든 듣는 자로 하여금 여섯 신통을 얻게 함도 비록 능히 이와 같이 하기는 또한 어려운 일이 아니지만, 내가 멸도한 뒤에 이 경을 받아 듣고서 그 뜻을 묻는다면 이것이 곧 어려움이니라.

만약 어떤 사람이 법을 설하여 천만 억의 한량없고 수없는 항하사 중생으로 하여금 아라한을 얻게 하고 여섯 신통을 구족하게 하는 비록 이런 이익이 있어도 또한 어렵다고 할 수 없으나, 내가 멸도한 뒤에 만약 이와 같은 경전을 능히 받아지님이 이것이 곧 어려움이니라."

부처님께서 멸도하신 뒤 악한 세상 가운데서 이 법화경을 설함이 곧 신통력이며, 경권을 스스로 베껴쓰거나 남을 시켜 쓰게 함이 곧 큰 신통이며, 이 경을 잠깐이라도 읽고 외움이 곧 큰 신통이며, 한 사람에게라도 설해줌이 곧 큰 신통이며, "나무묘법연화경" 제목을 일심으로 외우는 것이 곧 신통력이 된다.

이러한 사람은 공덕의 숲(功德林)이 무성하게 자라남이 되고, 이것이 곧 대도량이요, 부처님이 머무는 곳이요, 보배탑이 세워진 곳이다.

법화경이 머무는 곳이 곧 적광토寂光土이니라.

법화행자는 바다와 같은 공덕의 창고를 지님이 되고, 이런 사람의 육신이 바로 보탑이니라. 경권이 머문 곳에 이미 여래의 전신이 머무는 곳이니라. 아라한이 얻은 육신통이 법화경 받아지니고 한 게송을 듣고 따라 기뻐한 공덕에 비교하면 백천만 분의 일에도 미치지 못함이니라. 또 무슨 법을 찾아 헤매리오.

"나무묘법연화경" 제목을 일심으로 부를 때가 곧 신통묘神通妙이니라.

열린 마당 ⑨

법화행자에게는 훼방과 질시가 따르나
이를 극복할 수 있는 용기와 지혜가 생긴다.
어떤 고난도 극복 못할 일은 없다.

정중동 고요함 가운데 움직임이 있고
부드러움 가운데 날카로움이 있다.
부지런함 가운데 한가함이 있다.

수행자는 고래심줄 같은 끈질김이 있어야 하고,
사자왕 같은 용맹정진이 있어야 하며,
문수사리와 같은 지혜가 있어야 하고,
보현보살과 같은 원력이 있어야 하며,
관음보살과 같은 자비심이 있어야 하고,
약왕보살과 같은 난행고행이 있어야 한다.

본화보살의 서원과 같이
묘법연화경 여설수행 광선유포가 따라야 한다.

• 넷째 마당 •

법화경은 제불출세 본회설

개권현실開權顯實

권權을 열어서 실상을 드러냄이니,

권權은 방편이요, 전사시경前四時經이 권權이다.

실實은 진실한 법이요, 법화경이 실實이다.

화엄경華嚴經은 권대승權大乘이요

법화경法華經은 실대승實大乘이다.

적문迹門

위실시권爲實施權 실상법을 위하여 방편법을 베푼다.

개권현실開權顯實 방편을 열어 실상을 드러낸다.

폐권입실廢權立實 방편을 폐하고 실상법을 세운다.

본문本門

종본수적從本垂迹 본문을 쫓아 적문을 드리운다.

개적현본開迹顯本 적문을 열어 본문을 드러낸다.

폐적입본廢迹立本 적문을 폐하고 본문을 세운다.

개권현실開權顯實은 상대묘相待妙가 되고

폐권입실廢權立實은 절대묘絶待妙가 된다.

화엄경에서는 부처님께서 설하신 법문이 비록 광대원만廣大圓滿하지마는 근기를 다 껴잡아 거두지 못하므로 여래께서 출현하신 본회가 나타나지 않았다(不暢如來出世本懷). 일대사인연一大事因緣의 본뜻을 말씀하신 경이 아니다. 모든 근기를 다 융섭融攝하지 못한 경을 실경實經이라 할 수 없다.

부처님께서 세상에 출현하심은 일체중생으로 하여금 불지견佛知見을 깨달아 불지견에 들게 하여 일불승대도一佛乘大道를 성취하게 함에 있다. 따라서 일대사인연一大事因緣이 실현되려면 모든 근기와 대소승을 모두 이끌어 일불승에 들어가게 하지 않고서는 안 될 것이다.

일체중생을 일불승에 귀입시키는 일대사는 화엄경에서는 드러나지 않았다. 법화경은 순수한 원교圓敎이기 때문에 여래의 출세본회出世本懷가 온전히 드러났다. 법화경만이 출세본회가 온전히 담겨 있기 때문에 다른 경전과 비교하면 상대묘相待妙가 된다.

법화회상에 이르러 전사시前四時의 추麤를 열어 없애고 일불승一佛乘의 묘妙를 이룬 것이다. 이승작불二乘作佛이 바로 이러한 일이다.

전사시의 경에서는 여래께서 의도하신 바의 교화가 이루어지지 않았으며, 일체중생 개성불도皆成佛道의 법화경에 와서야 출세본회의 뜻을 이루게 된 것이다. 이러하므로 화엄경은 미개현원교未開顯圓敎라 하고, 법화경은 개현원교開顯圓敎라 하는 것이다.

법화경은 팔만 사천 법문 가운데서 순일무잡純一無雜하여 홀로 묘법의 이름을 얻었다고 한다. 이를 절대묘絕待妙라 한다.

그러므로 경에서 이르시기를,

시방불토중十方佛土中 유유일승법唯有一乘法 무이역무삼無二亦無三

시방불토 중 오직 일승법만 있고 이승도 없고 또한 삼승도 없다.

정직사방편正直捨方便 단설무상도但說無上道

곧바로 방편을 버리고 다만 무상도를 설하노라.

단위보살但爲菩薩 불위소승不爲小乘

다만 보살을 위할 뿐 소승을 위하지 않는다.

유유일승법唯有一乘法 무이역무삼無二亦無三, 이를 교일敎一이라 한다.

시법주법위是法住法位 세간상상주世間相常住, 이를 이일理一이라 한다.

정직사방편正直捨方便 단설무상도但說無上道, 이를 행일行一이라 한다.

단위보살但爲菩薩 불위소승不爲小乘, 이를 인일人一이라 한다.

시방 세계 중에 오히려 이승도 없거늘 하물며 어찌 삼승이 있겠느냐?

세간世間 밖에 출세간出世間이 따로 있는 것이 아니라, 세간이 곧 출세간(世間 卽出世間)이요, 생사즉열반生死卽涅槃, 번뇌즉보리煩惱卽菩提, 생멸즉진여生滅卽眞如이다. 번뇌를 끊고서야 보리를 얻는 것이라고 함은 이승二乘의 편견이다.

일사일물一事一物 그 어느 것 하나 실상의 진리가 존재하지 않음이 없다.

일색일향一色一香이 중도中道 아님이 없다. 이러함이 이일理一이다.

법화경은 부처님과 중생을 연결시키는 끈이요 등대이며 길이니, 교敎를 믿고 의지하여 불도를 이루게 된다. 부처님과 중생계의 관계를 성립시키는 교리가 곧 묘법妙法이다. 이러함이 교일敎—이다. 교리敎理를 믿고 수행함에 의하여 중생을 불도佛道로 인도하는 과정이 곧 행일行—이다.

교보살법敎菩薩法이 법화경이요, 이승삼승二乘三乘을 가르치는 법이 아니다. 이러함이 인일人—이다.

이일理—·교일敎—·행일行—·인일人—을 사일四—이라 한다.

법화경은 이승삼승을 회통하여 모두 일불승으로 인도함이니, 곧 이승작불二乘作佛이다. 이를 절대묘絶待妙라 한다.

법화에서 삼거三車 궁자窮子 화성化城의 비유는 이승삼승을 받아들이고 포용하는 도리이니, 마치 바다가 온갖 물을 받아들이는 것과 같다. 이승삼승을 포용하지 못한다면 어찌 대승大乘이라 하겠는가. 어찌 유일불승唯一佛乘이라 하겠는가. 어찌 일대사인연一大事因緣이라 하겠는가.

육신의 부모는 금생에 한할 수 있지만 부처님과 불자의 관계는 세세생생 관계가 유지될 수 있다. 말법시 "나무묘법연화경" 제목을 부르는 자는 부처님의 진실한 법자法子이다.

전사시前四時에서는 재산과 가업을 상속하지 않았으나, 법화회상에서 부여가업附與家業을 상속하셨노라. 무상보취無上寶聚 불구자득不求自得 값도 모를 보배무더기를 구하지 아니해도 저절로 얻음이니라.

방편품에서 설하신 사불지견四佛知見을 살펴보자.

개불지견開佛知見 : 불지견佛知見이 무명번뇌 속에 덮여져 있다가 중도의 이치가 개현開顯됨이 개불지견이다.

시불지견示佛知見 : 나타내어 보임(顯示). 차별상이 없는 공空의 도리 위에 만 가지 덕상을 나타내 보이는 것이 시불지견이다.

오불지견悟佛知見 : 비유비공非有非空, 중도中道의 진리를 깨닫는 것이 오불지견이다.

입불지견入佛知見 : 중도지혜中道智慧. 여래의 지혜 바다에 들어감을 입불지견이라 한다.

사불지견四佛知見이란 중도의 이치를 열어, 중도의 이치를 보고, 중도의 이치를 깨달아, 중도의 이치에 들어감을 말한다. 이 사불지견이 이미 중생들에게 갖추어져 있는 것이다. 만약 불지견이 중생에게 없다면 어떻게 열게 할 것이며, 어떻게 보게 할 것이며, 어떻게 깨닫게 할 것이며, 어떻게 들게 할 것인가.

중도실상中道實相의 도리가 이미 우리들에게 갖추어져 있기에 열게 하고, 보게 하고, 깨닫게 하고, 들어가게 하신 것이다.

법계 만유가 제법諸法 유정무정有情無情을 불문하고 모두 중도실상中道實相 아님이 없다. 모두가 진여중도眞如中道의 묘리와 삼천제법三千諸法을 원만히 구족하여 불변不變과 수연隨緣의 두 가지 덕성을 갖추고 있다.

진여중도眞如中道의 본체는 불변이요, 수연隨緣의 덕에 의하여 삼라만상으로 나타나는 것이다. 예컨대 바다는 불변의 체이고, 여기에서 일어난 천파만파千波萬波는 수연의 파도이다. 그러나 바다와 파도가 둘이 아니다(海波不二).

불변의 진여법성眞如法性과 수연隨緣에 따라 일어난 마음은 결코 둘이 아니다. 진여의 법성에서 연에 따라 천태만상의 모습이 일어난 것이다. 그러나 진여의 중도는 생멸이 없고 변개變改가 없다.

십법계十法界가 각각 십법계를 갖추고 있으니 백법계百法界가 되고, 백법계가 각각 십여시十如是를 갖추었으니 천여시千如是가 되고, 천여시가 삼세간三世間인 욕계欲界·색계色界·무색계無色界를 갖추었으니 삼천세간三千世間이 되고, 이를 일념삼천一念三千이라 하니, 우리의 한 생각에 삼천제법을 갖추었다 한다.

한 생각에 불도에 들게 되는 그야말로 위없는 거룩한 법문이니, 천태대사의 거룩한 법문이다.

일념삼천의 도리에서 보면 사바즉적광娑婆卽寂光이요, 번뇌즉보리煩惱卽菩提요, 생사즉열반生死卽涅槃이요, 중생계즉불계衆生界卽佛界의 도리가 된다.

일색일향一色一香 무비중도無非中道, 일색일향이 중도 아님이 없다. 중도실상은 어느 것에도 치우치지 않으니 공空과 유有, 생生과 사死, 흑黑과 백白 어느 것에도 치우치지 않고, 평등대혜平等大慧와 만행만덕萬行萬德을 구족하고 있으니 불교의 근본이요 구경의 법인 것이다.

불생불멸불가설不生不滅不可說이라, 만법이 다 그냥 그대로 진여성품을 갖추고 있으니, 진여는 상주常住함이니 불생불멸이다. 이러함이 원교의 소론이다. 곧 제법실상諸法實相의 도리요, 법화경 적문의 근본법이요, 중생성불의 직도이다.

개성불도皆成佛道의 도리이니 이를 세간상상주世間相常住라 하심이라, 세간법이나 출세간법이 중도실상中道實相 아님이 없으니 일색일향이 중도 아님이 없다. 우리들 마음이 곧 제법諸法이요, 제법이 곧 실상이다. 우리들 마음이 곧 실상이니 적멸寂滅이요, 법신불의 당체이다. 우리들 마음을 떠나 한 법도 없다.

실상이란 일체어언도단一切語言道斷이요, 심행처멸心行處滅이라, 깨쳤든지 못 깨쳤든지 우리들 마음 그 당체가 제법실상諸法實相이다. 일색일향이 중도 아님이 없는데, 우리들의 마음인들 어찌 중도가 아니겠는가. 제법이 마음이요, 마음의 참성품이 상자적멸상常自寂滅相이다. 우리의 마음이 항상 스스로 적멸의 모습이다. 이러함이 법화경의 핵심 진리이다. 상자적멸상이란 누가 꾸미고 조작한 것이 아니라, 그냥 스스로 부처의 당체요, 부처의 경계이니, 자신 가운데 부처님의 경계가 구족되어 있는 것이다.

법화경은 원교圓敎라 하고 순일무잡純一無雜하고 교보살법敎菩薩法이다.

원교의 다른 이름을 원묘圓妙·원만圓滿·원족圓足·원돈圓頓이라 한다.

원묘 : 불가사의한 묘법, 사람의 감정이나 생각으로 알 수 없는 경지

원만 : 십법계의 사리事理를 갖추었다.

원족 : 법계의 어느 것 하나 빠지지 않고 불도佛道를 이룰 수 있는 덕을 구족하고 있다.

원돈 : 일색일향一色一香이 중도 아님이 없다. 범부 중생의 심상心相
　　으로 일념삼천을 다 갖추었다. 일념으로 묘법을 증득할 수 있다.

묘법妙法이 곧 마음이다. 묘심妙心은 체를 갖추어서 여의주와 같다.
마음과 부처와 중생이 차별이 없어 묘법연화경이다. 이 마음이 곧
즉공卽空・즉가卽假・즉중卽中이다.

상경무상常境無相 항상한 경계는 상相이 없고
상지무연常智無緣 항상한 지혜는 연緣이 없다.
법法이란 어느 누구의 조작이 없는 실상 그대로의 법이기에 법이
라 하고, 묘妙란 부처님의 경계가 사람들의 생각과 언어와 눈으로
보는 경지를 넘고 있으므로 불가사의 묘妙라 하는 것이다.
부처님의 경계는 구원겁久遠劫으로부터 상재불멸常在不滅하면서
끊임없이 생명으로 면면綿綿히 내려오는 실재이다. 때로는 우리 같
은 인간의 몸을 나투시어 중생을 제도하심이 끝이 없다. 때로는 부
처님 몸으로써 법을 설하시기도 하고, 때로는 다른 사람의 몸으로
써 법을 설하시기도 하고, 때로는 부처님 몸을 보이시기도 하고,
때로는 다른 사람의 몸을 보이시기도 하고, 또 어느 때는 부처님
몸으로 불사를 짓기도 하심이 잠시도 쉬지 않고, 중생을 제도 해탈
케 하심이 끝이 없는 것이다. 중생을 제도하여 불도에 들게 하는
법을 묘법妙法이라 하니, 소위 법화경이라 하는 경전이다.
묘법이 우리들의 마음을 떠나지 않고 생동하고 있는 것이다. 묘법
이 곧 우리들의 마음이다.

번뇌가 죽 끓듯 하는 우리들의 마음이 묘법을 믿고 수행하면 망심 가운데 상재常在하고 있는 부처님의 경계를 회복하는 것이다.

망심 그대로가 묘법이다.

번뇌즉보리煩惱卽菩提요, 생사즉열반生死卽涅槃이다.

성난 불꽃瞋 가운데 부처님의 자비광명이 비치고, 탐욕심 가운데 부처님의 지혜가 함께 하고 있는 것이다. 마음이 묘법(心也妙法)인 줄 모르고 한량없는 겁 동안 밖에서 찾아 헤맸던 것이다.

마음을 떠나 부처도 없고 한 법도 없다. 마음과 부처와 중생이 차별없이 "묘법연화경"인 것이다.

망심의 일념 가운데 불계佛界를 비롯한 십법계를 갖추고 있으니, 일념삼천一念三千의 법문이다. 삼천제법이란 한 마음 가운데 온갖 제법이 생겨났으니, 만법이 곧 우리들의 일심一心인 것이다. 일념삼천의 도리는 천태대사께서 체험하신 귀중한 법문이다.

중생이 있는 곳에 항상 부처가 있고, 부처가 있는 곳에는 또한 중생이 있는 것이다. 그러나 수행하여 증득하지 않으면 진흙 속에 묻혀 있는 진주와 같아, 닦지 않으면 드러나지 않는 것이다. 이러함을 천태대사께서는 쥐가 찍찍거리는 것과 같고, 새가 꾸꾸거리는 것과 같다고 경책하셨다.

"나무묘법연화경" 제목을 외우는 자 머지않아 묘각위妙覺位에 오르리라.

하처何處 천연미륵天然彌勒 자연석가自然釋迦!

닦지 않고 어느 곳에 천연 미륵이 있고, 자연 석가세존이 있겠느냐.

무상도無上道를 깨달아 실현할 능력은 이미 우리들 자신에게 있다.

궁극의 차원에서 보면 우리의 자성自性은 부처님과 다르지 않으므로 우리 가운데 부처가 머물고 있는 것이다. 아무리 부처가 머물고 있다 해도 닦아 증득하지 않으면 진흙 속에 묻혀 있는 진주와 같은 것이다.

우리가 성불한다는 것은 불성회복佛性回復이다. 이미 자신 가운데 있는 불성을 회복하면 된다.

사람들은 자기 육신의 수명에 매달리고 있으나, 심성心性의 수명은 무한하다. 부처님의 한량없는 수명이 곧 우리들의 수명이다. 중생들의 수명도 부처님과 같이 무량무변 백천만억 나유타 겁이니라.

우리에게도 늙지도 않고 죽지도 않는 법이 있으니, 바로『묘법연화경』「여래수량품」의 본불님의 상주불멸常住不滅하시는 수명이 곧 십법계의 수명이다.

"나무묘법연화경" 제목을 일심으로 부를 때가 자신의 불성을 회복할 때요, 자신 가운데 늙지도 않고 죽지도 않는 도리를 깨닫는 때이다.

이 육신을 받았다면 다함이 있지마는 육신을 운전하고 다니는 주인공인 심성心性은 다함이 없는 것이다.

우리의 내면에는 구경의 진리인 제법실상諸法實相의 도리가 존재하고 있느니라. 부처님과 같은 자비와 지혜가 구족되어 있느니라. 부처님의 거룩한 덕목이 중생에게도 이미 갖추어져 있음을 세존께서 일체중생一切衆生 실유불성悉有佛性이라 하셨도다. 중생들에게 부처님과 같은 자성불自性佛이 항상 존재하고 있느니라. 이를 본구무작삼신불本具無作三身佛이라 한다. 짓지 아니 해도 본래부터 삼신불이 상재常在하고 있음이라.

사회대중들아, 이 법화경은 제불출세본회설諸佛出世本懷說이니라.
모든 부처님께서 세상에 출현하시는 근본이니라. 이 경을 받아지
닌 자, 시방제불께 공양함이요, 부처님의 진실한 법자法子이니라.
부처님과 함께 생활하는 자이니라. 법화경을 배반하면 모든 부처
님을 배반함이요, 시방세계에 머리를 둘 곳이 없으리라.

· 다섯째 마당 ·

법화경의 이해

법화경은 무상도이며, 팔만 사천 법문의 최첨단의 법이며, 경전 중의 왕이다. 시방제불께서 세상에 출현하시는 근본이며 본의本意이시다.

중생이 성불하는 것보다 더 큰 법은 있을 수 없으며, 법화경은 중생 성불의 직도의 법이다.

아무리 거룩한 법이라 해도 믿음과 이해가 없다면 법을 성취하지 못할 것이다.

법화경 신앙이란 제목으로 법화경의 난신난해한 법을 불자들이 믿고 이해하는 데 이정표가 되게 하고, 먼 후학들의 수행의 등불이 되게 하고자 한다.

이 마음이 곧 묘법이니라(心卽妙法也). 이 마음을 깨달아 앎을 여래如來라 이름하며, 이를 깨달아 알고 나면 십계十界가 나의 마음이요, 나의 참된 모습이라.

본각여래가 나의 심신이니라. 이를 알지 못함을 무명無明이라 하고, 이를 깨달아 앎을 법성法性이라 한다.

그러나 무명과 법성이 일심의 작용이니라(無明卽法性). 말은 둘일지라도 오직 하나의 마음이며, 이런 까닭으로 무명을 끊으려고 애쓸 것이 아니라, 그 마음을 깨달아 십법계가 나의 마음이며 나의 마음을 떠나 한 법도 없다는 것을 알아야 하느니라.

불계의 십여시十如是는 하늘의 실제 달과 같고, 구법계의 십여시는 물에 비친 달그림자와 같다. 모든 부처님과 자심自心의 부처와 다르지 않다고 관할지니라.

법화경은 삼세제불의 출세본회出世本懷요, 일체중생 개성불도皆成佛道이니라. 만약 법화경을 배반하면 시방제불을 배반함이라. 법화경은 중생 성불의 지남指南이며 또 중생의 못 고칠 병이 없는 대양약이다.

선지식의 연을 만나면 금생에 원을 이룰 수 있느니라. 제불의 성품이 나에게 들고 나의 성품이 제불과 합치도다.

제법실상諸法實相은 법화경 핵심 법문이니 반드시 깨달아 증득해야 한다. 우리들의 마음이 제법諸法이요, 마음이 곧 실상(참모습)이니라.

마음을 떠나 제법이 있을 수 없고, 실상은 곧 적멸이라. 우리들 한 생각 가운데 삼천제법三千諸法을 구족함이니라. 천태대사께서 일념삼천이라 하셨느니라.

마음을 떠나 한 법도 없음이니라. 심야즉묘법心也卽妙法이니라.

"나무묘법연화경" 제목을 봉창하는 사람이 삼신즉일신三身卽一身의 본각本覺 여래로서, 밖에는 법이 없음이라.

수타의설隨他意說은 중생의 근기 따라 설하신 법이요, 수자의설隨自意說은 중생의 근기와 상관없이 설하신 실상법實相法이니 무문자설無問自說이니라. 수타의설법은 구경의 법이 드러나지 않았고, 수자의설법은 구경의 진리가 모두 밝혀졌느니라.

마음 밖에는 한 법도 없으며 자기 마음(己心)과 심성心性과 신체의 셋은 본각의 삼신여래法報化이니, 이를 법화경에서 설하시기를,

여시상如是相 = 응신여래應身如來 밖으로 드러난 모습

여시성如是性 = 보신여래保身如來 내재한 성품

여시체如是體 = 법신여래法身如來 모습과 성품을 담고 있는 신체

이를 삼여시三如是라 하니, 우리들의 심신心身 가운데 삼신여래가 활동하고 있음이니라.

삼여시의 본각 삼신여래가 우리들 마음과 몸 가운데 있으나, 부처님은 생시와 같고 중생은 꿈꾸는 사람과 같아, 생사의 허망한 꿈에서 깨어나 본각 생시로 돌아옴을 즉신성불卽身成佛이라고도 하고, 평등대혜平等大慧라고도 하며, 무분별법無分別法이라고도 하고, 개성불도皆成佛道라고도 한다.

과거와 미래와 현재가 삼三일지라도 일념의 마음의 이치이므로 무분별이다. 일체 경은 방편법이니 꿈속의 사연이요, 법화경은 실상법이니 생시의 마음을 나타내는 설법이니라.

마음 밖에는 법이 없음이라. 부처와 법과 정토가 자신의 몸과 마음 밖의 일이라고 생각하고 구하고 원한다면, 이를 미혹迷惑이라 하고 무명이라 하고 꿈속의 일이니라. 오직 삼계三界가 나의 일심이니라. 심불급중생心佛及衆生 시삼무차별是三無差別, 마음과 부처와 중생이 이 셋은 차별이 없다.(『화엄경』)

무량의자無量義者 종일법생從一法生

기일법자其一法者 즉무상야卽無相也

여시무상如是無相 무상불상無相不相

불상무상不相無相 명위실상名爲實相

무량의는 하나의 법으로 좇아 났으며

그 하나의 법은 형상이 없음이니,

이와 같이 형상이 없는 것은 형상도 없으며 형상이 아니니,

형상이 아니기에 형상이 없으므로 실상이라 이름하느니라.

(『무량의경』)

여기서 무량의는 곧 우리들의 마음이요 한 생각이다. 마음은 형상이 없기에 형상이 아니다. 이름하여 실상이라 한다. 마음의 참모습(實相)을 드러내신 무량의경의 말씀이다.

우리들 마음 그대로가 실상이니, 공하다는 생각마저 멸한 적멸寂滅이다. 이를 일체어언도단一切語言道斷이요, 심행처멸心行處滅이라 한다.

화엄시·아함시·방등시·반야시의 경전을 권교라 하고 방편교라 하니, 소위 사십여년四十餘年 미현진실未顯眞實이라 하셨노라. 중생의 근기 따라 법을 설하심이 수타의설법隨他意說法이요 방편법이라. 화엄경을 권대승 방편대승이라 하고, 법화경을 실대승이라 함이니라. 제호醍醐이다.

수자의설법隨自意說法은 실교인 법화경을 일컫는 말씀이라. 소위 무문자설無問自說이라, 묻지 아니해도 부처님 스스로 설하신다는 뜻이다.

중생의 근기와 관계없이 이 법을 듣고 받아지니면 모두 성불함이

니, 약유문법자若有聞法者 무일불성불無一不成佛, 만약 법을 듣는 자가 있으면 성불 못함이 하나도 없느니라.

일대성교一代聖教 가운데서 법화경이 수자의교隨自意教이며 실교實教이다. 방편으로써는 중생 성불이 어렵고 오로지 실교인 법화경력으로 중생 성불의 문이 열리게 된 것이다.

권교는 물에 비친 달그림자와 같고, 실교는 하늘의 실제 달과 같다. 무분별법無分別法이란 일승의 묘법연화경이다.

"나무묘법연화경" 제목을 부르는 자, 시인어불도是人於佛道 결정무유의 決定無有疑, 이런 사람은 불도에 들기 결정코 의심이 없느니라.

중생이 부처가 되는 고로, 묘법이라 하고 불가사의라 한다.

법화경은 볶은 종자와 같은 이승·방법자·일천제 등이 성불할 수 있는데, 하물며 건강한 종자이랴.

묘법연화경은 일체 경의 왕이요, 제불의 안목이요, 일체중생의 개성불도이니, 부처님을 낳는 종자이니라.

묘법연화경의 양약을 먹으면 낫지 않는 병이 없고, 쌓이지 않는 공덕이 없으며, 멸하지 않는 악업이 없느니라.

자성불이 곧 묘법연화경이다.

법보화法報化 삼신불이 저마다 자신 가운데 머물고 있느니라. 이를 자성불이라 함이니라.

"나무묘법연화경" 제목을 부를 때가 자성불을 회복할 때이다.

"묘법을 받아지니고 퇴전하지 않는 자는 과거에 십만억 부처님께 공양한 사람이니라."(『묘법연화경』「법사품」)

법화경은 제불께서 세상에 출현하시는 근본이요, 제불께서 출생하

시는 종자요, 안목이니라. 부처님의 삼종신三種身은 방등方等으로
부터 났느니라.

일체 보살의 아뇩다라삼먁삼보리는 모두 이 경에 속함이니라.

"나무묘법연화경" 제목은 법화경의 간심肝心이요, 팔만 사천 법문
의 간심이며, 시방제불의 혼魂이요, 정요精要이며, 골수骨髓이니라.

묘법을 받아지닌 자, 제불의 몸을 받아지닌 자이니라. 이런 사람은
영산정토靈山淨土에서 부처님과 같이 생활하며 부처님과 동행하는
자이며 부처님의 식솔이니라.

법화경 방편품은 적문迹門의 핵심이며, 십여시十如是 제법실상諸法
實相의 법문을 설하시어 법계의 중생 성불의 문을 여셨도다. 사리
불舍利弗을 선두로 모든 아라한이 성불수기를 받게 되었도다.

여래수량품은 본문本門의 간심이라. 본문의 간심은 일대성교의 간
심이요, 시방 삼세제불의 대의大意이다.

여래수량품의 일념삼천一念三千 구원실성久遠實成의 법문은 희유하
고 요긴함이다. 구원실성 일념삼천의 법문은 전사시前四時는 물론
이고 심지어 법화경 14품에까지 드러내지 않고 감추셨느니라.

이러함이 여래비밀如來秘密 신통지력神通之力이라. 여래비밀은 구
원겁에 성불하신 본불님 당체이시고, 신통지력은 중생을 제도하기
위하여 몸을 나투신 적불님의 신통력이니라.

부처님께서 세 번이나 여래성제지어如來誠諦之語를 잘 듣고 이해하
라 다짐시키시고, 이에 미륵보살 등은 세 번이나 청하여 그치지 않
음이니, 삼제사청三諦四請의 법문이라. 시방 삼세 모든 부처님의 구

경의 법문이로다. ·

일념삼천一念三千 구원실성久遠實成 즉신성불卽身成佛은 법화경에만 한하고 있음이다. 극묘極妙한 법이기에 법화경을 헐뜯어 비방하면 큰 고통이 따르게 되느니라.

"나무묘법연화경" 제목은 법화경의 심체이고 구경의 법문이요, 존귀함이 타와 비교할 수 없느니라. 석가세존의 일대성교一代聖教 중에서 가장 첨단의 법문이니라.

과무량무변過無量無邊 불가사의不可思議
아승지겁阿僧祇劫 종부득성終不得成
아뇩다라삼먁삼보리阿耨多羅三藐三菩提
무량무변 불가사의 아승지 겁을 지날지라도 끝내 아뇩다라삼먁삼보리를 얻지 못할 것이라.
_『무량의경』

법화경이 아니고서는 불도를 이루기 어렵다는 말씀이다. 타 경전은 성불할 자도 성불 못하고, 법화경은 성불 못할 자도 성불하느니라. 성불 못할 자란 이승二乘, 방법자謗法者, 일천제一闡提(오역죄인) 등이다.

오탁악세 중생들은 업장이 두텁고 죄업이 무겁고 근기가 하열하고 아만심我慢心은 높아 중병 환자 같음이라. 이러한 중병 환자는 가벼운 약으로는 치료가 안 됨이라. 묘법연화경이란 대양약이 아니면 중생의 무거운 병을 고칠 수 없느니라. 중생이 병이 있어 묘법의 대양약을 먹으면 독한 병도 반드시 나으리라. 묘법의 대양약을 먹으면 불노불사不老不死하리라.

차대양약此大良藥 즉변복지卽便服之 병진제유病盡除愈

이 대양약을 곧 가져다 먹으니 병은 다 나았느니라.

묘법연화경은 여의보주요, 열반성에 들게 하는 사도師導이니라.

지용본화보살들이 말법 오탁악세가 도래되면 법화경의 간심肝心인 "나무묘법연화경" 제목을 소지하고 여기저기에서 솟아나와 중생들 입에다 넣어주고 귀에다 걸어줄 것이니라. 광음光陰은 물같이 흘러 정법 천 년이 지나고 상법 천 년을 지나서 말법 초 오백 년을 지나 오탁악세가 도래되었으니, 지용본화보살들이 "묘법연화경" 제목 다섯 자를 홍포할 시기가 도래된 것이다.

말법시에 묘법을 홍포함에는 여러 가지 고난이 따르므로, 저마다 "저요 저요" 하고 부촉을 바랐지만 세존께서 이르시길, "그만두어라. 너희들이 아니라도 이 법을 광선유포할 보살이 있느니라"고 하시니, 이때 부처님의 말씀을 듣고 구름같이 모여온 천 세계 미진수 보살들이 바로 구원의 제자인 지용본화보살들이다.

구원의 법이기에 구원의 제자 본화보살들에게 본문의 간심인 "묘법연화경" 제목 다섯 자를 부촉하신 것이다.

이 법은 오탁악세에 널리 유통될 적기適期 대법大法이라, 그러므로 지금 몸을 받는 중생들의 대양약으로 삼게 하신 것이다.

업장 덩어리 이 몸으로써 오탁악세에 "나무묘법연화경" 제목을 받아지닌 자는 돌을 주고 금덩어리를 바꾼 것과 같도다. 법은 무겁고 몸은 가볍기 때문이다.

억억만 겁 동안 헤아릴 수 없음에 이르러
때에야 겨우 이 법화경을 얻어 들으며
억억만 겁 동안 헤아릴 수 없음에 이르러
모든 부처님께서 때에야 이 경을 설하시나니,
_『묘법연화경』「상불경보살품」

이 거룩한 법을 만났을 때 업장 덩어리 이 몸을 제도하지 못한다면 또 다시 억억만 겁을 기다릴소냐.
개시진실皆是眞實 평등대혜平等大慧 법화경으로 이 몸을 제도하지 못한다면 또 무슨 법으로 자신을 건지랴.
가장 위대하고 존귀한 법이기에 무앙수 겁의 다보불多寶佛께서 진실이라 증명하시고, 시방세계에서 모여 오신 분신불께서 사바세계에 오셔서 설상舌相을 범천梵天에 대시고 무허망無虛妄임을 신통력으로 나투셨느니라. 염부제의 일체중생의 무명의 병에 가장 좋은 약이 바로 묘법연화경 대양약이니라.
이 대양약을 지용본화보살들을 부르시어 부촉하셨도다. "묘법연화경" 대양약을 부촉 받고 총총히 물러갔던 보살들이 이제 여기저기서 솟아나와 대양약을 중생들의 입에 다 넣어줄 것이니라.
법화경은 중생의 무명과 삿됨(邪見)을 끊는 이검利劍이로다. 일체중생을 불도로 인도하는 길라잡이로다. 중생의 독한 병의 대양약이로다.

"문수사리여, 이 법화경은 제불여래의 비밀지장秘密之藏이라. 모든 경전 가운데 가장 위에 있느니라."(『묘법연화경』「안락행품」)

"차라리 신명을 잃을지라도 교教를 숨기지 말지니라."(『열반경』)

보리심을 일으키는 사람은 많으나 퇴전하지 않고 진실한 법을 증득하는 사람은 적으니라.

법화경을 받아지닌 자는 진실한 불자이니라.

법화경은 팔만 사천 법장의 간심이며 십이부경의 골수이다. 이 경은 시방 삼세제불의 스승이요, 법화경으로 인하여 불타를 이루셨고, 또 일체중생을 법화경으로 인도하여 불도에 들게 하신 것이다.

만약 어떤 중생이 법화경을 등진다면 모두 부처님을 등짐이요, 이 몸을 낳아준 부모님을 등짐이 된다.

이 경을 받아지닌 자는 부처님의 공덕에 보은報恩하는 자이며, 또 부모님의 은덕에 효행孝行함이 되느니라.

"나무묘법연화경" 제목을 자신도 일심으로 부르고 타인에게도 부르게 일러 주어야 하느니라.

"아뇩다라삼먁삼보리의 법이 모두 이 경에 속함이니라. 법화경을 받아지니지 않은 자는 보살도를 잘 행하지 못함이요, 이 경을 받아지니는 자는 보살도를 잘 행함이니라."(『묘법연화경』「법사품」)

법화경을 받아지녀 수행함이 육바라밀을 잘 행함이 된다. 법화경은 일체 경의 최정상의 경이니, 곧 여의보주이며 부처님의 살상투 속의 보주寶珠이니라.

이 경을 받아지닌 자는 부처님의 전 법재全法財를 물려받음이라. 무상보취無上寶聚 불구자득不求自得이라, 값도 모를 보배 무더기를 구하지 않아도 저절로 얻음이니라.

"여래는 대자비가 있어 모든 것에 아낌과 인색함이 없고 또한 두려울 바도 없으며 능히 중생에게 부처님의 지혜와 여래의 지혜와 자연의 지혜를 주는 것이니, 여래는 일체중생의 대시주이니라. 너희들은 또한 여래의 법을 응당 따라 배우되, 아끼고 인색함을 내지 말지니라."(『묘법연화경』「촉루품」)

이렇게 부처님으로부터 부촉 받은 "묘법연화경"을 지용본화보살들이 말법시가 도래되면 시방세계 여기저기에서 솟아나와 중생들의 입에다 넣어주고 귀에다 걸어줄 것이다.

영산회상에서 세존께서 세 번이나 당부하여 부촉하시고, 이에 본화보살들은 세 번이나 명세하고 부촉 받은 "묘법연화경"을 세상에 광선유포할 시기인 오탁악세가 도래된 것이다.

범부도 언약을 어기지 말아야 하거늘, 하물며 지용보살의 거성巨聖들이 어찌 부처님 앞에서 맹세한 일을 잊겠는가. 염부제에 광선유포하여 끊어짐이 없으리라.

일체중생 개성불도의 법화경 문자는 혁혁명명赫赫明明하도다. "나무묘법연화경" 제목을 받아지닌 자는 지용본화보살의 출현이 아니면 부르기 어려운 일이라. 진실한 법화행자가 아니면 어려운 일이니라.

"묘법연화경"을 받아지닌 자는 시방제불께 공양드림이요, 부처님의 진실한 법자이니라. 부처님의 일대성교를 받아지님이요, 일체본화 적화 보살님께 예배함이 되느니라.

용수보살께서 이르시길, "수다라에 의함은 백론白論이요, 수다라에 의하지 않으면 흑론黑論이다." 하심이라.

말법시에는 법화경 이외는 중생이 부처가 되는 길이 없다고 생각하고, 다른 경전에 머물고 있는 사람은 속히 묘법으로 옮겨야 하느니라.

약유문법자若有聞法者 무일불성불無一不成佛, 만약 법을 듣는 자가 있으면 성불 못함이 하나도 없으리라.(『묘법연화경』「방편품」)

법화경을 받아지니는 자는 제불의 명命을 잇는 사람이요, 시방 삼세제불께 공양드리는 것이니라. 석가세존의 심부름하는 사자使者이니라.

일체중생 개성불도皆成佛道의 근본은 오직 제법실상 이외는 없음이라. 일체 만법이 실상으로 드는 문이니, 이승二乘도 없고 삼승三乘도 없도다. 일대성교가 법화경으로 들게 하는 계단과 같음이라. 부처님의 진실한 뜻은 법화경으로 중생을 인도하시어 불도에 들게 하심이니라.

"무량 백천만억 아승지 겁에 얻기 어려운 아뇩다라삼먁삼보리의 법을 닦고 익혀서 이제 너희들에게 부촉하노니, 너희들은 마땅히 받아지니고 읽고 외워서 널리 이 법을 펴서 일체중생으로 하여금 두루 듣고 알게 할지니라."(『묘법연화경』「촉루품」)

법화경을 바다에 비유하셨으니, 불법의 대소大小·권실權實·현밀顯密 등을 빠짐없이 묘법연화경의 대해에 넣으셨으니, 일체 불법의 진리가 묘법연화경 속에 모두 담겨 있도다. 바다가 온갖 물을 수용하고 받아들이는 것과 같도다. 말법시 일체중생 개성불도의 법화경을 신용하는 사람은 정법시 상법시의 사람보다 훨씬 행복한 사람들이니라. 부처님께서 내리시는 법우의 큰 유택을 입은 사람이 로다.

"나무묘법연화경" 제목을 봉창하는 곳이 곧 영산회상靈山會上이며 보탑이 세워진 곳이니, 묘법을 받아지닌 자, 부처님 몸을 받아지닌 자이니라.

세존께서 법화경을 설하시고는 아난 미륵 가섭에게 이르시기를, 내가 세상에 출현한 것은 법화경을 설하여 일체중생을 불도에 들게 함이니라. 나는 이미 본회를 다하였으니, 이제 삼 개월이 지난 뒤 열반에 들겠노라.

이렇게 해서 세존께서 열반의 모습을 보이신 지 정법 천 년이 지나고 상법 천 년이 지나서 말법 초 오백 년이 지나 오탁악세가 돌아왔으니, 지용본화보살들이 "나무묘법연화경" 제목을 소지하고 시방세계에 나타나 이 법을 널리 홍포하리라.

일대성교의 골수이고 정요인 법화경 여래수량품의 자아게는 28품의 혼이요, 부처님의 정요요, 생명이요, 근본 뿌리가 됨이라. 여래수량품을 믿고 이해한 사람은 제불의 명을 잇는 사람이니라.

만약 불법 가운데 여래수량품이 없다면 하늘에 태양이 없는 것과 같고, 나라 안에 임금이 없는 것과 같고, 가정에 부모가 없는 것과 같고, 사람에게 혼이 없는 것과 같으리라.

천태대사께서 이르시기를, 계수묘법연화경稽首妙法蓮華經하라!

육만구천삼백팔십닉 자 한 자 한 자가 시진불是眞佛이요, 진불의 설법이 중생을 이롭게 한다고 설하셨노라.

법화행자는 설사 신명을 잃을지라도 경을 놓치지 말라. 전생의 선근공덕으로 금생에 이 대승법을 만났으니, 어찌 허망하게 보내겠는가. 반드시 금생에 상근정진常勤精進하여 불과佛果를 이룰지니라. 법화경을 존중하시어 수미산이 무너질지라도, 대지가 뒤집힐지라도, 바다의 조수潮水가 드나들지 않을지라도, 허망함이 없다 하셨으니 석가세존의 금언이노라.(일련대사)

법화경이 모든 경전 중에서 가장 존귀함은 여래수량품 때문이니라. 만약 모든 경전 중에서 여래수량품이 없다면 불교가 부평초와 같으리라.

본문의 간심인 "묘법연화경" 다섯 자를 지용본화보살들에게 부촉하시고 후오백세에 광선유포케 하시었다. 법화경은 석가세존과 더불어 시방 삼세제불의 출세본회出世本懷이며 일체중생 개성불도皆成佛道이다.

다보불께서 개시진실皆是眞實이라 증명하시고 시방에서 모여 오신 분신불께서 설상舌相을 범천梵天에 대시고 법화경은 모두 진실하고 대백법大白法임을 신통력으로 나타내셨느니라.

경전에서 세존께서 이르시기를, 나의 법은 묘하여 생각하기 어렵고 말하기 어렵다고 하셨으니, 불가설不可說 불가사의不可思議한 법이니라. 묘妙란 불가사의 일체어언도단一切語言道斷이요, 심행처멸心行處滅이며, 제법실상의 도리이고, 모든 부처님의 사범師範이며, 모든 보살의 사도師導이고, 일체중생 개성불도皆成佛道이니라. 그리고 열반성涅槃城에 드는 보배수레로다.

법화경 전품을 광廣이라 하고, 사요품四要品을 약略이라 하고, "묘법연화경" 다섯 자 제목을 요要라 함이라. 제목 다섯 자는 명名·체

體·종宗·용用·교教의 오중현의五重玄義이니라.

이승작불二乘作佛 구원실성久遠實成은 법화경에만 한하고 다른 경전에는 없으니 기묘하고 기묘하도다. 만약 법화경에서 이승작불을 허용하지 않으셨다면 사리불을 비롯한 모든 아라한이 영불성불永不成佛의 볶은 종자와 같다. 이들 아라한이 법화경을 받아지님으로써 한결같이 성불이 결정됨이라. 볶은 종자에서 싹이 돋아난 것과 같으니라.

이승작불이 없다면 다른 중생도 성불하지 못함이라. 법화경에서 이승작불이 결정됨은 구법계 중생도 성불함에 의심이 없도다.

법화경은 최상승最上乘 수다라修多羅이니라.

만약 여래수량품이 없다면 말법의 중생이 어디에 의지할 것인가. 여래수량품의 대양약이 아니면 어떻게 중생을 모든 고통에서 벗어나게 하고 생사의 강을 건너게 하고 어떻게 중생의 중병을 치료할 수 있으랴. 중생성불의 큰 문이로다.

"나무묘법연화경" 제목이 대양약大良藥이니라.

법화경은 무상심심미묘법이므로 다보불께서 모두 진실이라 증명하시고 시방세계 분신제불께서 설상舌相 범천의 신통력을 나투시고 허망함이 없음을 보이심이니라.

만약 법화경을 등진 사람은 시방제불을 등지고 배반한 사람이요, 팔만 사천의 법문을 등진 사람이요, 본화本化 적화迹化 제보살을 등진 사람이 되느니라.

실상實相이라 함은 묘법연화경의 다른 이름異名이다. 제법이라 함이 곧 묘법연화경이요, 우리들의 마음이다.

묘법을 모르는 사람은 자신의 마음을 모르는 사람이다. 누가 묘법연화경보다 수승한 경전이 있다고 한다면, 이는 묘법을 모르는 사람이요, 자신의 참모습을 모르는 사람이다.

오탁악세 말법시 "묘법연화경" 다섯 자를 홍통하는 사람은 지용본화地涌本化의 출현이니, 만약 아니라면 부르기 어려운 일이기 때문이다. 부처님의 진실한 법의 아들이니라.

다보여래와 석가세존께서 탑 속에 나란히 같이 하심은 말법시 영법구주令法久住하심이니, 법이 오래오래 세상에 머물게 하심이다.

천태대사께서 묘妙란 불가사의라고 이름한다고 하셨느니라. 묘란 곧 우리들 마음이니라.

자아게自我偈의 일심욕견불一心欲見佛이란 자심自心의 불계佛界를 나타내는 문헌이라. "나무묘법연화경" 제목을 일심으로 부를 때가 부자석신명不自惜身命 일심욕견불一心欲見佛할 때이니라.

말법시에는 법화경만이 중생성불의 길이 열리게 함이라.

묘법의 대양약이 아니면 중생의 무거운 병을 치료할 수 없느니라.

소승이나 방편법으로는 종부득성終不得成 무상보리無上菩提라, 끝내 무상보리를 얻지 못할 것이니라.

실상법이 유통되면 권교인 방편법은 빛을 잃게 됨이라. 아침에 해가 뜨면 별은 빛을 잃고 숨는 이치와 같으니라.

"이 법화경은 염부제 사람의 병에 좋은 약이 되느니라.

만약 사람이 병이 있어 이 경을 얻어 들으면 병이 곧 소멸되어 늙지도 않고 죽지도 않느니라(不老不死)."(『묘법연화경』「약왕보살본사품」)

법화경의 법문은 수자의법隨自意法이라, 난신난해難信難解의 법이다.
부처님의 일대 설법이 모두 법화경으로 드는 계단이요 문이다.
전사시前四時 모든 경전은 부처님의 참뜻(眞意)이 담겨 있지 않느
니라. 법화경 가운데서도 여래수량품은 시방제불의 혼이요, 정요
요, 골수요, 근본이요, 생명이요, 팔만 사천 법문의 군왕君王이다.
모든 법의 간심인 "묘법연화경" 다섯 자는 중생의 중병에 대한 대
양약이니라.
시호양약是好良藥이란 여래수량품의 간요肝要인 명名·체體·종宗·
용用·교敎의 오중현의五重玄義 "나무묘법연화경" 제목이니라.

여래일체如來一切 소유지법所有之法
여래일체如來一切 자재신력自在神力
여래일체如來一切 비요지장秘要之藏
여래일체如來一切 심심지사深深之事
개어차경皆於此經 선시현설宣示顯說

여래의 일체 가지신 법과
여래의 일체 자재하신 신통의 힘과
여래의 일체 비밀되고 요긴한 법장과
여래의 일체 심히 깊은 일을
모두 이 경에서 펴 보이고 나타내어 설하였느니라.
_『묘법연화경』「여래신력품」

위의 경전의 말씀을 결요사구決要四句라 한다.

"묘법연화경" 다섯 자 속에 이 결요사구의 원리가 전부 내포되어 있음이니라. 법화행자가 "나무묘법연화경" 제목을 불러야 할 경전의 말씀이 이렇게 분명하니 모든 불자여, 의심을 갖지 말고 일심으로 제목을 부를지니 곧 불과佛果를 이루는 행이니라.

법화경 대승경전은 제불諸佛의 보장寶藏이며, 시방 삼세제불의 안목이요, 내지 삼세 모든 여래께서 출생하시는 종자이니라.

대승을 행하여 부처님 종자가 끊어지지 않게 하라. 이 방등경方等經은 제불의 눈이요, 모든 부처님께서는 이 경으로써 다섯 가지 눈을 갖추심을 얻었고, 부처님의 삼종신(法報化)은 방등경으로부터 났느니라.

석가세존의 인행과덕因行果德의 공덕이 "묘법연화경" 제목에 구족함이라. 따라서 제목을 받아지니고 봉창하면 부처님의 인행과덕의 공덕을 모두 받아쓰게 되느니라. 이를 무상보취無上寶聚 불구자득不求自得함이라, 값도 모를 보배 무더기를 구하지 않아도 저절로 얻음이로다. 묘법연화경을 능히 받아지닌 자는 석가세존과 다보여래께 공양함이니라.

시방제불이 우리들 자심의 부처와 다르지 않아 무시이래 중생심 가운데 저마다 불계를 갖추고 있고, 또 불계도 중생계를 갖추고 있음이라. 부처님께서 "내가 본래 보살도를 행하여 이룬 바 수명은 지금도 아직 다하지 않았으며, 다시 위의 수보다 배이니라." 하심이 불계가 갖추고 있는 중생계가 됨이니라.

용수龍樹 천친天親 남악南岳 천태天台 전교傳教 등 대사께서 본문本

門을 홍통弘通하지 않으신 것은 아직 때가 도래되지 않았고 부처님으로부터 부촉을 받지 않았기 때문이다.

말법시 오탁악세가 돌아오면 지용본화보살들이 본문을 널리 유포할 것이니라. 이제 오탁악세가 도래되었으니 이들 본화보살들이 "나무묘법연화경" 제목을 소지하고서 솟아나 중생들에게 널리 전하여 중병을 낫게 하는 대양약으로 삼고 불도로 인도하리라.

범부도 약속을 버리지 말아야 하거늘, 우주의 거성들이 신수봉행信受奉行 광선유포廣宣流布할 것을 부처님 앞에서 세 번이나 다짐하고 명세한 일을 어찌 잊을손가. 비록 신명을 잃을지라도 대난을 만날지라도 지용본화의 근기가 퇴굴하거나 꺾이지 않으리라. 법은 무겁고 신명은 가볍기 때문이다. "나무묘법연화경" 제목을 부르고 또한 사람들에게 홍통하는 사람은 본화보살이거나 그 권속들이니라. 묘법을 받아지닌 자, 불도를 이룸이 의심 없도다.

전사시의 방편법으로는 성불할 자도 성불하지 못하고, 법화경은 성불하지 못할 자도 성불하느니라. 성불하지 못할 자는 이승二乘, 일천제一闡提, 방법자謗法者 등이라. 이들은 볶은 종자와 같아 영불성불永不成佛이나, 이들이 법화경을 믿고 따르면 불도를 이룰 수 있으니, 볶은 종자에 싹이 나옴과 같으니라.

본문本門의 여래수량품에는 삼대사三大事가 담겨 있으니

첫째, 삼세제불의 사범師範이요,

둘째, 시방 모든 보살의 사도師導요,

셋째, 일체중생 개성불도皆成佛道의 지남指南이다.(_일련대사)

법화경 문자는 석가세존의 생신生身과 다르지 않다. 이 경을 받아지닌 자, 곧 부처님 몸을 받아지님이니라. 시방제불께서 법화경을 신수봉행하시어 성불하시고 또 모든 중생이 이 경을 신수봉행하여 앞으로 불도를 이루게 되는 일이 마치 일월과 같으리라. 법화경을 독송하면 범부의 생신이 곧 법신이니라. 범부의 생신에 있는 세포 하나하나가 법신의 세포로 장엄하게 되느니라. 부처님의 진실한 자식은 반드시 법화경을 세상에 넓힐 것이니, 아버지의 법자法子가 아버지의 법을 유포함은 당연한 일이로다.

다보여래와 시방 분신제불께서 영취산에 오신 것은 영법구주令法久住 고래지차故來至此라. 법화경이 세상에 오래 머물게 하기 위한 고로 여기에 이르렀노라.

법화경을 배반하는 자, 시방제불을 배반하는 일이니라.

재보를 불법에 아끼는 자가 재보보다 귀한 신명을 걸겠느냐마는, 작은 일에는 신명을 잃으면서 불도를 이루는 큰 일에는 뜻이 없도다.

일심욕견불一心欲見佛 부자석신명不自惜身命, 일심으로 부처님을 뵙고자 신명을 아끼지 아니하면 부처님께서 많은 제자와 더불어 영취산에 나오신다는 말씀이니라.

"부처님의 지혜인 일체종지를 얻고자 한다면 마땅히 법화경을 받아지니고 아울러 받아지닌 자에게 공양할지니라.

마땅히 알지니, 이 사람은 부처님의 장엄으로 스스로 장엄하느니라."(『묘법연화경』 「법사품」)

· 여섯째 마당 ·

법화경 신앙

법화경을 난신난해지법難信難解之法이라 한다. 믿기 어렵고 이해하기 어려운 법이다. 법화경을 수행함에는 먼저 견고한 믿음이 있어야 한다. 만약 믿음이 없다면 법을 이해하지 못할 것이고, 법을 이해하지 못하면 법을 증득하지 못할 것이며, 법을 증득하지 못하면 자신도 타인도 제도 해탈하지 못할 것이다.

법화경은 석가세존의 인행과덕因行果德의 공덕과 시방제불의 혼이 한 자 한 자 문문에 취합되어 있으니 바로 "나무묘법연화경" 제목이다.

제목을 받아지닌 자는 자부慈父의 전 재산을 받아지님이다.

시인어불도是人於佛道 결정무유의決定無有疑

이런 사람은 불도에 들기 결정코 의심이 있을 수 없느니라.

"나무묘법연화경" 제목을 부르는 곳이 곧 영취산靈鷲山이요, 상적광토常寂光土이며, 본국토묘本國土妙요, 적멸도량寂滅道場이다. 무상도無上道란 곧 묘법妙法이요, 대승평등법大乘平等法이다. 대승평등법을 증득하는 수행이 "나무묘법연화경"이다.

제목을 부를 때가 번뇌즉보리煩惱卽菩提요, 생사즉열반生死卽涅槃임을 증득하는 때이니라. 이때가 승차보승乘此寶乘 직지도량直至道場이라, 보배수레를 타고 곧게 도량에 이르름이요, 무상보취無上寶聚 불구자득不求自得이라, 값도 모를 보배 무더기를 구하지 않아도 저절로 얻음이다.

"묘법연화경"이 보승寶乘 이요, 보취寶聚이며, 자부의 한량없는 법재法財이니라.

"나무묘법연화경" 제목을 부르는 사람은 시방 삼세제불의 불종佛種을 이어받은 사람이다.

시호양약是好良藥이 곧 "나무묘법연화경" 제목이다. 이를 먹으면 낫지 않는 병이 없고, 쌓이지 않는 공덕이 없으며, 멸하지 않는 악업이 없느니라. 그야말로 현세안온現世安穩하고 후생선처後生善處함이니라.

묘법연화경은 우리들의 본심本心이다. 묘법을 모르는 자는 자신의 마음을 모르는 자이니라.

묘법연화경 적문迹門의 구경법은 제법실상諸法實相이요, 이승작불二乘作佛이요, 제불의 지혜요, 심심무량의 법이다. 본문의 극리極理는 구원실성久遠實成이니, 여래비밀如來秘密 신통지력神通之力이다.

여래비밀은 본불님 당체인 구체삼신具體三身이요, 신통지력은 중생을 제도하기 위해서 몸을 나투신 적불님의 작용이시다. 이를 구용삼신具用三身이라 함이니라.

중생이 성불하는 것 이외 큰 신력이 없음이라.

여래 신력이 십법계의 신력이니라.

법화경은 일체중생 개성불도의 요법要法이니, 일체 경의 군왕君王이며, 모든 경전이 묘법연화경으로 드는 계단과 같으니라.

"나무묘법연화경" 제목을 부르는 수행은 일체 법 일체 행을 수용하는 수행이며, 부처님의 만선만행萬善萬行의 공덕취功德聚이니라. 여래수량품은 본인본과本因本果이며, 일념삼천이며, 본래부터 있는 인因이요, 본래부터 있는 과果이니라. 지금 시작된 인과因果가 아니라, 한량없고 가이없는 백천만억 나유타 겁 이전의 인과因果이니라. "나무묘법연화경" 제목을 부를 때가 본인本因이요, 그대로 스스로 성불함이 본과本果이니라. 본인이 없는 본과는 있을 수 없다. 수행하는 인因이 없으면 성불하는 과果가 있을 수 없는 것이다.

본인은 명자즉名字即이요, 본과는 구경즉究竟即이다. "나무묘법연화경" 하종下種의 제목으로 본인본과本因本果를 회복 증득하게 되느니라.

필경주일승畢竟住一乘에서 필경은 "묘법연화경"을 광선유포함이요, 주일승은 "나무묘법연화경"의 법에 머무름이다.

시인어불도是人於佛道에서 시인은 명자즉위名字即位의 범부요, 불도란 구경즉위究竟即位이니, 묘법으로 성불함이 결정코 의심이 없느니라.

"나무묘법연화경" 제목을 부르는 자가 곧 종지용출從地涌出의 본화보살이니라. 여래수량품의 장원한 수명은 십법계의 수명이니, 우리들이 본래부터 구족한 수명이니라.

본각여래의 사연이 곧 우리들의 사연이며, 우리 본유의 사연이니라. "나무묘법연화경" 제목을 부르는 본유의 사연이 아실성불이래我實成佛以來 무량무변無量無邊 백천만억百千萬億 나유타겁那由他劫, 내가 진실로 성불하여 옴이 무량무변 백천만억 나유타 겁이니라. 본구무작삼신불本具無作三身佛의 수명이 무량무변 백천만억 나유타 아승지 겁이니라.(『묘법연화경』「여래수량품」)

이러한 사연이 우리들 본유의 법이며, 십법계 본유의 사연이니라.

여래수량품의 구경은 구원실성久遠實成이니, 구원久遠은 꾸미지 않고 작용하지 않았으며 스스로 본래 그대로라는 뜻이니라.

행도불행도行道不行道, 여기서 행도行道는 묘법연화경을 수행함이요, 불행도不行道는 묘법을 믿지 않고 수행하지 않는 사람이다. 시방 삼세 모든 부처님께서 묘법연화경을 받아지니고 성불하셨듯이, 우리 중생도 묘법을 믿고 수행함에 의해 성불할 것이니라.

신신이 있는 곳에 해解가 있고, 해解가 있는 곳에 신信이 있다. 그러기에 신해信解로써 성불이 결정코 의심이 없노라. 묘법연화경을 불신不信하면 악도가 앞에 있고, 신해信解가 있으면 성불이 앞에 있느니라.

묘법연화경을 믿고 수행함이 곧 보살도를 잘 행함이요, 보살도를 잘 닦는 자, 당득작불當得作佛함이니라.

방법자謗法者는 색심이 부정하고, 묘법을 수행하는 자는 색심이 청정하고 육근이 청정하느니라. 묘법연화경을 여설수행如說修行 광선유포廣宣流布하는 사람은 지용본화地涌本化보살이니라.

법화행자를 천대하지 말라. 상불경보살常不輕菩薩을 천대한 자들은 법을 듣지 못하고 승려를 보지 못하여 천 겁 동안 무간업을 받았느니라.

"나무묘법연화경" 제목을 부르는 자는 여래의 신통력을 받아쓰심이니라.

도사화합擣篩和合 여자영복與子令服, 이 경문은 공가중空假中 삼제三諦라 하고, 계정혜戒定慧 삼학三學이라 하며, 색향미미色香美味의 양약이니라. 도도搗는 공제空諦요, 사도篩는 가제假諦요, 화합和合은 중제中諦이다.

차대양약此大良藥 색향미미色香美味 개실구족皆悉具足

이 크게 좋은 약은 색과 향기와 아름다운 맛을 모두 다 갖추고 있느니라.

차대양약이란 "나무묘법연화경"이요, 색향미미는 공가중 삼제三諦이니라.

개실구족은 부처님의 만선만행萬善萬行 제바라밀諸波羅蜜을 모두 다 갖추고 있느니라. 묘법의 대양약을 먹으면 속히 모든 고뇌가 소멸하고 탐진치 삼독심을 없애느니라.

"나무묘법연화경" 제목을 부를 때 시인어불도是人於佛道 결정무유의決定無有疑, 이런 사람은 불도에 들기 결정코 의심이 없느니라. 대양약을 먹는 때이니라.

자아득불래自我得佛來에서 자自란 구법계九法界요, 아我는 불계佛界라. 자아自我는 십법계의 자아自我이니라. 따라서 내 자신의 자아이니라.

영취산이란 적광토寂光土라. 제목을 부르는 사람이 머무는 곳이 영취산이니, "나무묘법연화경" 부를 때 상재영취산常在靈鷲山이니라.

아차토안온我此土安穩은 국토세간國土世間

중생소유락衆生所遊樂은 중생세간衆生世間 삼세간三世間

보수다화과寶樹多華果는 오음세간五陰世間

자아게 끝의 속성취불신速成就佛身을 성취할 때가 바로 "나무묘법
연화경" 제목을 부를 때이니라.

무상도인 여래수량품은 본구무작삼신불本具無作三身佛의 도리이며,
자아게는 자수용신自受用身이며 일념삼천一念三千이라. "나무묘법
연화경"을 부르는 사람의 자아게自我偈이니라. 다른 경전에는 무작
삼신의 도리가 없음이라.

석가세존은 일체중생의 자부慈父이시거늘, 사람들은 자부의 무상
도를 배반함이라. 무상도인 묘법을 배반하면, 자부의 은혜를 배반
함이니라.

"나무묘법연화경" 제목을 부르되, 불석신명不惜身命하라.

법을 수행하되 신명을 아끼지 말라. 이런 사람은 평등대혜平等大慧
를 성취할 때이니라. 평등대혜란 제법실상의 도리이니라. 세상 있
다는 모든 것의 그 본 성품은 실상(참모습)이라는 뜻이며, 실상이
란 적멸寂滅이다.

"나무묘법연화경" 제목을 부르는 자가 여래수량품의 주인이다. 모
든 중생이 여래수량품에서 진리의 눈을 뜨고 보니, 십계 본유의 무
작삼신無作三身의 도리를 여실히 깨닫게 되느니라.

"나무묘법연화경" 제목을 부르는 자를 모든 부처님께서 호념하심
이니, 시방 삼세제불께서 묘법연화경을 수행하시고 성불하셨기에,
묘법을 호념하시게 되고 또 이 경을 받아지닌 자를 호념하시게 되
느니라.

사불지견四佛知見은 개불지견開佛知見 시불지견示佛知見 오불지견悟
佛知見 입불지견入佛知見이라.

"나무묘법연화경" 제목을 부를 때가 개불지견이요,

묘법에 대해 신심을 굳힐 때가 시불지견이요,

자신이 머문 곳이 영산정토임을 깨달을 때가 오불지견이고,

묘법의 보배수레를 타고 곧 도량에 이르름을 입불지견이라 함이
니라.

순일실상純一實相이라, 실상 이외는 다시 별도로 법이 없기 때문에
실상법을 받아지닌 자 순수한 열매貞實만이라 하심이니라.

정실貞實이란 성불이 결정된 사람이다. 제목을 받아지닌 자, 유유
제정실唯有諸貞實이니라.

부처님께서 옛날 서원誓願을 세우시기를,

욕령일체중欲令一切衆 여아등무이如我等無異

여아석소원如我昔所願 금자이만족今者已滿足

일체중생으로 하여금 나와 다름이 없게 함이니라.

내가 옛적에 소원하던 바가 지금 이미 만족하노니.

(『묘법연화경』「방편품」)

자부께서 옛적에 세우신 서원이 지금 만족하노라 하심은 바로 법
화경 제법실상의 법을 설하셨으므로 만족한다 하심이라. "나무묘
법연화경" 제목을 외울 때 나와 다름이 없게 함이 되어 지금 만족
하심이 되느니라.

자부의 서원은 일체중생이 성불함이요, 묘법을 설하시므로 지금
만족하심이요, 부처님과 중생이 차별없이 불도에 들게 함이 제불
의 서원이요, 만족이란 중생 성불이 결정됨에 대한 만족이니라.

"나무묘법연화경" 제목을 부를 때가 범부신즉불신凡夫身卽佛身이니

라. 이 경은 일체중생 개성불도皆成佛道이기에 세존께서 옛적에 세운 서원이 만족한다 하신 것이니라. 이 경은 중생 성불의 지남指南이기 때문이다.

부처님과 등等이 없는 경우를 무등등無等等이라 한다.

부처님과 중생이 차등 없음이 무등등 아뇩다라삼먁삼보리법이니라.

나무南無는 공경하는 마음이요, 의지한다는 뜻이요, 귀명례함이니, 신명을 묘법연화경에 의지한다는 뜻이니라.

자신의 신명을 묘법에 의지한 자는 성불함이 결정코 의심이 없는 자이니라.

법화경의 즉신성불에는 두 가지가 있으니, 하나는 적문迹門에서의 이증理證의 즉신성불이요, 둘은 본문에서의 사증事證의 즉신성불이다. 이 몸 이대로 본유무작삼신불本有無作三身佛을 회복함이니라. 적문에서의 제법실상의 도리로 득도한 사람이 본문의 실의實義로 즉신성불의 과실을 따리라.

일체중생 개성불도의 지남指南인 묘법연화경을 믿지 않는다면, 자식이 아버지의 뜻을 저버림이 되느니라.

다른 경전에 의지하고 법화경으로 옮기지 않는다면, 보배탑에 들지 못하고 비계(사다리)에 집착하고 있는 것이니라. 부처님의 뜻에 역행함이니라. 부처님의 뜻은 오로지 묘법연화경력으로 중생이 성불함이니라.

전사시前四時 경전으로는 성불할 자도 성불 못하고, 법화경은 성불 못할 자도 성불할 수 있느니라. 성불 못할 자란 방법자・일천제・이승二乘・공空 도리에 빠진 자 등이니라.

오로지 계수귀의묘법연화경稽首歸依妙法蓮華經하라!

무일불성불無一不成佛, 성불 못함이 하나도 없는 법이니라.

묘법연화경을 만난 것은 마치 돌을 주고 황금덩어리를 얻은 것과 같으니라. 법화경은 억억만 겁 동안 헤아릴 수 없음에 이른 때에야 겨우 얻어 듣는 법이니라.

일체중생의 심성에 본래부터 성불의 종자를 갖추고 있다고 하지만, 권교權敎로써는 드러나지 않고, 오로지 법화경 실교實敎로써 불성을 회복하게 된다.

묘법연화경 다섯 자에는 오중현의五重玄義가 연결된다. 묘妙는 명名, 법法은 체體, 연蓮은 종宗, 화華는 용用, 경經은 교敎이다.

구원의 법이기에 구원의 제자인 지용본화보살을 적광토로부터 부르시어 묘법연화경을 부촉하시고, 말법 오탁악세의 백법은몰百法隱沒시 중생의 병에 양약으로 삼게 하신 것이다.

본문의 여래수량품은 생사출리生死出離의 요법이다. "이 크게 좋은 약을 여기에 놓아둘 테니 너희가 가져다 먹어라! 독한 병은 반드시 나으리라." 그러나 지금의 사람은 자부慈父의 애절한 심정을 등지고 이 양약을 먹지 않으니 기막힌 노릇이로다.

여래수량품에서 여래비밀如來秘密 신통지력神通之力의 뜻을 살펴보면, 일신삼신一身三身을 비秘라 하고, 삼신일신三身一身을 밀密이라 이름한다. 여래비밀은 구원실성久遠實成의 구체삼신具體三身의 본불님 당체이시고, 신통지력은 중생교화를 위하여 몸을 나투신 역사적 부처님이시니, 이를 구용삼신具用三身이라 함이니라. 구경에는 구체삼신과 구용삼신이 불가사의 일여一如이시다.

마하가섭摩訶迦葉에게 부촉된 법이란 소승小乘이다. 『대범천왕문불결의경大梵天王問佛決疑經』의 글이니 소위 교외별전教外別傳 불립문자不立文字라. 경의 이름 자체가 소승경이니라.

대승평등법이 유독 가섭존자에게 홀로 비밀암호처럼 부촉되었겠는가. 아라한이 개성불도의 묘법연화경을 어떻게 감당하겠는가.

법화경은 삼세제불의 출세본회出世本懷라, 모든 부처님께서 세상에 출현하시는 근본이니라.

다른 경전은 탑을 쌓기 위한 비계(사다리)와 같으니, 탑이 완공되면 비계는 치워야 함이니라.

해가 뜨기 전에는 별이 반짝이나 해가 뜨면 별은 빛을 잃게 된다. 실상법인 법화경이 유통되면, 다른 경전은 빛을 잃은 별과 같으니라.

빛을 잃은 별에 왜 집착하는가. 세존께서 법화경에서 정직사방편正直捨方便 단설무상도但說無上道함이라. 곧바로 방편을 버리고, 다만 무상도를 설하노라! 선언하심을 명심해야 하느니라. 지혜제일인 사리불도 방편법을 버리고 무상도인 법화경에서 화광여래華光如來 기별을 받고, 다문제일인 아난도 법화경에서 산해혜자재통왕여래山海慧自在通王如來 기별을 받았느니라. 천이백 아라한들이 한결같이 법화경력으로 성불이 결정됨이니라. 불립문자 교외별전이 어찌 정당하겠느냐. 선객들이 내세우는 교외별전은 허구虛口이니라.

삼세제불의 출세본회出世本懷인 법화경을 듣는 자, 성불 못함이 한 사람도 없느니라.

약유문법자若有聞法者 무일불성불無一不成佛 만약 법을 듣는 자가 있으면 성불 못함이 하나도 없으리라. 법화경을 들으면 모두 성불한다는 세존의 금언金言이니라.

법화경을 믿고 다른 경전을 버림은 순리요, 다른 경전을 믿고 법화경을 버림은 역리이니, 이는 저마다 근기의 문제요, 인연에 의한 일이로다.

시방제불의 상지범천上至梵天 출광장설出廣長舌의 신통력은 조금도 허망함이 없다는 증표이고, 다보여래께서 평등대혜平等大慧 교보살법敎菩薩法 불소호념佛所護念의 법화경은 모두 진실이라고 증명하심은 어떻게 할 것인가.

시방제불의 성불 종자인 법화경을 만약 잃는다면, 또 어느 생에 인간 몸을 받아 이 극대승極大乘을 만날 것인가.

받기 어려운 인간 몸을 받았을 때, 만나기 어려운 대승을 만났을 때, 이 몸을 제도하지 못한다면 또 어느 생을 기약하리오.

법화경은 세존께서 펴신 일대성교一代聖敎의 대의大義라. 소위 중생 성불의 크고도 곧은 문이니라. 시방제불께서 한결같이 국왕의 자리를 버리시고 법화경을 얻으셨지만, 법을 버리고 국왕의 자리를 선택하신 분은 단 한 분도 없느니라.

작은 것에 명命을 버림은 시방 세계 흙과 같고, 불도를 성취하기 위하여 신명을 걸은 자는 발톱 위에 흙과 같음이라.

설산동자는 불법 반 게송을 듣기 위해 몸을 아귀에게 던졌느니라. 무시이래 이어온 생사의 바퀴돌이를 멈추고자 한다면, 반드시 무상도를 증득하고 중생 본유本有의 묘한 이치를 관할지니, 중생 본유의 묘리란 바로 묘법연화경이니라.

일심법계 취지를 설하여 나타냄을 묘법이라 하노라. 법화경은 제불의 지혜이며, 일심법계란 십계·삼천제법·의정색심依正色心·비정초목非情草木·허공찰토虛空刹土 어느 것도 빼놓지 않고 일념의 생각에 포함하고 있다. 일심 가운데 만법을 포함하고 있다.(천태대사 일념삼천설)

"나무묘법연화경"을 부른다 해도 마음 밖에 법이 있다고 생각한다면, 이는 묘법이 아니다. 이러하므로 묘법을 읽고 외우며 제목을 부를 때 자신의 일념을 가리켜 묘법연화경이라 한다는 깊은 신심을 가져야 하느니라.

일대성교一代聖敎 팔만 사천 법문과 시방 삼세제불과 모든 보살이 자신의 마음 밖에 있다고 꿈에도 생각하지 말지니, 비록 불법을 배운다 해도 자신의 심성을 관觀하지 않는다면, 생사를 출리出離하지 못하리라.

만약 마음 밖에서 법을 구한다면, 만선만행萬善萬行을 닦는다 해도 소득이 반 푼어치도 없으리라.

만약 마음 밖에서 법을 구한다면, 마치 남의 목장 소를 헤아리는 것과 같으니라.

『정명경淨名經』에서 이르시길. "제불의 해탈은 중생의 심행 중에서 구하라!" 하셨노라. 중생즉보리衆生卽菩提요, 생사즉열반生死卽涅槃이니라. 중생의 마음이 청정하면 시방 국토가 청정하리라. 정토라 함도 예토라 함도 오직 사람들의 마음가짐에 따라 갈라짐이니라. 마음에 따라 선악과 중생과 부처가 갈라짐이니, 미혹하면 중생이라 이름하고 깨달음을 성취하면 부처라 이름하느니라.

중생심행중衆生心行中 이여래상재而如來常在, 중생의 마음 가운데 여래는 항상 있음이라. "나무묘법연화경" 제목을 부를 때가 진여법성眞如法性을 회복하는 때이니라.

묘妙란 무슨 뜻이냐 하면, 오직 자신의 일념의 마음이 불가사의함을 묘라 하고, 중도일실中道一實의 묘체로서 유무가 아니면서 유무에 두루 작용함이 불가사의함을 묘라 이름하느니라.(천태대사)

저마다의 마음이 곧 묘심妙心이고 묘법이며, 묘법은 곧 실상實相이니라. 실상이란 우리 마음의 참모습이다. 따라서 마음 밖에 별도로 묘법은 없느니라. 마음 밖에 한 법도 없으니, 심즉시법心卽是法, 마음이 곧 법이로다. 마음이 제법諸法이니라. 제법실상이란 자기 마음의 참모습實相이니라. 마음의 참모습은 곧 적멸寂滅이니라.

묘법이 곧 자신의 마음이니, 묘법을 모르는 것은 마음의 참모습을 모르는 것이다.

묘妙란 최상승수다라最上乘修多羅의 감로문甘露門인 까닭에 묘라 한다.

법화경에는 두 가지 묘가 있으니, 하나는 상대묘相待妙요, 둘은 절대묘絶待妙이다. 법화경 이전의 모든 경전과 비춰보면 상대적으로 수승함이요 이러함이 상대묘相待妙이고, 법화경만이 담고 있는 법이 있으니 이승작불二乘作佛이요 구원실성久遠實成이라, 이러함이 절대묘絶待妙이다.

법화경의 십여시十如是는 실상을 문자로 드러낸 법이다.
여시상如是相, 신체적으로 나의 형상에 나타난 상이다.(응신여래)

여시성如是性, 나의 심성이다.(보신여래)

여시체如是體, 나의 신체이다.(법신여래)

여시력如是力, 몸과 마음이다.

여시작如是作, 몸과 마음의 작용이다.

여시인如是因, 인은 과를 초래한다.

여시연如是緣, 연은 업을 돕는다.

여시과如是果, 인에 의한 결과이다.

여시보如是報, 보는 인에 의한 보답이다.

여시본말구경등如是本末究竟等, 본본은 여시상이고 말말은 여시보
이다. 처음과 끝이 동등하다.

실상은 반드시 제법諸法이요,

제법은 반드시 십여시十如是요,

십여시는 반드시 십계十界요,

십계는 반드시 신토身土이다.

법신의 본본은 중생의 당체當體이다.

_일련대사

상相·성性·체體가 삼신여래라고 함은 남의 일이 아니라 나의 신상
의 일이다. 이렇게 아는 것을 법화경을 깨달은 사람이라고 말한다.
나의 심신心身 이외에는 선악의 법이 호리毫釐만큼도 없다. 나의 몸
이대로 일신즉삼신一身卽三身의 본각여래本覺如來인 것이다.
이러한 도리를 남의 일처럼 생각함을 중생이라 하고, 미혹이라 하

며, 범부라 한다. 이를 내 몸의 일이라 아는 것을 여래라 하고, 깨달음이라 하며, 성인이라고도 하고 지자智者라고도 한다.

"나무묘법연화경" 제목을 일심으로 불러갈 때 이러한 도리를 깨달아 증득함을 금생 중에 본각여래를 회복함이요, 즉신성불卽身成佛이라 하느니라. 나의 일신이 법보화法報化의 삼신부처가 되는 것이다. 이를 본구무작삼신불本具無作三身佛이라고 하니, 별도로 짓지 아니해도 삼신불이 본래부터 구족되어 있다는 뜻이다.

묘법연화경은 우리들의 심성이며, 일체중생의 심성이라. 이를 알지 못하고 무시이래 몸 가운데 심성에 미혹되어 생사의 바퀴돌이에 빠져 유전하고 있느니라.

이제 법화경을 만났으니, 삼신즉일신三身卽一身의 본각여래本覺如來를 금생에 회복함을 즉신성불卽身成佛이라 함이라.

약유문법자若有聞法者 무일불성불無一不成佛, 만약 법을 듣는 자가 있으면 성불 못함이 하나도 없으리라. 세존의 금언金言이니라.

법화경은 개성불도皆成佛道라고도 하고 평등대혜平等大慧라고도 함이니라. 선악불이善惡不二요, 사정불이邪正不二라. 법화경을 받아지녀 수행하는 자, 성불이 결정코 의심이 없다 하시니, 내증성불內證成佛 즉신성불卽身成佛이라. 일생에 법을 깨달아 증득하여 묘각지妙覺地에 오르게 됨이니라. 일체 만법이 마음을 벗어나지 않나니, 마음이 곧 일체 법이니라.

제법실상諸法實相이란 우리들 마음의 참모습(實相)이니라. 법화경에 이르러 구법계九法界가 불계佛界를 갖추고 있음을 밝히셨다. 그러나 범부는 내심에 불계를 알지 못하고 있음이니, 자심自心 가운데 이미 불계를 갖추고 있음을 알지 못하는 사람이 어찌 불계를 회복하겠는가.

자심의 여래를 알지 못하고 밖으로 부처를 찾고자 진종일 분망하게 설친다.

"나무묘법연화경" 제목을 일심으로 부를 때가 자심의 불성을 회복하는 때요, 자신의 부처를 깨우는 때이다.

팔만 사천 법문의 간심肝心인 법화경 여래수량품에서 이르시기를, "아상주어차我常住於此, 내가 항상 여기에 머물고 있다." 하셨느니라. 그 여기가 어딘가? 여기 아님이 없다. 법화경 머문 곳이 여기이다. 아차토안온我此土安穩이라 하시니, 구원본불久遠本佛님께서 머무시는 곳이 곧 이 사바세계요, 여기가 곧 정토이니라. 법화경 소주지처所住之處가 곧 정토이니, 달리 정토를 찾지 말라.

법화경이 머무는 곳은 혹은 동산이거나 혹은 산림 가운데거나 혹은 나무 아래거나 혹은 승방이거나 혹은 백의 거사의 집이거나 혹은 전당이거나 혹은 산골짝이거나 넓은 들이거나, 마땅히 알지니라. 이곳이 곧 도량이니라.

모든 부처님께서 여기에서 아뇩다라삼먁삼보리를 얻으시고,
모든 부처님께서 여기에서 법륜을 굴리시며,
모든 부처님께서 여기에서 열반에 드시느니라.(「여래신력품」)

부처님의 일생 일대사一大事가 모두 이 경에 속함이니라.

법화경이 머무시는 곳이 곧 도량이요 정토이니, 사바즉적광娑婆卽寂光이니라. 석가세존釋迦世尊의 상적광토常寂光土가 바로 이곳이

니라.

마음이 청정하면 시방 국토가 청정하다는 『정명경淨名經』의 말씀과 같이 심청정이 국토청정이니라.
시방제불의 출세본회의 법화경이 머무시는 곳이 청정국토이니라.

법화경은 범부와 이승은 물론이고 화일체중생化一切衆生 개령입불도皆令入佛道, 일체중생을 교화하여 모두 불도에 들게 한다.
개권현실開權顯實, 권법을 열어 실상을 드러냄이 적문의 뜻이요,
개적현본開迹顯本, 적문을 열어 본문을 드러냄이 본문의 뜻이다.
법화경을 믿지 않는 방법誘法자의 죄업을 「비유품」에서 낱낱이 밝히셨노라. 이 경을 받아지닌 자를 헐뜯어 비방하면 받는 죄보를 「법사품」, 「보현보살권발품」에서 설하셨노라. 법화경을 믿고 수행하는 자의 공덕은 「분별공덕품」, 「수희공덕품」, 「법사공덕품」 등에서 설하셨노라. 무일불성불無一不成佛 성불 못함이 하나도 없다고 하셨으니 이보다 더 큰 공덕이 또 있겠는가. 법이 존귀한 고로 받아지닌 자 또한 귀함이니라.
법화경의 간심肝心은 「방편품」과 「여래수량품」이며, 일념삼천一念三千이요 구원실성久遠實成이니라.
심불급중생心佛及衆生 시삼무차별是三無差別인 묘법연화경이니라.
"묘법연화경" 문자 한 자 한 자에는 제불의 인행과덕因行果德의 공덕이 모두 함장되어 있도다. 또 제불의 지혜인 일체종지一切種智가 함장되어 있고, 아뇩다라삼먁삼보리를 성취하는 직도直道이니라.

"나무묘법연화경" 제목을 부르는 사람은 제불의 공덕을 받아씀이 됨이니라. 공덕이 한량없음에 이 경을 헐뜯어 비방하면 세간의 불종을 단절함이라. 받아지닌 자 공덕이 막대하니, 역행비방하면 악도에 들게 됨이니라.

석가세존께서 설하신 바의 경전은 무량 천만억이며, 이미 설하였고(已說) 지금 설하고(今說) 앞으로 설할(當說) 경전이 있는데, 그 가운데서 이 법화경이 가장 난신난해한 수자의설법隨自意說法이요, 전사시前四時 방편법의 수타의설법隨他意說法보다 수승하고 뛰어났느니라.
법화행자는 신명을 잃을지라도 퇴전치 말아야 할지니, 모든 부처님과 모든 보살의 만선만행萬善萬行 제바라밀諸波羅蜜의 공덕이 묘법연화경에 거둬짐이니라.
법화경은 제불의 스승이며 모태라. 제불의 은혜에 보은하고자 한다면 법을 믿고 수행하고 공양할지니라. 제불의 은혜에 보은함이 되느니라. 법화경을 신수봉행信受奉行하고 광선유포廣宣流布할지니라. 설산동자는 불법 반 게송을 듣기 위하여 아귀에게 몸을 던지고, 약왕보살은 몸을 태워 부처님께 연신공양燃身供養하고, 또 어느 때는 팔을 태워 부처님 사리舍利에 공양하였도다.
아불애신명我不愛身命 단석무상도但惜無上道
저희들은 신명을 아끼지 않고 다만 무상도를 아끼오리다.
몸은 가볍고 법은 무거우니, 몸을 아끼지 말고 법을 유포할지니라.
다른 경전에 없는 진리를 법화경에서 설하셨으니, 이승작불二乘作

佛과 구원실성久遠實成으로 절대묘絶待妙이니라. 누가 법화경보다 수승한 경이 있다고 말한다면, 이는 법화경을 모르는 사람이요 방법謗法자이니라.

대승경의 진리는 중도中道이고, 소승경의 진리는 공空이니라. 소승경 자가 대승을 비방하면 방법謗法이 되고, 대승경 자가 소승을 파하면 방법謗法이 되지 않노라.
무량무변 불가사의 아승지 겁을 지날지라도 끝내 무상보리無上菩提를 얻지 못함이라.
_『무량의경』

세존법구후世尊法久後 요당설진실要當說眞實
세존의 법은 오랜 뒤에야 마땅히 요긴하게 진실을 설하시느니라.
_『묘법연화경』「방편품」

여래께서 세상에 나오셔서 사십여 년 간 진실을 나타내지 않으셨으나, 법화경에 와서 비로소 중생이 부처가 되는 진실한 무상도를 설하셨노라.
받기 어려운 사람의 몸을 받았고, 만나기 어려운 대승의 불법을 만났을 때 이 몸을 제도하지 못한다면 또 어느 생을 기약하겠는가.
제불출세본의諸佛出世本意요 중생 성불의 직도인 묘법을 만났을 때 한결같이 해탈성불解脫成佛을 성취할지니라.
일체어언도단一切語言道斷 심행처멸心行處滅이라. 이러함이 제법실상의 도리요, 묘법연화경이니라.

매자작시의每自作是意 이하령중생以何令衆生

득입무상혜得入無上慧 속성취불신速成就佛身

매양 스스로 생각하기를, 어떻게 하면 중생으로 하여금

무상지혜에 들게 하여 속히 부처님 몸을 이루게 할까 하노라.

_『묘법연화경』「여래수량품」

오탁악세 우리 중생이 자부의 비원을 어찌 잊으리오.

묘법을 수지하는 사람은 현세안온現世安穩 후생선처後生善處하리라. 일체중생이 성불하는 법화경을 숨겨두고 소승 교화함이 한 사람에 이를지라도 부처님도 간탐慳貪에 떨어진다 하셨노라. 방편법에 머물고 법화경으로 옮기지 않는다면, 부처님의 깊은 뜻을 배반함이 되리라.

법화경 뜻에 비추어 보면 교외별전敎外別傳은 얼토당토 않는 위설偽說이고, 정법을 심각하게 훼손하는 허설虛說이니라.

법화경을 받아지닌 자는 곧 부처님 몸을 받아지님이라. 한 자 한 자 문자가 법신불이니라. 이 경을 받아지니면 사바즉적광娑婆即寂光이요, 생사즉열반生死即涅槃이니라.

『묘법연화경』「여래수량품」에서 이르시기를, 아실성불이래我實成佛以來 무량무변無量無邊 백천만억百千萬億 나유타겁那由他劫, 내가 진실로 성불하여 옴이 무량무변 백천만억 나유타 겁이니라. 여기서 아我는 석가세존 자신의 아我이면서 십법계의 아我이다. 십법계 본유의 사연이니, 본구무작삼신불本具無作三身佛이요 즉신성불即身

成佛의 도리이니라.

우리의 본성은 부처님의 성품과 다르지 않고 일여—如이니라. 전사시前四時 모든 경으로는 중생 성불의 힘이 말법시에는 미치지 못하니, 오직 법화경만이 중생 성불이 보장됨이니라.

경외經外에 정법이 있다고 하면 천마외도天魔外道의 설이니라. 시방제불께서 오직 일불승—佛乘인 법화경으로 성불하셨고, 일체중생도 역시 법화경력으로 불도를 이루게 됨이라. 시방제불께서 한결같이 법화경력으로 성불하셨기에 시방제불께서 법화경을 호념하시고 또한 법화행자를 호념護念하심이니라.

여래일체如來—切 소유지법所有之法이요

여래일체如來—切 자재신력自在神力이며

여래일체如來—切 비요지장秘要之藏이요

여래일체如來—切 심심지사深深之事이니

개어차경皆於此經 선시현설宣示顯說하셨노라.

_『묘법연화경』「여래신력품」

모든 부처님께서 세상에 출현하시는 근본이며 본의가 된다는 부처님 말씀이시다.

구원실성久遠實成의 석가세존과

개성불도皆成佛道의 묘법연화경과

무명의 모든 중생,

이 셋은 전혀 차별이 없는 묘법연화경이니라.

"나무묘법연화경" 제목을 부를 때 일대사인연의 혈맥血脈이라 하노라.

시인명종是人命終 위천불수수爲千佛授手 영불공포令不恐怖 불타악취
不墮惡趣, 이런 사람은 명을 마칠 때 일천 부처님께서 손을 주시어
두렵고 겁나지 않게 하시고 악도에 떨어지지 않게 하시며, 선처善
處로 인도하시느니라.

생사 일대사一大事 혈맥血脈이 "나무묘법연화경"이니라.

소승의 세존께서는 가섭·아난을 협사脇士로 삼으셨고, 열반경과
법화경 적문은 세존께서 문수·보현을 협사로 삼으셨으며, 법화경
본문의 세존께서는 상행·무변행·정행·안립행의 사대보살을 협
사로 삼으셨다.

말법 중생의 무명의 중병에는 오로지 "나무묘법연화경" 제목만이
양약이니라. 즉변복지卽便服之 병진제유病盡除愈, 곧 가져다 먹으니
병은 모두 나았느니라.

"너희들은 지금 부처님의 참된 아들이니

대자대비로 능히 깊은 괴로움을 뽑아

고액에서 구원하는 자이며

일체중생의 좋은 복밭이며

널리 일체를 위하여 크고도 좋은 도사가 되었으니,

일체중생이 크게 의지할 곳이며

일체중생의 큰 시주施主이니

항상 법의 이익으로써 널리 일체에게 베풀지니라."

　_『무량무경』

378

자부의 진실한 아들이니 아버지의 재물을 물려받아 씀이 되었느니라. 차라리 오역죄를 지을지언정 법화행자를 헐뜯어 비방하지 말라. 꿈속에서라도 법화경을 헐뜯지 말라. 사실이거나 사실이 아니거나 이 사람은 백라병을 얻으리라.

법화경 신앙은 일체행이요, 육도만행六度萬行이니라.

이는 사법성취四法成就이니라.

첫째, 제불호념諸佛護念

둘째, 식중덕본植衆德本

셋째, 입정정취入正定聚

넷째, 발구일체중생지심發救一切衆生之心

법화경 수행공덕이 위의 네 가지 법을 성취함이니라.

"보현이여, 만약 여래가 멸도한 뒤 후오백세에 혹은 어떤 사람이 법화경을 받아지니고 읽고 외우는 자를 보거든 응당 이런 생각을 하되, '이 사람은 오래지 않아 마땅히 도량에 나아가서 모든 마군의 무리를 파하고 아뇩다라삼먁삼보리를 얻어 법륜을 굴리며 법북을 치고 법소라를 불며 법비를 내리게 하며, 마땅히 하늘과 사람의 대중 가운데서 사자법좌 위에 앉으리라.' 할지니라."

_『묘법연화경』「보현보살권발품」

법화경은 진정한 중생 성불의 대도이며, 방편을 버리고 오로지 진실한 법을 설하신 경전이다.

법화경의 중요한 가르침 :
누구나 부처가 될 수 있다

지극한 도의 미묘한 활동은 세상의 속된 법칙에 얽매이지 않는다. 지극한 도는 눈이 있어도 보지 못하고 귀가 있어도 듣지 못한다.

누구나 부처가 될 수 있다는 것은 대승의 위대한 통찰이다. 마치 바다가 온갖 물을 사양하지 않고 수용하듯이, 성별·계급·인종·출가·재가에 상관없이 이 법을 믿고 따르면 누구나 성취할 수 있다. 누구나 부처가 될 수 있다.

법화경은 유일불승唯一佛乘을 내세워 이승삼승二乘三乘을 내쫓아버리는 것이 아니라, 이승삼승을 수용하여 보살승菩薩乘과 융합하게 한 위대한 경전이다.

법화경의 중요한 가르치심은 모든 중생이 불도를 이룰 수 있다는 것이니, 성문과 연각도 당연히 부처가 될 수 있는 것이다. 성문이든 연각이든, 출가자이든 재가자이든, 여성이든 남성이든, 어른이든 어린이든 교보살도敎菩薩道를 닦아 불도를 성취케 함이다.

이승과 삼승을 아울러 유일불승으로 인도하여 구경의 진리를 깨닫게 하여 생사·고통의 강을 건너 마침내 부처가 되는 길을 설하심이 법화경의 위대한 정신이다.

따라서 이 법화경을 통해 모든 사람들은 부처님의 가족으로서 한

구성원이 되는 것이다.

이 경을 받아지닌 자는 부처님과 동행하고 같이 생활하는 자이다. 부처님의 진실한 불자인 것이다.

"파도는 애쓰지 않아도 물이 될 수 있다. 바로 지금 여기에서 파도는 이미 물이기 때문이다. 마찬가지로 우리는 이미 열반에 들어 있다. 이미 부처이다. 이미 원하는 존재가 되어 있다."(틱낫한 스님)

부처님께서는 오고 감을 보이시지만, 이는 중생을 제도하기 위함이요 진실로는 오고 감이 없으시다.

궁극의 차원에서 볼 때 여래의 수명은 무한하다. 묘법의 양약을 먹으면 나고 죽음이 없는 자성自性을 깨닫게 된다. 여래의 무한한 수명이 곧 우리들의 수명이다. 태어남도 죽음도 없는 우리의 진정한 본성本性을 깨닫고 못 깨닫고는 우리 자신의 몫이다. 우리도 부처님의 무한한 삶을 누릴 수 있는 것이다.

생사즉열반生死卽涅槃 번뇌즉보리煩惱卽菩提

사바즉적광娑婆卽寂光 중생계즉불계衆生界卽佛界

「여래수량품」의 입장에서 보면 중생계는 무시이래 불계를 갖추고, 불계 역시 중생계를 구족하고 있다. 이 사바세계가 곧 적광토이다. 부처님께서 열반을 보이심은 곧 중생을 제도하기 위함이요, 진실로는 열반에 드시지 않고 항상 여기에 머물러 계신다. 여래께서는 어느 때 어느 곳이든지 시간과 공간을 초월하여 상재불멸常在不滅함을 밝히심이 곧 여래수량품이다.

상재불멸常在不滅하심이 곧 부처님의 장구한 수명이다.

궁극적 차원에서 보면 부처님의 영원한 수명이 곧 우리들의 수명이다. 이렇게 믿고 깨친다면 우리들은 부처님과 일여一如이니, 떨어질래야 떨어질 수 없다. 생사가 없는 부처님의 본성本性이 곧 우리들의 본성이요 사연이다. 부처님이란 곧 진리의 당체요 법신불法身佛이시다. 우리들의 본성本性은 부처님과 다르지 않다. 중생은 부처님의 무한한 공덕과 자비와 신통력 속에서 삶을 영위한다. 그러나 사람들의 마음속에는 또한 나고 늙고 병들고 죽는 고통과 공포가 상재하고 있다.

「여래수량품」을 통해서 우리들의 본성은 생로병사를 이미 초월하고 있음을 알게 된다. 생로병사는 색법色法이요, 나고 죽음이 없는 것은 심법心法이다. 이렇게 자신의 성품을 깨친다면, 이 세상에 나온 근본을 다함이 된다. 부처님과 같이 생활하고 부처님과 동행함이요, 부처님의 식구가 된 것이다.

일체중생에게 불성佛性이 있으니, 이를 회복하면 누구나 부처의 경지에 들게 된다. 중생이 성불하는 것 이외의 또 다른 큰 법이 있을 수 없고, 큰 불사가 없다. 여래수량품의 여래성제지어如來誠諦之語를 믿고 이해하며 깨친다면, 여래수량품의 사연이 곧 우리들의 사연이 되고 내 자신의 일기장 속의 사연이 된다.

하찮은 존재라는 생각에 젖어 있던 우리들에게 부처님의 성품과 지혜와 신통력이 구족되어 있음을 묘법연화경을 통해서 알게 되고 깨닫게 된다.

법화도량 삼불사에서 출간된 경전 및 해설집

◇ **묘법연화경 한글 한문 합본**

   양장케이스 ｜ 양장제본 신국판 ｜ 1,270쪽 ｜
   값 40,000원

◇ **묘법연화경 한문본**

   양장케이스 ｜ 양장제본 신국판 ｜ 550쪽 ｜
   값 25,000원

◇ **묘법연화경 한글본**

   양장케이스 ｜ 양장제본 ｜ 750쪽 ｜
   값 25,000원

◇ **묘법연화경 강설집**

   혜성 스님 저 ｜ 양장제본 ｜
   전4권 각권 380쪽 ｜ 값 60,000원

◇ **법화경 신행기 "양약을 먹지 않는 지구촌놈들"**

   혜성 스님 저 ｜ 380쪽 ｜ 값 10,000원

◇ **풍경소리-혜성 스님 25시**

   혜성 스님 저 ｜ 320쪽 ｜ 값 10,000원

◇ **산사의 향기-법화경의 이해와 깨달음**

   혜성 스님 저 ｜ 350쪽 ｜ 값 15,000원

◇ **묘법연화경 한문 사경용**

   1질 9권 ｜ 양장케이스, 끈제본 금장표시 ｜
   국배판 ｜ 773쪽 ｜ 값 70,000원

◇ **묘법연화경 한글 사경용**

   1질 9권 ｜ 양장케이스, 끈제본 ｜ 국배판 ｜
   663쪽 ｜ 값 60,000원

◇ **법화경 신행요문**

   - 예불, 독경, 수행, 법화경의 진수
   혜성 스님 저 ｜ 양장제본 ｜ 380쪽 ｜
   값 12,000원

◇ **법화경 신행기 "부처가 중생의 탈을 쓰고"**

   - 묘법연화경 본문 8품 강설
   혜성 스님 저 ｜ 상하권 각 280쪽 ｜
   각 권 값 8,000원

◇ **법화소식 법화산림 삼십년**

   - 법화경의 모든 것
   혜성 스님 저 ｜ A4 ｜ 900쪽 ｜ 값 47,000원

※ **구입문의: 삼불사 전화: 055-583-3107 팩스: 055-583-6885**

※ **신행상담 환영: 19:00~20:00(오후 7:00~8:00)**

법화사문 혜성

법철 스님으로부터 대승구족계를 수계(무인년)하였으며, 30여년을
오로지 법화산림에 정진하고 있다.

현재 법화도량 삼불사 주지, 교도소 교정위원으로 있으면서, 『묘법연
화경』을 여설수행如說修行 광선유포廣宣流布함에 신명을 다하고 있으
며, 최근 『법화산림 30년』을 출간하여 후학들에게 수행의 등불을
밝혀주고자 하였다.

지은 책으로 『산사의 향기』, 『묘법연화경 강설』(전4권), 『풍경소리』,
『양약을 먹지 않는 지구촌놈들』, 『법화경 신행요문』, 『부처가 중생
의 탈을 쓰고』, 『법화의식집』 등이 있다.

내가 저절로 성불해 옴이 【自我得佛來】

초판 1쇄 인쇄 2018년 5월 16일 | 초판 1쇄 발행 2018년 5월 22일
글쓴이 법화당 혜성 | 펴낸이 김시열
펴낸곳 도서출판 운주사

  (02832) 서울시 성북구 동소문로 67-1 성심빌딩 3층
  전화 (02) 926-8361 | 팩스 0505-115-8361
ISBN 978-89-5746-515-8 03220   값 17,000원
http://cafe.daum.net/unjubooks 〈다음카페: 도서출판 운주사〉